Für Frau Kramer.

Zur Erinnerung an
gemeinsame Tage
in Braunlage.

Sehr herzlich.
Heidrun Vesper

Februar 1996

Guntram Vesper

Lichtversuche
Dunkelkammer

Frankfurter
Verlagsanstalt

Erste Auflage 1992

Satz: Photosatz Reinhard Amann, Aichstetten
Druck & Einband:
Friedrich Pustet, Regensburg
Printed in Germany
ISBN 3-627-10116-2

Inhalt

I

II

III

I

Über Frohburg und sich selber schreiben

Das Doppelbild

Irgendwo im Land gibt es den Ort, die Straße, das Haus, wir haben dort die Kinderzeit verbracht, wir kommen schwer davon los. Den Eindrücken, Gedanken, den Empfindungen und Ahnungen von damals bleibt man lange verbunden. Mit ihnen hat unser Leben angefangen, mit ihnen hat es sich fortgesetzt, sie sind tiefer gegangen als vieles, was später kam, ihre Wirkung ist groß gewesen und dauert noch an.

Wenn ich an meine Kindheit denke, erinnere ich mich an Erlebnisse wie Chiffren, die das enträtselten, was um mich herum und mit mir geschah. Ich denke an die harten Stempel der Erziehung und der Umbruchzeit. An ein Gefühl von Freiheit, an das Bewußtsein großer innerer Möglichkeiten.

Wozu sind wir erzogen worden, von wem mit welcher Geschichte. Wie haben wir Gefühl und Weltsicht weiterentwickelt. Jedes Schreiben über unsere ersten fünfzehn, zwanzig Jahre muß diesen Fragen nachgehen. Die Antworten sind wie Spiegel, in denen wir uns selber, die anderen, das Land sehen, in einem Doppelbild des Gestern und Heute.

Eine Kleinstadt

Frohburg ist ein Ort südlich von Leipzig, zwischen den bewaldeten Ausläufern des Erzgebirges und den großen Braunkohlengruben. Die Stadt hat fünftausend Einwohner. Um einen weiten Marktplatz gruppieren sich fünfzehn Straßen und fünfhundert Häuser, es gibt einen Fluß, eine Fabrik, einen Bahnhof. Schon Ende der Kaiserzeit wählte die Mehrheit der Einwohner links. Aber auch die bürgerliche und die kleinbürgerliche Provinz waren vorhanden, das Honoratiorentum, Nationalismus, sozialer Dünkel. Viel Armut.

Die Familie

Generationen von Schmiedemeistern. Handwerker mit einem Gesellen, manchmal einem Lehrjungen. Arbeit jeden Werktag zehn, elf Stunden. Vom Ertrag konnte man gerade die meist nicht kleine Familie ernähren, das Haus unterhalten. Reichtümer wurden nicht angesammelt, Wohlstand stellte sich nicht ein.

Achtzehnhundertsiebzig mußte der Urgroßvater nach Frankreich ziehen, der Großvater wurde neunzehnhundertsiebzehn mit beinahe vierzig Jahren als Landsturmmann eingezogen, keine drei Monate später war er tot. Ein Granatsplitter hatte ihm in Galizien den Schädel zertrümmert. In der Nachricht des Regiments an die Witwe war die Leiche genau beschrieben, in schönster Sütterlinschrift. Vier unversorgte Kinder blieben zurück, darunter meine Mutter, damals fünf. Ihr ältester Bruder fiel einundvierzig vor Moskau.

Ende des vorigen Jahrhunderts konnte der Großvater

väterlicherseits die neueingerichtete Tierärztliche Hochschule in Dresden besuchen, weil er einziges Kind war. Er ist dann sechzig Jahre Tierarzt in Frohburg gewesen. Zeitweise wurden zwei Mädchen, ein Kutscher beschäftigt. Darüber hinaus lebte man bescheiden. Geld war selten im Haus. Zehn Kinder, von denen fünf in den ersten Monaten und Jahren starben. Zwei Söhne und zwei Töchter wurden aufs Gymnasium geschickt.

Jeden Sonntag, jahrzehntelang, traf sich die Familie im Haus der Großeltern. Es gab endlose Gespräche, die Zeiten griffen tief in das Leben des einzelnen und aller ein.

Die Zeit

Meine frühesten Erinnerungsbilder hängen mit dem Einmarsch der Roten Armee zusammen. Ich sehe die Lastwagen, die Pferdefuhrwerke in stundenlanger Folge an unserem Haus vorbei und in die Stadt ziehen. Juni fünfundvierzig. Irgendwo rechnete man schon die Toten des Krieges zusammen, unvorstellbare fünfzig Millionen. Jeder neunte dieser Toten war im Namen einer schrecklichen fixen Idee unserer Großväter und Väter ums Leben gebracht worden.

Zweihundert gefallene Soldaten allein aus Frohburg. Lauter Söhne, Männer, Väter. Dazu zahlreiche Vermißte. Fünf Einwohner in Konzentrationslagern. Zwei von ihnen kamen nicht zurück. Die Familie des Fabrikanten am Ort teils in Auschwitz ermordet, teils nach England geflüchtet.

Umbruch und Vereisungen. Ich wuchs unter Erwachsenen auf, die im Frühjahr dreiunddreißig die Nazis gewählt, die dann die ersten Zwangsmaßnahmen gegen die Juden für angebracht gehalten, die endlich den Sieg über Frankreich bejubelt hatten und denen es fünf Jahre später und für lange Zeit schwerfiel, den Hunger, die Häuser voller Flüchtlinge, die fremden Soldaten, den Mangel an Kleidung, Heizung und Wohnraum als Folgen zu begreifen.

Nach dem Krieg der Versuch, den Sozialismus einzurichten. Viel guter Wille, viel Anstrengung. Dazu Hintergedanken von Anfang an, verdeckte Programme. Die stalinistische Praxis ließ Zerrbilder entstehen. So erlebte ich die bürgerliche Familie auf der einen, die neuen Lehrer, die Pionierleiter und Kleinstadtpolizisten auf der anderen Seite und fühlte, daß die Verhärtungen da und dort zunahmen, ich merkte, daß die einen mir Distanz von den anderen abverlangten und gleichzeitig Gefolgschaft forderten. Es gibt keine Pflicht zum Gehorsam für Kinder, ich dachte an ein Leben auf eigene Faust.

Die Gerechtigkeit und die Gewalt

Im Spätherbst sechsundfünfzig entwickelte sich der Aufstand in Ungarn, eine verwirrende Woche immer blutigerer Szenen. In der *Leipziger Volkszeitung* sah ich Fotos gelynchter und verbrannter Mitglieder des Sicherheitsdienstes, angebliches Werk von Horthybanditen und amerikanischen Agenten, während der Londoner Rundfunk von Verrat sprach und die letzten Kämpfe der Csepeler Arbeiter gegen die sowjetische Panzerarmee beschrieb. Ich hatte gerade den ersten Band von Gorkis Altersroman *Klim Samgin* gelesen und die komplizierte Entwicklung eines Jungen und jungen Mannes in einer

Zeit der Wirren, in einer Gesellschaft der Unklarheit und Zweideutigkeit verfolgt. Meine Unsicherheit und mein Mißtrauen wurden größer. Man muß Fragen stellen. Man muß, was man erlebt, hört, liest, an diesen Fragen messen.

Welche Stellung nimmt der einzelne beim Versuch ein, Gerechtigkeit für alle zu erreichen. Welchen Wert hat er. Wie weit kann und darf man über ihn hinweggehen, über seine Einzigartigkeit, seine Unwiederholbarkeit. Wie hoch ist der Preis, der dafür bezahlt werden muß, daß man im anderen nur die Zahl, den Nutzen oder die fremde Gesinnung sieht. Was kosten unsere Träume, wenn wir sie wahrmachen.

Diese Fragen, die ich von weither in meine Gegenwart mitgebracht habe, beschäftigen mich bis heute. Und bis heute habe ich keine endgültige Antwort gefunden. Das Suchen seit damals hat nicht weiter als zu einigen Sätzen geführt.

In unseren Vorstellungen und Forderungen müssen wir leidenschaftlich und rücksichtsvoll zugleich sein. Denn jeder von uns ist viel mehr als nur eine Figur. Und unser Leben ist kein pädagogisches Schauspiel. Es hat einen eigenen Wert und eine eigene Bedeutung.

Einige Bemerkungen zum Schreiben von Gedichten

Das Fazit im voraus: ein geglücktes Gedicht, das bedeutet für mich größte Freiheit am Anfang und größte Geschlossenheit am Ende der Arbeit, intensivste und intimste Form des Sprechens, Nähe zu mir selber, Kunst.

Wenn ich lyrische Texte entwerfe, an ihnen arbeite, habe ich keine Regeln, kein Programm, ein Autor ist vorhanden, die Welt um ihn herum und in ihm, ich kenne die alten Gedichte. Bis auf Feder, Papier und Notizbuch liegt nichts auf der Platte des Tisches.

Kürzlich habe ich zwei Aufsätze aus dem Anfang der sechziger Jahre noch einmal gelesen, *Die Entstehung eines Gedichtes* von Hans Magnus Enzensberger und Walter Höllerers *Wie entsteht ein Gedicht*.

Es sind erstaunliche, sorgfältige Arbeiten, die Schritt für Schritt, Stufe für Stufe ein Gedicht aufbauen oder besser: nachbauen. So ließe sich verfahren; indem man die Entstehung eines lyrischen Textes belegt. Zum einen Wort wird das andere gestellt, Bilder tauchen auf, werden verworfen oder verwendet, hypothetische oder endgültige Sätze bilden sich, jede Operation erfährt eine Begründung.

Aber wie ließen sich in eine solche nachträgliche Genese meine dreißig, vierzig Fassungen eines Gedichts einsetzen. Auf welche Weise könnte ich den Zweifel, den Überdruß und quälenden Leerlauf an diesem oder jenem Punkt der Arbeit, die Aussichtslosigkeit und den Mangel an Bildern, das Fehlen von Wörtern belegen. Ich würde eine Retorte beschreiben, die es nicht gibt. Um sie wahrscheinlicher zu machen, müßte ich über jede Zeile des Gedichts fünf oder fünfzehn Sätze der Erklärung ziehen, Enzensberger hat das *Rückübersetzung* genannt. Dabei ordnet man, wenn es sich um Gedichte handelt, Knochen und gibt sie als Ganzes aus.

Ein anderes Verfahren haben mir der Zufall und ein Brief gezeigt, den ich im Sommer dreiundachtzig von einer siebzehnjährigen Schülerin aus einem Dorf bei Neustadt an der Aisch bekam. Anscheinend wurde in der Unterprima mein Gedicht *Stark wie der Tod* besprochen.

Es geht, las ich, um Ihr Gedicht *Wie der Tod*, das in meiner Klasse analysiert wird. Da ich aber damit nicht ganz klarkomme, möchte ich mich mit einigen Fragen an Sie wenden. Wann wurde das Gedicht verfaßt. Aus welchem Grund wurde es verfaßt. Wer ist mit dem weiblichen Pronomen *sie* gemeint. Wer sind die *Menschen, die so unheimlich tot waren*. Warum war der Ich-Erzähler neidisch. Warum war ihr Gesicht entstellt. Was hätte der Ich-Erzähler verstanden haben sollen. Ich möchte Sie bitten, meine Fragen möglichst bald zu beantworten, und bedanke mich schon jetzt dafür.

Dem Brief beigelegt war eine Kopie des Gedichtes.

Stark wie der Tod

Kurz vor ihrem Verschwinden fuhren wir
immer wieder
durch das dunkle schwer schlafende Land
und sprachen von den Menschen, die
so unheimlich
tot waren, daß man sie nicht
zum Leben
erweckt sehen wollte:

sein Glück auf dem Unglück
der anderen
aufbauen
und die Geschichte zur großen Säuberung machen.

Einmal geriet ein Hase unter
die Räder, sie
zerstampfte ihn mit dem Absatz.

Ihr langsames Lächeln, als hätte sie gerade
die Ursache aller Traurigkeit
ausgerottet.

Mit einer Art Neid sah ich
jedesmal
in ihr entstelltes Gesicht.

Bildete mir ein, daß ich restlos verstand.

Ich schrieb noch am gleichen Vormittag einen Antwortbrief von drei Seiten, das hat keine zwei Stunden gedauert. Zeile auf Zeile ging ich das Gedicht durch, ich baute es nicht nach, ich gab Hinweise auf Knotenbereiche und Weichenstellungen, ich bekundete und behauptete nichts, ich setzte nur Fragezeichen, wies auf Möglichkeiten hin. Was am Ende vorlag, war kein Kontext, noch weniger Interpretation, es handelte sich um einen Gang durch das Gedicht aus einem Einfall heraus und ohne Vorbereitung, der Versuch war mit den Bedingungen des Alltags belastet. Das Gedicht, schrieb ich, stammt aus meinem im letzten Winter erschienenen Lyrikband *Die Inseln im Landmeer.* Es ist, wie fast alle dort versammelten Texte, in den Jahren einundachtzig und zweiundachtzig entworfen und bearbeitet worden. Da ich jedes Gedicht vom ersten Entwurf bis zur endgültigen Fassung mindestens zwanzig Mal abschreibe, durch Wochen und Monate, kann ich nur diesen ungefähren Entstehungszeitraum angeben.

Der vollständige Titel des Gedichts lautet übrigens *Stark wie der Tod*. So heißt der Roman von Maupassant über eine Liebe, die zerstörerisch wie der Tod ist. Ich habe ihn in den vergangenen fünfundzwanzig Jahren drei oder vier Mal gelesen, immer anders, er gehört zu meinen Lieblingsbüchern.

Statt die mir und dem Gedicht gestellten Fragen einzeln und isoliert vom Ganzen zu beantworten, will ich versuchen, etwas wie eine Expedition durch den Text zu machen, Fragesätze, die oft schon halbe Antworten in sich tragen, zu finden, Hinweise auf Gedankenketten hinter der Niederschrift zu geben. Natürlich ließe sich viel mehr sagen. Aber das wäre uferloses Sprechen. Was ich gemeint habe, ist im Wortlaut des Gedichts geronnen.

Also: es handelt sich um ein Paar, um Mann und Frau. Er tritt als Ich auf, von ihr wird erzählt. Als erstes hören wir, daß sie, später, verschwunden ist. Das heißt, nicht mehr bei ihm oder um ihn. Ist sie weggegangen. Zu einem anderen. Tot. Untergetaucht. Das wird bewußt unklar gelassen, Gewicht liegt nur auf seiner Empfindung, allein zu sein.

Wovon das Gedicht spricht, hat sich kurz vor ihrem Verschwinden ereignet. Die Vermutung liegt nahe, daß ein Zusammenhang besteht. Oder ist, was geschieht, Anzeichen für eine Veränderung der Frau, die viel früher eingesetzt hat und am Ende zu ihrem Verschwinden führt. Darüber ließe sich, beim Weiterlesen, nachdenken.

Im folgenden wird berichtet, daß das Paar, über dessen bürgerliche oder nichtbürgerliche Beziehung bezeichnenderweise kein Wort fällt, nächtelang durch das schlafende, *schwer schlafende Land* gefahren ist, ruhelos, ohne Ziel. Der außergewöhnliche Zustand, in dem sich beide befinden, kommt besonders in der Art und Weise zum Ausdruck, wie sie die anderen Menschen sehen: aus großer Distanz, als *tot*, nämlich als dumpf und erstarrt. Und dieses Totsein wird als positives Moment negativer Zustände empfunden. Denn wehe, wenn diese Schlafenden aufgeweckt. Dann bauen sie ihr Glück oder das, was sie dafür halten, auf Kosten anderer auf. Oder verschreiben sich der rigorosen Ideologie, die beispielsweise zu den rassischen *Säuberungen* der Nazis und zu der Tschistka Stalins geführt hat.

Jetzt folgt im Gedicht der Vorfall mit dem Hasen, auf einer der nächtlichen Fahrten. Er liegt verletzt auf der Straße, vielleicht bewegt er sich noch. Tritt sie ihn tot, weil sie das Werk des Autos vollenden will. Aus Zorn. Oder hat sie Mitleid mit dem gequälten Tier.

Als sie zurückkommt, aufs Auto zu, und ins Scheinwerferlicht tritt, sieht er, daß sie lächelt, *als hätte sie gerade die Ursache aller Traurigkeit ausgerottet.* Aber wie lächelt man denn dann. Wie kommt die männliche Figur des Gedichts gerade auf diese Vermutung. Es muß ein Zusammenhang mit der Tötung des Hasen bestehen, der die Frage nahelegt, ob das Leiden der Kreatur als *Ursache aller Traurigkeit* verstanden werden kann. Aber darüber ist, warum, nichts gesagt.

Vielleicht soll man als einzelner antworten.

Jedenfalls würde eine solche *Ausrottung* der Traurigkeit ein sehr großes Unternehmen sein. Vermag einer allein das überhaupt. Und wenn es viele unternähmen, was wäre das Ergebnis. Was ist das Ergebnis gewesen.

Denn möglicherweise hat es diese Versuche gegeben, an die *Säuberung* ließe sich denken. Der Tod des Hasen wäre eine Parallele im kleinen privaten Bereich.

Es besteht ein Widerspruch und eine Verbindung zugleich zwischen der Art, wie er ihr Lächeln sieht, einordnet, und der Möglichkeit an sich. Unterlegt er ihr also etwas, verlangt er ihr mit seiner Vorstellung etwas ab, *als hätte sie gerade.* Der Schlußvers spräche dafür.

Was wäre das aber. Eindeutig etwas, das *eine Art Neid* in ihm hervorruft. Was er selbst gern täte. Doch dieser Versuch zu handeln, *die Ursache aller Traurigkeit* auszurotten, entstellt in seinen Augen ihr Gesicht. Alle Gesichter, möglicherweise. Auf welche Art hängen dann Lächeln, Ausrottung aller Traurigkeit, Säuberung und Entstellung zusammen. *Hängen* sie überhaupt zusammen. Oder sieht *er* das nur so. *Will* er es so sehen.

Hier ist wieder der einzelne Leser gefragt. Mit einer Antwort sollte man sich Zeit lassen. Man sollte genau und wahrhaftig zu sein versuchen. Denn wenn der Erzähler im Augenblick des Sprechens im Gedicht, in der letzten Zeile, sagt: *Bildete mir ein, daß ich alles verstand*, dann ist das als Warnung gemeint. Anscheinend hat es falsche Bilder, verkehrte Schlüsse gegeben, man kann die Durchdringung nicht nachholen, das Verschwinden nicht rückgängig machen.

Das Verhältnis zweier Menschen zueinander, das Verhältnis des einen zu den anderen, der anderen zu dem einen, das Gedicht hat einen unauflösbaren Rest, eine letzte Frage, an den Autor wie an den Leser.

Ein Wort noch zum Schreibtischleben, zur Arbeitsweise. Ich sitze in meinem Zimmer, manchmal im Café oder im Speisewagen. Außer dem Netz meiner Gefühle, dem Gitter meiner Erfahrungen und dem wechselnd beschränkten Verzeichnis meiner Wörter habe ich das blaue Notizbuch. Die inzwischen zweieinhalbtausend Gedankenscherben können ein Gedicht auslösen, können der Arbeit weiterhelfen, mich einen Schlußvers finden lassen. Allerdings gewinnt nur jede zwanzigste, dreißigste Notiz irgendwann Bedeutung.

Der harte Stuhl, ich beuge mich über den Tisch. Vor mir Tintenglas, Federhalter und Papier, in meinem Rükken die Regale, die Bücher. Stiller Vormittag. Dann habe ich das Gefühl großer Möglichkeiten aus der Ruhe der Arbeit heraus. Wenn ich mich anspanne, ohne mich zu verengen, werde ich sagen können, was gestern noch nicht möglich war, was morgen schon verschüttet ist.

Diese Stimmung löst am ehesten ein Gedicht aus. Der Vorgang selber ist dunkel. Unmöglich zu sagen, wie ich beteiligt bin, mit welchen Bereichen der inneren Welt. Wahrscheinlich: mit allen. Auf jede Formulierung, auf jeden Satz, jedes Bild, die festgelegt sind, suche ich eine Antwort, als Annäherung und als Weiterführung.

Um die vierzig Gedichte des Buches *Die Illusion des Unglücks* als Entwürfe aufzuschreiben, dazu zehn Texte, die am Ende ausgeschieden sind, habe ich sechs ungestörte Wochen in Steinheim gebraucht. Dort ist jeden Tag die erste Fassung eines Gedichtes entstanden. Die Bearbeitung dieser vierzig, fünfzig Entwürfe hat dann beinahe ein Jahr gedauert, es gibt von einigen Gedichten gegen fünfzig handschriftliche Fassungen, das Manuskript für den Band sieht aus, als hätte ich einen Roman von sechshundert Seiten geschrieben. Mit den folgenden Arbeiten *Nordwestpassage* und *Die Inseln im Landmeer* verhält es sich ähnlich.

Hinter einem solchen Verfahren steht die Erwartung und Hoffnung, daß das Gedicht durch die Fassungen hindurch meinem inneren Sprechen immer näherkommt, daß der Wortlaut des Gedichts und meine Welt der Empfindungen und Überlegungen, der ästhetischen Vorstellungen sich im Prozeß von Frage des Textes und meiner Antwort aufeinanderzubewegen. So eröffnet das Schreiben von Gedichten die Möglichkeit, der eigenen unverwechselbaren Sprache auf der Spur zu sein, ja sie ansatzweise zu sprechen. Das Zwiegespräch zwischen den Wörtern auf dem Papier und mir, der ich undeutlicher und reicher bin, macht mich vor mir selber wahrnehmbarer.

Denn das, was ich in Form stark stilisierter, verkürzter und verdichteter Geschichten erzähle, ist keine Widerspiegelung von Erlebnissen, sondern von Empfindungen, von Mitleid, Trauer und Empörung etwa, ist eine Kette, ein Arrangement innerer Bilder, Literatur eben, Kunst vielleicht.

Stimmen in meinem Zimmer

Es hat eine Zeit gegeben, da ist das Radio für mich von allergrößter Bedeutung gewesen. Das war ab Herbst dreiundsechzig. Ich kam nach Göttingen, um Medizin zu studieren, und fand kein anderes Zimmer als eine Dachkammer im Vorort Grone, nahe der Autobahn. Schräge Wände, Dachfenster, wenn ich es aufstieß und mich auf die Zehen stellte, konnte ich die Straße vor dem Haus sehen. Sonst Wolken, Regenschlieren, Staub. In der Ecke ein halbhoher Ofen, den die Wirtin ausräumte und vorbereitete, ich mußte nur das Streichholz an die alten Zeitungen halten. Klo zwei Treppen hinunter und über den Hof, ein Verschlag. Unter dem Bett ein Nachttopf. Alle Möbel, das Bett, der Schrank, Stuhl und Tisch, aus billigem Leichtholz und blaßgelb lakkiert.

Früh halb sieben stand ich auf, eine dreiviertel Stunde später hetzte ich durch drei Straßen, über die Brücke eines kleinen Baches, der durch die Hintergärten floß, zum Bus in die Innenstadt. Den ganzen Vormittag war ich von Institut zu Institut, von Vorlesung zu Vorlesung unterwegs, kurz nach eins kam ich aus der Anatomie. Um drei begannen die Kurse, die Übungen oder Arbeitsgruppen, noch nach einem halben Jahr sprach man einander mit Sie an, Krawatten waren nicht selten. Halb sieben am Abend war ich wieder in Grone. Zuerst steckte ich den Ofen an. Dann holte ich aus dem Schrank, was mir die Mutter am Wochenende eingepackt hatte, Bratwurst, Camembert, Apfelsinen, und was aus dem Laden um die Ecke stammte, nämlich Butter, Brot, eine Flasche Milch. Die Eltern bezahlten mein Zimmer und gaben mir hundertzwanzig, später hundertfünfzig Mark. Anfang des Monats kaufte ich mir zwei, drei Taschenbücher, zwei Mark, zwei Mark fünfzig das Stück, und am Mittwoch, wenn der Nachmittag frei war, ein Stück Kuchen und bei den Wirtsleuten, die einen Getränkehandel hatten, eine Flasche Limonade. Hatte ich Abendbrot gegessen, war es halb acht, ich zog mich aus, legte mich hin und las oder schrieb, um zehn machte ich das Licht aus.

Das hielt ich drei Monate aus. Dann kaufte ich ein Radio. Fünfzig Mark vom letzten Geburtstag reichten als Anzahlung, die andere Hälfte des Kaufpreises zahlte ich in Raten von zehn Mark im Monat ab. Jetzt gab es abends Geräusche, Stimmen in meinem Zimmer. Eine detailreiche akustische Welt tat sich auf. Musik. Zum ersten Mal hörte ich Beethoven, Brahms und Bruckner genau. Literatur. Die Gespräche zwischen Hans Mayer und Marcel Reich-Ranicki aus dem Hannoverschen Weinhaus Wolf sind mir deutlich in Erinnerung geblieben. Und es gab das, was ich eine Art von Vergangenheits- und Gegenwartskunde nenne, Radiofeatures von Hans Magnus Enzensberger, manchmal auch von Arno Schmidt. Vor allem aber bin ich in jenem Jahr und in den folgenden Jahren einer literarischen Gattung begegnet, die von der Eigenart des Radios und vom gesprochenen Wort, vom Netz, vom Geflecht aus Stimmen lebt. Ich meine das Hörspiel. In der ersten Hälfte der sechziger Jahre wurden Arbeiten und Stücke von Günter Eich und Ingeborg Bachmann, von Heinrich Böll und Walter Jens, von Andersch, Dürrenmatt, Schnabel, von Ludwig Harig gesendet. Ich fand das erstaunlich und eindrucksvoll: etwas war aufgeschrieben worden, unter

Umständen, die im Alleinsein vielleicht meiner Lage ähnelten, und nun war es nicht der Autor, der seinen Text vorlas, der Text war vielmehr aufgeteilt worden, er spielte sich ab, zwischen mehreren Stimmen. Aber nicht in der Art des Theaters, vielmehr leise, mit Pausen, ich hatte viel Zeit für die eigenen Gedanken, Empfindungen. So war der Raum des Hörspiels auch keine Bühne, es gab keine Tiefe, keine Breite und Höhe, meine Phantasie war entscheidend, von ihr hing alles ab.

Die ersten eigenen Versuche, Texte für das Radio zu schreiben, habe ich vier Jahre später gemacht. Ich hatte die Vorstellung, ein oberhessisches Dorf, das mich allein schon durch seine Lage auf der Kuppe eines vulkanischen Basaltkegels hoch über einem Tal des Vogelsbergs fasziniert hatte, mit Worten nachzubauen, so wie ich es sah, und diese Worte zum Material für Stimmen werden zu lassen. Auf diese Weise ist *Gedenkreden und Stichworte als Aufklärung über ein abgelegenes Dorf* entstanden, mein erstes Hörspiel.

Als ich die Sendung dann hörte, war ich erstaunt, was aus den Sätzen im Schreibheft geworden war, in das ich eingetragen hatte, was mir dürr vorkam. Ein Gespräch fand statt, die Stimmen sprachen miteinander, und sie sprachen mit mir. Eine solche stilisierte Unterhaltung auf hohem Niveau, dachte ich damals, fehlt unserem Alltag. Auch in der Literatur war sie anderswo als im Hörspiel nicht zu entdecken.

Und jedermann, der ein Radio besaß, konnte beim Wechseln des Senders auf die Stimmen stoßen, sich von einer von ihnen oder von zwei, drei Sätzen so angesprochen fühlen, daß er einhielt und zuhörte. Ich stellte mir dabei auch Menschen vor, die selten ein Buch aufschlugen oder eine Buchhandlung betraten. Ganz richtig haben mir seitdem immer wieder Freunde, Bekannte, andere Autoren erzählt, wie sie im Autoradio oder zu Hause zufällig etwas gehört hatten, von dem eine Anrührung ausgegangen war, das ihr Interesse gebunden hatte. Stell dir vor, es ist von dir gewesen.

Erst viel später, nachdem, über Jahre hinweg, *Verhörspiel guter Menschen*, *Verdacht*, *Reise in eine verhangene Landschaft voller Katastrophen*, *Heimat Träume* und *Unten im Schwarzwald* entstanden waren, wurde mir bewußt, weshalb mich das Hörspiel so festgehalten hatte, daß zwischen neunzehnhunderteinundsiebzig und achtundsiebzig kaum eine größere Arbeit anderer Gattung geschrieben worden, kein Buch von mir erschienen war.

Das lag, in zweierlei Hinsicht, an der großen Freiheit, die das Schreiben von Hörspielen gewährt. Ich war an keine Vorgabe gebunden, ich konnte, wie bei Gedichten und Tagebuchnotizen, von dem sprechen, was mich am stärksten beschäftigte, ein eigenes, nur mir gehörendes Thema war möglich, ja es empfahl sich geradezu, wollte man sich weiterentwickeln.

Diese Entwicklung ging ungehindert von fremden Einflüssen und Einmischungsversuchen vor sich. Der Literaturbetrieb schließt nämlich das Hörspiel nur sehr bedingt ein. In diesem Seitabliegen der Gattung, das sich im Fehlen eines institutionalisierten öffentlichen Echos ausdrückt, liegt eine beachtliche Möglichkeit, ungestört, konzentriert und auf eigene Faust zu arbeiten, vorwärtszugehen, auf sich selber zu. Es gibt kaum Kritik und Scheinkritik, keine Besserwisserei, keine Feindschaften und Fehden; jeder Anstoß, jede Korrektur, jeder Fortschritt muß vom Autor erarbeitet werden. Das führt zu dem, was ich organisches Wachstum literarischer Schreibweise nenne. Bei aller Anstrengung bin ich nie überfordert gewesen, vielmehr, in der Ruhe und Tiefe der Arbeit am Schreibtisch, am ehesten ich selber.

Wenn ich heute darüber nachdenke, wie ein Hörspiel aussehen soll, aussehen kann, weiß ich, daß es *das* Hörspiel ebensowenig wie *den* Roman oder *das* Gedicht gibt. Wieviele Nuancen und Schattierungen von der Ballade bis zum Epigramm, vom klassischen Entwicklungs- zum Science-fiction-Roman. Ich kann nur von mir sprechen.

Meinen Hörspielen liegt eine Geschichte zugrunde, der Kern einer Geschichte oder ein Seitentrieb. Diese Geschichte soll uns angehen, für uns eine Bedeutung haben. Und sie muß vom Hörer nicht nur verstanden werden, sie muß, soll er sich nicht abwenden, Aspekte des Neuen, Nochnichtgewußten auf unspektakuläre Weise enthalten.

Stimmen bedienen sich des Stoffes. Oder bedient sich der Text der Stimmen. Sie sprechen. Die Grundsituationen von Gespräch, Unterhaltung, Mitteilung dürfen nicht verschüttet werden. Dazu kommen die Reflexion, die Erweiterung, etwa des zeitgenössischen Themas ins Historische oder des historischen Themas in die Gegenwart, die Verdichtung, die Stilisierung und endlich, als Spiegel seiner inneren Welt, seiner Ästhetik und seiner sozialen Gedanken, die eigene, die unverwechselbare Sprache des Autors.

Lichtversuche Dunkelkammer
Entstehung einer Erzählung

Lichtversuche
Ein Werkstattbericht

Vor einigen Jahren habe ich einen spanischen Film gesehen, ich kenne die Umstände nicht mehr und kann mich weder an den Titel des Films noch an seine Fabel erinnern, ich weiß nur noch, ich sehe nur noch vor mir, daß ein Mann in mittleren Jahren sich aufs Land zurückzog, in eine Gegend, in der er vielleicht aufgewachsen war, in ein abseits gelegenes Bauernhaus, das Haus seiner Familie möglicherweise. Wochenlang schrieb dieser Mann in der ländlichen Einsamkeit die Geschichte seiner Kindheit auf, Abend für Abend. Man sah ihn im Lichtkreis der Lampe am Tisch sitzen, Kopf, Hand, Füller und Papier fielen besonders ins Auge, wie der Mann manchmal den Kopf mit der Hand stützte und nachdachte, wie dann wieder die Feder übers Papier glitt, ein schönes ruhiges Bild des Schreibens, des idealen Schreibers in warmen Tönen, die Dunkelheit des Zimmers der harmonische Rahmen, entstehen so Gedichte, Erzählungen, Romane, werden so Bücher geschrieben.

Warum nicht, erfreulicherweise. Aber wir kennen auch ganz andere Geschichten, Romane, über deren Niederschrift die Autoren sich verzehrten und starben, mein toter Freund Hans J. Fröhlich ist eines der jüngsten Beispiele, Gedächtnisprotokolle, die der Untersuchungshäftling Jürgen Fuchs sich in den Verhörpausen einprägte, ins Gehirn brannte, eposähnliche Berichte wie die von Solschenizyn, im Haftlager mit mikroskopischer Schrift auf winzige Fetzen Papier geschrieben, Albrecht Haushofer, Peter Paul Zahl, so viele Bücher, so viele Entstehungsgeschichten, in denen die Zeiten, die Länder, ihre Menschen, der Autor und seine Umgebung vorkommen.

Eine bekannte Wahrheit: was ich schreibe, wie ich schreibe, ja daß ich schreibe, ist ohne die Geschicke der eigenen Familie, des eigenen Landes nicht zu erklären. Denn mit diesen Geschicken sind zentrale Erfahrungen verbunden, Hierarchie, Autorität, Unterwerfung, Uniform, Ordnung, Macht und Geld, die sich bis in die Wahl der Wörter, einzelner Wörter, bis in die Fixierung auf bestimmte Bilder, Imaginationen auswirken.

Meine Sprache, meine Stoffe auch stammen aus diesem Land, aus dem dunklen bis gestern doppelten Deutschland, das ich als Einwohner dort und als Einwohner hier und als zwei Seiten einer Medaille erlebt habe, deren eine Seite ohne die jeweils andere merkwürdig matt, beinahe tot wirkte.

Spätestens seit dem Beginn unseres Jahrhunderts ist das Zeitalter der Flüchtlinge und Exilanten angebrochen, mit immer besser erkennbarem Schreckensgesicht. Nicht allein fern in der Türkei, sondern auch und vor allem, eine Art Herd, mitten in Europa. Die weitverbreiteten Erfahrungen von Verlust und Verfolgung, die privaten und die öffentlichen Katastrophen und das leise Zittern des Bodens sind unser Thema, ein wahrhaft glückliches Zeitalter kennt keine Literatur, sagt Heinrich Mann. In kaum einem anderen Land als hier bei uns findet der Autor, unausweichlich, einen solchen Reichtum an bewegten Biografien und dramatischen biografischen Bruchstücken, durch die Jahrzehnte hindurch, bis heute. Kaiserreich, Erster Weltkrieg, Revolutionsversuch, Weimarer Zeit, Naziherrschaft, Exil und Völkermord und Krieg, Austreibung und die Nachkriegsgesellschaft in ihrer schwer zu durchdringenden Mischung aus Tätern und Opfern und in zweifacher Hinsicht Unbeteiligten; dazu das Auseinanderfallen des Landes erst in zwei Hälften und dann in zwei Staaten, zwischen denen der Grabenbruch der beiden Weltmächte verlief mit dem Herüber und Hinüber und allen Widersprüchen und Gegensätzen; endlich die jüngsten erdrutschartigen Veränderungen, das Ineinanderstürzen der beiden Landesteile; welche Möglichkeiten der literarischen Berichterstattung, des genauen Erzählens, des Identitätsversuchs.

Seit langem beschäftigt mich eine deutsche Kleinstadt, bin ich ihr auf der Spur. Es handelt sich um meinen Geburtsort Frohburg in Sachsen. Dort bin ich aufgewachsen, dort habe ich bis ins Jahr neunzehnhundertsiebenundfünfzig gelebt. Der Ort ist für mich eine Bühne, was die letzten hundert Jahre unserer Geschichte angeht. Eine Bühne für Zeitgeschichte, für deutsche Lebensläufe. Die ersten Notizen, Detailsammlungen stammen von neunzehnhundertneunundfünfzig, neunzehnhundertsechzig, der früheste Entwurf *Laterna magica* zum Beispiel. Und bis heute grabe ich Material aus, gewachsenes und verschüttetes, ich treibe in meine und in die Erinnerung anderer Stollen, Erkundungsgänge, ich sammle das Material, fixiere es und versuche, daraus Erzählung, Romankapitel, Gedicht zu machen.

Eine solche Erkundung will ich nachzuzeichnen versuchen, sie hat in den Jahren sechsundachtzig bis achtundachtzig stattgefunden und bestand in der Entdeckung und Erarbeitung eines Stoffes und in seiner literarischen Ausbreitung.

Seit der Kinderzeit habe ich mit der Erinnerung an ein Ereignis aus dem Frühjahr neunzehnhundertdreiundfünfzig gelebt, ich war zwölf Jahre alt. Eines Morgens kam ich in die Schule, der Unterricht fiel aus, über Nacht waren zwei Lehrer verhaftet worden. Ich stand am Fenster und sah, wie die Tochter des Erdkundelehrers über den Schulhof kam, tränenüberströmt. Erinnerungen an Zöpfe, weiße Kniestrümpfe. Das Mädchen ging in die Nachbarklasse. Immer habe ich darüber schreiben wollen. Schon damals machte ich eine Notiz in mein Kalendarium.

Aber die Jahre, Jahrzehnte vergingen, und erst vor sechs Jahren begann ich wieder, mich eingehender mit diesem Thema, mit dieser Erinnerung zu befassen. Ich schrieb Briefe, vorsichtig, wenn sie über die Grenze gingen, und fragte nach den Lehrern. Außerdem bemühte ich mich um die Adressen. Immerhin wußte ich, daß die beiden Männer nach der Entlassung in den Westen gegangen waren. Sie hatten zwischen Rückkehr und Weiterfahrt bei Vater in der Praxis vorgesprochen. Ende sechsundfünfzig wahrscheinlich.

Auf meine Briefe bekam ich kaum Antworten. Und wenn mir doch jemand zurückschrieb, wußte er nichts oder nichts Genaues. So schien mir am Ende die eigene Erinnerung noch am präzisesten zu sein. Doch dann lernte ich einen Redakteur aus dem Rheinland kennen, der in seiner Lebensgeschichte einen unfreiwilligen Wechsel von Westberlin in den Ostsektor zu verzeichnen hat, mit einigen Jahren in Bautzen, und Verfasser einer grundlegenden materialreichen Arbeit über die politische Justiz der DDR ist. Den lernte ich kennen, und ihn fragte ich. Einmal nach den Hintergründen und Folgen der nächtlichen Verhaftungen in Frohburg, zum anderen nach weiteren ähnlichen Vorkommnissen, was meine Kindheitsgegend und die ersten zehn Jahre nach dem Krieg anging. Tatsächlich konnte er mir nach einiger Zeit der Recherche die genauen Namen, die Geburtsorte und die Geburtsdaten meiner Lehrer nennen, er hatte sogar die Garnison herausgefunden, in der das sowjetische Militärtribunal getagt hatte, selbst die Urteilsparagraphen waren in seiner Auskunft angeführt, Strafmaß fünfundzwanzig Jahre, mehr ließ sich, nebenbei gesagt, auch aus anderen Quellen nicht erfahren.

Darüber hinaus aber lenkte der Helfer meine Aufmerksamkeit auf einen weiteren Fall. Er schickte mir nämlich die Kopie einer mehr als zwanzig Jahre alten Pressemitteilung, die der Untersuchungsausschuß freiheitlicher Juristen in Westberlin herausgegeben hatte. In Erinnerung an den siebzehnten Juni neunzehnhundertdreiundfünfzig waren im Text die Namen und Wohnorte einiger Männer genannt, die in Zusammenhang mit dem Aufstand zum Tode verurteilt und sofort erschossen worden waren, meist noch am Tag des Aufstands oder in der folgenden Nacht. Unter den aufgeführten Namen fand ich den eines Mühlenwärters Eberhard v. C. aus Geithain.

Geithain, die Kreisstadt zu meinem Geburtsort. Dort sind meine Eltern getraut worden, dort bin ich zur Oberschule gegangen, es handelt sich um eine durchaus vertraute Stadt von kaum sechstausend Einwohnern mit großem Emaillewerk, in einem Dorf im Vorfeld hat lange Jahre der Maler Conrad Felixmüller gelebt.

Der Hinweis auf den Mühlenwärter bewirkte eine schlagartige Anrührung. Wieso kannte ich den Namen nicht, weshalb hatten auch die Eltern nie von dem Mann und seinem Tod gehört, selbst in Gerüchten nicht. Der Kreis Geithain besteht aus vier Kleinstädten und aus einer Reihe von Dörfern, wenn sich in meiner Kinderzeit etwas Besonderes ereignete, Brand, Düsenjägerabsturz, Einbruch, sprang die Kunde von Ort zu Ort, selbst die Geheimnisse von Familien drangen früher oder später nach außen und wurden weitergesagt.

Hier nun, im Fall des Mühlenwärters auf der Liste, gab es keinerlei spontane Erinnerung, keine schnelle Bestätigung, Zweifel waren durchaus am Platz, denn der Name war vom inzwischen längst aufgelösten Untersuchungsausschuß genannt worden, jener umstrittenen Einrichtung, die in den fünfziger Jahren vor allem aus Berichten von Flüchtlingen und Westberlinbesuchern Details zu Alltag und Politik in der DDR filterte und neben wichtigen Informationen gelegentlich auch abstruse Zahlen und abenteuerliche Behauptungen veröffentlichte.

Ich mußte also zuerst einmal in Erfahrung bringen, ob es den Mühlenwärter in Geithain wirklich gegeben hatte. Und wenn ja, ob Hinweise auf merkwürdige Todesumstände vorlagen. Traf dies zu, wollte ich Daten und Einzelheiten zusammentragen und über den Fall schreiben und damit verhindern, daß der Name des Mannes, sein Schicksal noch einmal und vielleicht für immer untergingen.

Aus solchen Intentionen heraus schrieb ich Briefe, im Lauf eines Jahres etwa sechzig, an ganz verschiedene Adressaten in der DDR, in der Bundesrepublik und sogar im Ausland. Meist hatte ich mit den Empfängern schon wegen anderer Frohburger Fragen korrespondiert, oft war mir geholfen worden. Aber diesmal kam entweder gar keine oder nichtssagende Antwort, bestenfalls mit Sätzen garniert wie: Das ist so lange her, ich kann mich nicht erinnern. Als sei meine Frage nach Eberhard v. C. ungehörig.

Schon wollte ich aufgeben, da fiel mir ein, daß mich Monate vorher, nach einer Lesung im Ruhrgebiet, eine Zuhörerin angesprochen und mir gesagt hatte, sie stamme aus Geithain und sei die ältere Schwester einer Mitschülerin. An diese ehemalige Geithainerin erinnerte ich mich, sie hatte mir ihre Adresse gegeben, also konnte ich ihr schreiben. Die Antwort, nicht überraschend inzwischen für mich, war hinhaltend. Freilich stand im Briefkopf die Telefonnummer der Absenderin, ich rief sie abends an, nicht ohne Scheu und Hemmung. Und nun plötzlich, während des Telefonats, stellte sich heraus, daß der Hinweis auf den Mühlenwärter zutraf, daß der Mann tatsächlich in Geithain gelebt hatte und in Zusammenhang mit dem siebzehnten Juni dreiundfünfzig ums Leben gekommen war.

Ein einfacher Mann, Arbeiter. Kinder in meinem Alter vielleicht, wahrscheinlich zwei Töchter. Meine Gesprächspartnerin nannte mir sogar die Straße, die Hausnummer und beschrieb das Haus, in dem die Familie gewohnt hatte, seine Lage, sein Aussehen, als Oberschüler bin ich jeden zweiten Tag daran vorbeigegangen, dort, wo die Bahnhofstraße auf den Geithainer Markt mündete, gegenüber dem Café.

Kaum war das Telefongespräch mit der Schwester der Klassenkameradin zu Ende, entwarf ich, laut Notiz am sechsundzwanzigsten Juni neunzehnhundertsiebenundachtzig kurz nach Mitternacht, den Plan zu einer Erzählung, die sich mit dem Hinweis des Redakteurs und mit dem beschäftigen sollte, was ich gerade erfahren hatte und in Zukunft noch erfahren würde. Mir schwebte in jener Nacht eine Prosaarbeit vor, die meine Schulzeit in Geithain und den Arbeiter C. zusammenführen würde, durch eine seiner beiden Töchter vielleicht. Zuerst dachte ich an eine Mitschülerin, die ich auf der Geithainer Oberschule gehabt hätte, mit Namen C. Sie sei besonders strebsam und angepaßt gewesen.

Während einer sonntäglichen Haussammlung für das Nationale Aufbauwerk im Neubauviertel von Geithain war mir einmal eine der Wohnungstüren von einer Frau geöffnet worden, in der ich zu meiner Überraschung und zu meinem Ärger die Frau des gerade von Frohburg weggezogenen Stasimannes Mäser erkannte. Das Ehepaar Mäser hatte jahrelang uns gegenüber beim Fuhrmann Schramm im ersten Stock gewohnt. Während ich die Mäser um eine Spende anging, hätte ich, so meine Vorstellung, im Flur, in der halben Dunkelheit das Mädchen aus meiner Klasse gesehen. Hier verkehrt die also, hätte ich gedacht, das erklärt vieles.

An diesem Punkt des Entwurfs fiel mir eine bessere Möglichkeit ein. Denn nie hätten die Mäsers Umgang mit der Tochter eines Staatsfeindes gehabt, nie wäre ein solches Mädchen während der Stalinzeit und der auf Stalins Tod folgenden Jahre zum Besuch der Oberschule zugelassen worden. Ich dachte jetzt an ein weiteres Erlebnis meiner Oberschulzeit, nämlich an den Tanzabend auf dem Bubendorfer Gasthofsaal im Sommer siebenundfünfzig. Ich hatte eine neunzehnjährige Verkäuferin kennengelernt, die ich nach Hause bringen wollte. Es stellte sich schnell heraus, daß sie aus Geithain war und auf den ersten Zug warten mußte. Ich fühlte mich verpflichtet, ihr Gesellschaft zu leisten. So saßen wir fünf Stunden auf der Bank vor dem Bahnhof, am Denkmal der Vereinigten Verfolgten des Naziregimes. Tage später traf ich sie wieder. Erfuhr, daß der Vater tot war. Verabredung auf dem Geithainer Friedhof. Dort Grab des Vaters. Datum seines Todes. Meine Nachfrage. Wo gestorben. Abwehrende Antwort. Trafen uns nicht wieder. Und dreißig Jahre später die Liste mit den Namen.

Soweit der Entwurf. Unklar blieb der Schluß der Erzählung. Ich tastete das Thema noch ab und brachte die Realitätsfragmente in immer neue Beziehung zueinander. Allerdings gab es von Anfang an den ersten Satz: Im Winter vor meinem sechzehnten Geburtstag erlaubten mir die Eltern zum ersten Mal den Besuch eines Tanzabends. Diesen Auftakt der Erzählung habe ich im Anschluß an den Entwurf notiert, ich habe in allen Fassungen des Textes an ihm festgehalten.

Die Erzählung war entworfen, von einer Niederschrift aber konnte noch nicht die Rede sein. Die Bestätigung, die knappen Details waren nicht mehr als Ausgangspunkte weiterer Erkundungen. Wieder mußte ich den Postweg benutzen, wieder schrieb ich zwanzig, fünfundzwanzig Briefe, wo hatte C. gearbeitet als Mühlenwärter, das wollte ich unbedingt wissen, denn ich selber hatte keinerlei Vorstellung oder Vermutung. Mühlenwärter, was war das überhaupt. Und wo in der engeren Kindheitsgegend hatte es am siebzehnten Juni Unruhen gegeben, davon war mir nichts bekannt. Aber auch meine Briefpartner wußten anscheinend nichts. Deshalb rief ich im Herbst siebenundachtzig noch einmal im Ruhrgebiet an. Ich erinnere mich jetzt, sagte die Frau aus Geithain, C. hat in Böhlen gearbeitet.

Böhlen, das große Braunkohlenkombinat und Benzinwerk südlich von Leipzig, das Anfang der fünfziger Jahre nach dem damaligen Ministerpräsidenten Otto

Grotewohl benannt wurde, ist mir seit Kindertagen vertraut gewesen, in der Literatur zum siebzehnten Juni taucht es so gut wie gar nicht auf. Ich fing an, mich über das Kombinat zu informieren, und sammelte alles Material, das ich bekommen konnte, zur Geschichte des Werks, zu seiner Produktion und Organisation, ein umfangreiches Dossier über die Braunkohlenindustrie im Leipziger Raum entstand.

Gleichzeitig bat ich den Pfarrer von Geithain per Brief um Mitteilung der Eintragung im Kirchenbuch, C. betreffend. Eine Antwort blieb aus. Warum. Dann kopierte mir jemand die Grabschrift auf dem Geithainer Friedhof. Und ich fand sogar einen alten Mann, der bereit war, mit einer Verwandten C.s zu reden, von der ich inzwischen gehört hatte, daß sie in Geithain lebte. Der alte Mann kannte die Verwandte und suchte sie auf, sie war nicht bereit oder imstande, etwas zu jener Katastrophe zu sagen, die einmal so furchtbar über die Familie hereingebrochen war.

Wie über das wenige schreiben, das ich bis dahin entdeckt, gefunden hatte. Sollte ich, sollte der Erzähler eine Figur, eine rekonstruierte oder eigentlich ja erdachte Figur zur Arbeit fahren lassen. Sollte ich die Fahrt zum Werk und die Arbeit vor Ort beschreiben, als kennte ich sie aus eigener Erfahrung. Sollte ich die Verhaftung C.s schildern. Und wie ginge es dann weiter. Wie ist es dann weitergegangen, in solchen Fällen.

Der Autor ist nicht allwissend. Ich konnte mir den Ablauf nicht differenziert und in Einzelheiten vorstellen, eine Beschreibung des Mannes und die Schilderung der Festnahme kamen nicht in Frage.

Ich wich aus. Als müßte ich warten, Zeit verstreichen lassen, so begann ich, Skizzen zum Thema anzufertigen, beispielsweise zeichnete ich das Kulturhaus des Kombinats Böhlen aus dem Ende der vierziger Jahre, ich skizzierte die Kühltürme und Schornsteine und die Riesenlöcher der Tagebaue, die sich bis zum Horizont erstreckten, die Großraumbagger und Förderbrücken. Außerdem legte ich detaillierte Karten und Pläne an mit den Braunkohlenlagern und der Braunkohlenförderung in Westsachsen. Dazu trug ich Druckschriften zusammen, spannte Bibliotheken, Archive hierzulande und teilweise auch jenseits der innerdeutschen Grenze ein, die Materialsammlung wurde immer umfangreicher und immer genauer, auch, was die Verwüstung der Landschaft, die Belastung des Wassers und die Verschmutzung der Luft, den Verschleiß der Menschen anging.

Aber bei aller Fülle der Information hörte ich monatelang nichts Neues zu C. Kein Brief, kein Zettel ohne Unterschrift auf meine Anfragen. Erst, als ich jede Hoffnung schon aufgegeben hatte, bekam ich von ganz unvermuteter Seite die Kopie eines Aktenstücks vom neunten März neunzehnhundertvierundfünfzig mit der Überschrift Besucherbericht. Das Dokument hatte folgenden Wortlaut:

»Der Arbeiter Eberhard v. C., geboren achten September neunzehnhundertzehn, zuletzt wohnhaft in Geithain, Bahnhofstraße zwei, zuletzt als Mühlenwärter im Kombinat Espenhain, Brikettfabrik, beschäftigt, ist am siebzehnten Juni wegen Teilnahme an Unruhen im Werk von den Sowjets verhaftet und standrechtlich erschossen worden. Die Witwe konnte zunächst wochenlang nichts über das Schicksal ihres plötzlich verschwundenen Ehemannes erfahren. So erhielt sie am achten Juli noch ein Kündigungsschreiben des Betriebs, wonach die Belegschaft aufgrund der Vorkommnisse am siebzehnten Juni eine weitere Zusammenarbeit ablehne. Bis ihr am achtzehnten August von der Mordkommission in Leipzig, an die sie sich gewandt hatte, mitgeteilt wurde, daß ihr Mann standrechtlich erschossen worden sei. Nähere Auskünfte erhielt sie nicht; die Urne wurde ihr anschließend ausgehändigt, so daß am sechsundzwanzigsten August die Beisetzung stattfinden konnte.«

Diese Aktennotiz kam aus Westberlin. Anscheinend war seinerzeit ein Besucher aus Geithain in der geteilten Stadt gewesen und hatte über das Schicksal des Arbeiters v. C. gesprochen. Die Witwe. Sie hatte sich den Herbst und Winter dreiundfünfzig in ihrer Dachwohnung vergraben, hatte die Mädchen in die Schule und auf Arbeit geschickt, manchmal fand sie morgens im Briefkasten, der im Hof neben der Haustür hing, einen Zehnmarkschein. Dann war der Winter vorbei, die ersten wärmeren Tage kamen. In aller Frühe setzte sie sich auf die Bahn, fuhr nach Westberlin und gab dort die Geschichte zu Protokoll.

Ich las die Notiz, und die Bilder, die sie hervorrief, die Imaginationen waren ein Schock für mich und haben mich lange bedrängt. Die emotionale Anrührung war so stark, daß ich nicht in der Lage war, den Dokumentenfund mit dem Entwurf der Erzählung zu verbinden. Ich mußte einen anderen Weg nehmen, mich den neuen Fakten zu nähern, ich tauschte die vermutete Arbeitsstelle Böhlen gegen die tatsächliche im benachbarten Kombinat Espenhain aus und stellte nun bevorzugt Unterlagen über diesen Industriekomplex zusammen, der an der Fernstraße fünfundneunzig liegt, die von Leipzig nach Chemnitz führt und auch Frohburg berührt.

Mitten in den Orientierungsversuch hinein klingelte

eines Abends im Frühsommer achtundachtzig das Telefon, eine ältere Frau war am Apparat, sie sei gerade als Rentnerin aus der Frohburger Gegend zu ihrer Schwester nach Süddeutschland gezogen und habe meinen Aufsatz über Conrad Felixmüller gelesen, Anfang der sechziger Jahre habe sie mit dem Fahrrad einen Ausflug nach Tautenhain gemacht und dort den Maler in seinem Haus besucht, vielleicht interessiere mich das. Gegen Ende des langen Gesprächs, aus einem plötzlichen Impuls heraus, fragte ich die Anruferin, ob sie mir nicht jemanden nennen könne, der nach dem Krieg in Espenhain gearbeitet habe. Ja, war ihre Antwort, ich selber, in der Buchhaltung, wieso.

Ich bin seit Monaten auf der Suche, sagte ich, von wann bis wann sind Sie in Espenhain gewesen. Von einundfünfzig bis neunundsechzig, gab sie zurück, warum. Ich will hören, was am siebzehnten Juni dreiundfünfzig im Kombinat los war. Ach, sagte sie, ja. Und nach einer Pause: Das habe ich verdrängt, darüber durfte nicht gesprochen werden, es gab zwei Tote. Eine Hinrichtung, fragte ich. Da war ein Adliger, erinnerte sie sich. Ja, sagte ich, v. C. hieß er. Es hatte etwas mit einer Holzkiste zu tun, sagte die Frau am Telefon, in ihr wurde er aus dem Werk geschafft, als er schon tot war, oder vielleicht lebte er auch noch.

Mehr wußte sie nicht oder wollte sie nicht wissen. Auf jeden Fall sei dreiundfünfzig im Werk gestreikt worden. Das alles liege aber weit zurück und sei ganz undeutlich. Die Zugehörigkeit zur Jungen Gemeinde habe ihr damals schwer zu schaffen gemacht, auch im Betrieb, man riß ihr das kleine Blechkreuz von der Jacke, hier ist sowjetisches Gebiet, auf dem wir stehen, außerdem, erzählte sie mir, habe sie in jenen Jahren in der Ausbildung gestanden und schon von daher, ausgelastet und beansprucht, nicht viel wahrnehmen können.

Auf das Telefonat hin entwarf ich einen Fragebogen, den ich nach Süddeutschland schickte. Ich fragte die Rentnerin nach dem offiziellen Namen des Kombinats, das bis Anfang neunzehnhundertvierundfünfzig sowjetische Aktiengesellschaft SAG war. Sie wußte den Namen nicht. Ich fragte weiter, ob das Werk einen sowjetischen Generaldirektor hatte. Wie war sein militärischer Rang, wo im Werk befand sich sein Büro, wo wohnte er. Sie konnte sich nur an das Büro erinnern, es war im Verwaltungsgebäude. Gab es auch einen deutschen Betriebsleiter oder Direktor, lautete meine dritte Frage, wie hieß er neunzehnhundertdreiundfünfzig, wo stammte er her, wo wohnte er. Es gab einen, war die Antwort, ja. Vierte Frage: Trifft es Ihrer Meinung nach zu, daß Espenhain Anfang der fünfziger Jahre aus den Betriebsteilen Grube, Großkraftwerke, Schwelerei und Brikettfabrik bestand. Antwort: Ja. Fünfte Frage: Espenhain soll damals ungefähr siebentausend Beschäftigte gehabt haben, trifft das zu. Antwort: Ja. Sechste Frage: Wo war damals der Tagebau, konnte man ihn sehen, wenn man auf der Fernstraße fünfundneunzig von Frohburg nach Leipzig fuhr. Antwort: Ja, auf der linken Seite hinter dem Dorf Espenhain. Siebte Frage: Was verdiente Anfang der fünfziger Jahre, neunzehnhundertdreiundfünfzig etwa, ein Arbeiter, ganz ungefähr, und was haben Sie seinerzeit im Monat verdient. Antwort: Der Kumpel vierhundert Mark, ich in Gruppe H IV dreihundertfünfundzwanzig Mark brutto. Achte Frage: Was war am siebzehnten Juni dreiundfünfzig im Werk los. Antwort: Unruhen, Streik im hinteren Teil des Werks. Neuntens: Wenn es am siebzehnten Juni Versammlungen im Werk gab, wo fanden sie statt und wann an diesem Tag, wodurch wurden sie beendet, kam Volkspolizei, kamen sowjetische Truppen, aus welcher Stadt. Antwort: Sowjetische Truppen und Volkspolizei. Stadt unbekannt. Zehnte Frage: Haben Sie den Arbeiter Eberhard v. C. im Werk bewußt erlebt; er wohnte wahrscheinlich in Geithain, war Anfang vierzig und arbeitete als Mühlenwärter. Antwort: Nein, nicht erlebt, Wohnort war hundertprozentig Geithain. Elftens: Wissen Sie etwas über das, was C. am siebzehnten Juni machte, hielt er eine Rede, verhandelte er mit der Direktion oder ähnliches, haben Sie etwas miterlebt oder später gerüchteweise gehört. Antwort: Jeder hüllte sich in Schweigen. Zwölfte Frage: C. ist irgendwann am siebzehnten Juni verhaftet worden, wissen Sie, zu welcher Tageszeit und unter welchen Umständen. Antwort: Nichts bekannt. Dreizehnte Frage: Wie wurde C. von den Kollegen getrennt, wurde er abgeführt, aus der Menge heraus, oder in ein Gebäude gelockt, haben Sie diesbezügliche Gerüchte gehört. Antwort: Irgendeine Kiste spielte eine Rolle in dem ganzen Geschehen, lag er tot oder lebendig drin, ich weiß es nicht. Frage vierzehn: Was ist Ihnen über sein Schicksal tatsächlich oder auch gerüchteweise bekanntgeworden. Ohne Antwort. Frage fünfzehn: Gab es offizielle Kommentare zu C.s Tod, später. Antwort: Nein, absolutes Schweigen.

Sechzehnte Frage, mit einer kleinen Volte rückwärts, Richtung wichtiger Details, die ich möglicherweise für meine Erzählung brauchte: Wann lag in Ihren ersten Jahren in Espenhain der Beginn der Frühschicht, und wann fing die nächste Schicht an, die Mittelschicht, wann mußte man, grob geschätzt, beispielsweise mit der Bahn in Frohburg losfahren, um zur Frühschicht in die Braunkohle zu kommen. Antwort: Es gab drei Schichten, von sechs bis vierzehn, von vierzehn bis zweiundzwanzig und von zweiundzwanzig bis sechs Uhr. Zur ersten Schicht fuhr man mit dem Zug vier Uhr achtundzwanzig nach Borna und weiter mit dem Werksbus. Siebzehnte Frage: Verkehrten von Anfang an Busse zwischen Bahnhof Borna und Werk, oder waren es zuerst Lastwagen mit kastenähnlichem Aufbau. Antwort: Es waren immer Busse beziehungsweise Lastwagen eingesetzt, die man Hühnerstiege nannte. Die Leiter hinten wurde eingezogen. Im Inneren gab es vier Längssitzreihen, für circa vierzig Personen. Schwarz angestrichen.

Bis hierhin der Fragebogen. Und dies insgesamt das Material zum Schicksal der Figur C.: der Besucherbericht, Gesprächshinweise, die Beschreibung der Lastwagen, Analyse des Kombinats. Ich hatte etwa ein Jahr lang Informationen zusammengetragen, hatte Zeugen und Gewährsleute gesucht und Archive durchforscht, ich hatte manches, vieles sogar in Erfahrung gebracht, was mir jetzt noch fehlte, würde nur ein unwahrscheinlicher Zufall nachtragen. Sicher, es gab Lücken, weiße Flecke, unbekannte Details. Aber diese Fehlstellen ließen sich ausweisen. Darüber hinaus konnte ich von mir reden und davon, wie ich mit dem Thema, mit dem Stoff in Berührung gekommen war. Erzählen aus der Überzeugung heraus, daß die Zeitgeschichte, deren Bild erst entsteht, nicht allein der Macht und den eingesetzten Historikern gehört, sondern Eigentum aller ist, in deren Leben sie eingegriffen hat und eingreift.

Ein erster ganz kurzer Entwurf zu einer Erzählung lag vor, auch den ersten Satz hatte ich längst aufgeschrieben, nun wollte ich ausführlich von der Bekanntschaft mit der Tochter des toten C. erzählen. Und im Lauf dieser Erzählung sollte etwas geschehen, sollte der Ich-Erzähler auf etwas stoßen, das ihn irritierte und das er nicht adäquat entschlüsseln konnte, weil er nicht ins Bild gesetzt war. Dann Schnitt, dann Begegnung mit dem Dokument, mit dem Besucherbericht.

Ich begann die Niederschrift. Kugelschreiber. Schnelle Handschrift für erste Fassungen. Festes rauhes Papier. Ich merkte bald, wie sehr das Erzählen, das literarische Sprechen in diesem Fall belastet war, und mir wurde bewußt, daß die Zahl der Seiten, die am Ende die Erzählung darstellen würden, in keinem Verhältnis zu den Problemen stand, die ich beim Schreiben hatte. Das Unternehmen ähnelte der Abfassung eines Prosa-Gedichtes, die erste Seite zum Beispiel existiert in dreißig verschiedenen handschriftlichen Fassungen. Wahrscheinlich hatte ich Angst vor dem falschen Weg oder der falschen Richtung. Ich ahnte, es würde die Geschichte, einmal formuliert und aufs Papier gebracht, nicht mehr anders, nicht neu erzählt werden können. Jedenfalls nicht von mir. Meine Kraft, meine Bilder würden in der ersten Fassung stecken.

Die Lähmung hing auch mit der Bedrückung zusammen, die der Besucherbericht noch im Herbst achtundachtzig auf mich ausstrahlte. Denn ich stellte mir ansatzweise sehr wohl vor, was ich literarisch zu beschreiben nicht imstande war: wie der Mann, der am Morgen wie alletage zur Arbeit gefahren ist, Stunden später in einem Winkel wer weiß wo hockt, im Arbeitszeug, und auf seinen Tod, auf die Erschießung wartet, stundenlang, eine ganze Nacht. Dieses Kellerbild sah ich vor mir.

Allmählich aber trat die Bedrückung zurück, ich konnte in einer Woche oder in zehn Tagen eine Seite und eine weitere Seite schreiben, in der Art eines Mineurs.

Ich formulierte zwei Sätze, und dann ging es nicht weiter. Also stand ich auf und beschäftigte mich im Garten oder machte einen Spaziergang. Dann setzte ich mich wieder an den Tisch und schrieb die beiden Sätze noch einmal und darüber hinaus einen dritten. Das waren schon drei Sätze. Wieder unterbrach ich die Arbeit, machte mich auf den Weg ins Antiquariat, kaufte vielleicht ein Buch. Ich kam zurück, ich schrieb neu, was ich schon hatte, und der Schreibschwung, das intensive innere Mitsprechen trugen mich wieder über den vorhandenen kleinen Bestand hinaus.

So entwickelte sich die Erzählung, so ging allmählich, sehr allmählich ein Satz aus dem anderen hervor. Mit einem Verfahren, das dem Vortrieb eines Stollens nicht ganz unähnlich ist, kam ich immer tiefer in den Bereich der eigenen Sprache und der eigenen Bilder. Das war am Anfang am mühsamsten und wurde von Absatz zu Absatz, von Seite zu Seite etwas leichter. Und irgendwann war das Erzählen an einem Punkt angekommen, an dem ich das deutliche Bewußtsein hatte, nun könne ich jederzeit die Masche fallen lassen und auf das Dokument zu sprechen kommen, ich wäre eigentlich so gut wie fertig, die Geschichte spräche sich selbst zu Ende. Von da an hörte die Arbeit auf, nur Qual zu sein, nur mühsames Vorwärtstasten. Zum ersten Mal sah ich den Text ganz und konnte über ihn verfügen, ich legte Exkurse an und reduzierte kleinliche Nacherzählungen, ich prüfte und korrigierte und dachte über den Titel nach, acht Wochen etwa, und ich hatte meine Erzählung geschrieben, Dunkelkammer.

Dunkelkammer
Die Erzählung

Ostern vor meinem sechzehnten Geburtstag erlaubten mir die Eltern den Besuch eines Tanzabends.

Die Tanzabende waren im Frühherbst fünfundvierzig wieder aufgekommen, drei Monate nach dem Abzug der Amerikaner und dem Einrücken der Roten Armee. Am Vorabend der Landverteilung hatte man im Steinernen Saal des Schlosses eine Art Bodenreformball veranstaltet. Seitdem fanden die Tanzabende statt, zwölf Jahre schon, jedes Wochenende, immer auf einem anderen Saal.

In Frohburg gab es die Grüne Aue in der Thälmannstraße, Militärverbot in der Kaiserzeit, und weiter draußen, dem Haus der Großeltern in der Greifenhainer Straße gegenüber, das Schützenhaus an der Wyhra, der Wirt war gleich nach Kriegsende von Unbekannten nachts aus dem Bett geholt und mitgenommen worden, man hatte nichts mehr von ihm gehört. Dann die Dörfer des Umlands, der Gegend zwischen Borna und Kohren, Altenburg und Geithain. Nach Norden Braunkohlenebene mit offenem Horizont, nach Süden zu immer mehr Waldstücke, versteckte Wiesentäler. Benndorf, Neukirchen, Wyhra. Sahlis und Windischleuba. Tautenhain, Eschefeld und Greifenhain. Beinahe jeder Ort hatte seinen Gasthof, jeder Gasthof einen Saal. Jägerhaus, Grauer Wolf, Zeisig.

Wir wohnten am Frohburger Markt. Mutter weckte mich jeden Schultag um fünf, eine halbe Stunde später mußte ich aus dem Haus sein. Sommer wie Winter die drei Kilometer zum Bahnhof, fünf nach sechs ging der Zug in die Kreisstadt. In Geithain kurzer Fußweg zur

Oberschule, durch das Viertel der Landhäuser an der Bahn, wenn ich auf halber Strecke an dem mannshohen Bretterzaun vorbeikam, hörte ich die unsichtbaren Hunde schnüffeln, die die versteckte Villa bewachten. Hier ging unser Nachbar ein und aus, der beim Fuhrmann Schramm gegenüber wohnte, verheiratet, ohne Kinder. Manchmal, an hellen warmen Abenden, lag der schwere Mann im Fenster, rauchend, die Unterarme auf einem Kissen, während ich hinter den Gardinen im Erker des Eßzimmers stand und über die Straße hinweg das starre Gesicht in sechs oder acht Meter Entfernung beobachtete. Von der gleichen versteckten Stelle aus guckte ich nachmittags den Frauen und Mädchen nach, wenn sie in ihren dünnen Sommerkleidern aus dem Konsum traten und quer über den Markt zum Bäcker gingen.

Die Eltern fuhren über Ostern in die Sächsische Schweiz. Seit zehn Jahren kannten sie Stephans Elbhotel in Bad Schandau, großer Kasten direkt am Fluß, Park bis zum Ufer, weiße Gartenmöbel. Es gibt das Foto noch, April siebenundfünfzig steht auf der Rückseite, Mutter im Liegestuhl, Gesicht halb im Schatten, Knotenfrisur und Hemdblusenkleid aus dem Wismutladen in Aue. Einmal hatten sie mich mitgenommen. Nach Stunden sah ich durch das kleine Seitenfenster des Autos statt der Sommerlandschaft Schuttberge voll Unkraut, kilometerweit gelbe Wüste unter segelndem Staub. Der Staub drang durch die Ritzen ins Auto und legte sich wie eine zweite Haut auf mein Gesicht, wir fahren durch Dresden, sagte Vater.

An trüben Wintertagen, wenn wir eng an eng im halbdunklen Herrenzimmer beim Mittagessen saßen, wurde vom Elbhotel in Schandau, vom Golfhotel in Oberhof, vom Hotel Heinrich Heine in Schierke und vom Waldparkhotel am Dresdner Stadtrand gesprochen, von der langen Nacht in der Tanzbar dort. Immer wieder ließen die drei oder vier Russen, hohe sehr hohe Offiziere in Zivil, eine Lage Wodka springen, sto gramm, riefen sie immer wieder, und immer wieder auch kamen sie an den Tisch der Eltern und forderten Mutter auf. Gut sahen sie aus, hieß es jedesmal, alles was recht ist. Und vielleicht noch: aufschreiben müßte man können, was man in diesen abenteuerlichen Zeiten erlebt hat. Wie die Eltern in Oberhof, im Speisesaal des Golfhotels Johannes R. Becher und den Maler Fritz Koch-Gotha aus der Ferne gesehen hatten, wie ihnen in der Hotelhalle in Schierke der hagere Romancier Bodo Uhse gezeigt worden war, auf die Hände müssen Sie achten, sagte der Portier, der Ausschlag. Er erzählte von einer nächtlichen Schlägerei, die auf Uhses Konto ging. In der gerammelt vollen Trinkstube hatten in großer Runde Schieber aus Leipzig gesessen, die immerzu Uhses amerikanische Frau angestarrt und dann die Köpfe zusammengesteckt und gefeixt hatten. Alma Uhse in ihrem gebrochenen Deutsch verbat sich das Glotzen, ein Wort gab das andere, Judenhure, hörte Uhse plötzlich halblaut aber deutlich und legte los, bis Volkspolizei einzog und für Ruhe sorgte und die Schieber abführte.

Damals, im Frühjahr zweiundfünfzig, erlebten die Eltern in Schierke mit, wie über Nacht die Grenze dichtgemacht wurde. Am sechsundzwanzigsten Mai gab es nämlich im überfüllten Saal des Hotels einen bunten Abend. Ein dicker wieseliger Conferencier, nicht mehr ganz jung, eine maskenhaft lächelnde Soubrette und ein Hellseher mit Sprachstörung bestritten das Programm. Der Ansager wurde immer ordinärer und hatte immer mehr Erfolg. Schallendes Gelächter bei jeder Zweideutigkeit, für die Zoten prasselnder Beifall. Am Ende der Servierpause kommt der Mann auf die Bühne zurück, ganz ernst nun, und liest unsicher und stockend die Anordnung einer Sperrzone vor, in die auch Schierke und das Hotel fallen. Im Saal nachdenkliche Gesichter. Mit der klebrigen Heiterkeit war es vorbei, sagte Vater, das Völkchen wurde sehr still. Man ging betroffen auf die Zimmer und legte sich früh schlafen. Am nächsten Morgen überall Posten. Die Eltern wollen eine Wanderung zur Rabenklippe machen und werden belehrt, daß sie Schierke nur über die Wegekreuzung Stern verlassen dürfen. Man stellt Schlagbäume auf, ein einziger Weg zum Brocken ist noch erlaubt. Beim Abendessen kreisen Gerüchte, angeblich roden die Männer des Dorfes einen Zehnmeterstreifen direkt an der Grenze, auf Braunlage und den Wurmberg zu, der Streifen soll später gepflügt werden. Außerdem würden unten im Ort zahlreiche Ausweisungen vorgenommen, ganze Familien mit Sack und Pack müßten Schierke verlassen. Wieso denn Ausweisungen, kommt es von den Berliner Tischen zurück, es sind nur die Grenzgänger und Schmuggler, die wir evakuieren. Schon um zehn spielt die Hauskapelle Guten Abend gute Nacht, und das Büfett wird geschlossen, die Lichter gehen aus. Das große Hotel, sonst immer voll besetzt, steht halb leer, auch die Eltern fahren am nächsten Morgen ab, nachmittags sind sie zu Hause, es ist der achtundzwanzigste Mai, mein elfter Geburtstag.

Fünf Jahre später. Als ich am zweiten Feiertag abends vor dem Gasthof Bubendorf vom Rad stieg, hörte ich die Tanzmusik schon. Stimmengewirr, Gedränge auf dem geschotterten Platz, hin und wieder ein verspäteter Laster, der über das Pflaster der Fernstraße polterte.

Drinnen im Saal zusammengeschobene Tische, Bänke ohne Lehnen, unter der Decke hingen noch die bunten Papiergirlanden vom vergangenen Fasching. Rechts saßen die Töchter der reichen Bauern aus Eschefeld und Greifenhain, ihnen gegenüber hatten die Männer von der Wismut ihren Tisch, die Sitzordnung war streng. Oben auf der Bühne, Saxophon um den Hals, ging der Kapellmeister vor seinen Musikern auf und ab, Sonnenbrille, Kreppsohlen, und gab mit schlenkernder Hand den Takt an. Abiturienten aus Borna, die nicht studieren dürfen, was die einmal hören, in Westberlin vielleicht, in der Badewanne oder in der Eierschale, das spielen sie dir gleich.

Nach der Pause war Damenwahl. Vorher der finstere Hof, der Abort. Man hatte eine Rinne in den Boden betoniert und mit Teer ausgestrichen, scharfer Geruch, der einen flacher atmen ließ, das sind wir, zusammengedrängt.

Was ich von nebenan hörte, wo hinter der dünnen Trennwand der Verschlag der Mädchen war. Hing mit den Nachmittagen am Eßzimmerfenster zusammen. Und mit dem Gefühl, das ich eine Viertelstunde später hatte, als die junge Frau quer über die Tanzfläche kam, auf unseren Tisch zusteuerte und mich aufforderte. Blasses schmales Gesicht, Haare dunkelblond, schon stumpf von der Dauerwelle. Wie angezogen. Schneiderinnenkleid wahrscheinlich, Tüll von heller verblichener Farbe, gelb oder rosa. Ich folgte ihr zwischen die tanzenden Paare. Sie war viel kleiner als ich.

Mitternacht wurde der letzte Tanz angesagt. Der Rausschmeißer dauerte mit fließenden Übergängen beinahe eine halbe Stunde, das Mädchen, mit dem man ihn tanzte, durfte man nach Hause bringen. Alles stürzte los, hin zu den zwei, drei Saalköniginnen. Ihr Blick herüber. Schon stand sie auf und kam mir entgegen. Eng und langsam, sagte sie.

Der kalte Nachtwind draußen, vor dem Gasthof. Von Neukirchen herüber der gelbe Lichtschein der Brikettfabrik, das Stampfen und Dröhnen der Nachtschicht. Dahinter die stummen Dörfer, im Osten ein ungewisser Himmel. Nach Hause bringen, wohin. Sie kam aus Geithain. Die nächste Gelegenheit zurück war der Frühzug, mit dem ich zur Schule fuhr. Wie sie neben mir im schwachen Licht der Straßenlampen über das Blaupflaster stöckelte, eine große Tasche am Arm, schmächtig, bleich, mit verschmierten Lippen. Unter dem Mantel guckte das Tüllkleid hervor.

Für den Rest der Nacht saßen wir in den Anlagen am Bahnhof. Der einzigen Bank fehlten zwei Latten. Seitwärts verkohltes Holz, ein Aschenfleck, die Latten waren ins Feuer gewandert. Auf der festgetretenen schwarzen Erde Überzieher, abgestreift und fallengelassen, Binden und in den Zweigen der Büsche drei, vier Fetzen, die wie Schlüpfer aussahen. Wir, zusammengedrängt.

Sie war neunzehn und verkaufte im Konsum am Markt Schürzen und Unterwäsche, zweihundert Mark Monatslohn, morgen habe ich frei. Mit Mutter und jüngerer Schwester bewohnte sie zwei Zimmer, eine Dachstube in der Leipziger Straße in Geithain. Die Wohnung lag gleich neben dem Untertor, über einer Bäckerei. Der Vater war tot, vor Jahren bei einem Unfall im Betrieb ums Leben gekommen. Sie hieß Irmgard. Irmgard, aha. Und weiter. Irmgard v. Pilgrim. Adlig also. Nicht wie du denkst.

Wenn sie sprach, roch sie nach der langen Nacht, nach

Bier und nach Hunger, ich hatte den Arm um ihre Schultern gelegt, langsam wurde es hell.

Mit dem Morgenlicht setzte der Strom der Arbeiter ein, die aus der Stadt heraufkamen und eilig zum Bahnhof gingen, einzeln oder in Gruppen, vornübergebeugt. Sie waren halb vier aufgestanden und fuhren mit dem ersten Zug auf Frühschicht in die Kohlengruben und Brikettfabriken, in die Riesenkombinate Böhlen und Espenhain. Dort arbeiteten dreißigtausend, vierzigtausend Menschen rund um die Uhr, auch der Onkel aus Borna, auch der Onkel aus Kohren und Vater und Sohn der großen Familie, die über uns wohnte. Jedes Jahr schleppten die überfüllten verrauchten Waggons der Arbeiterzüge mit den trüben Lampen an der Decke mehr Männer und Frauen in immer größere, immer entferntere Tagebaue und Werke, Dörfer und ganze Städte wurden abgeräumt, Mammutmaschinen schoben sich über das Land, eine stählerne Krankheit, und wühlten den toten Lehm nach oben, zurück blieb der Mond.

Vierzehn Tage später, am achten Mai, fuhren wir zusammen nach Leipzig. Das neue Stadion der Hunderttausend draußen am Elsterflutbecken sollte Tagesziel der Friedensfahrt sein, ihrer sechsten Etappe. Nach der Übernachtung im Chemnitzer Hof würden die Radrennfahrer am Morgen in Karlmarxstadt auf die Maschinen steigen und über Altenburg, Zeitz und Halle nach Leipzig jagen. Friedensfahrt. Gerade hatte die Junge Welt ein Interview mit Gustav Adolf Schur gebracht, dem Matador. Was ist Ihr Steckenpferd, Täve. Schießen.

Der achte Mai war Tag der Befreiung, Feiertag. Wolkenloser Himmel, Windstille. Wir nahmen den Bus, der vom Markt abging. Der Bus hielt in Bubendorf, Neukirchen und Zedtlitz, jedesmal stiegen Leute zu. Sie saß gutgelaunt neben mir und hüpfte von Zeit zu Zeit auf ihrem Sitz, ach unser Gasthof. Zwischen Borna und Kesselshain rückten die Tagebaue und Abraumfelder von Lobstädt und Großzössen immer dichter an die Straße, Espenhain Werk, sagte ich, als der Bus wieder hielt. Ihr Kopf ruckte zur Seite, lange guckte sie nach draußen, auf das Tor und die braunroten Klinkergebäude hinter der Mauer, hier war der Unfall, hier hat er gearbeitet, sagte sie leise. Dann beugte sie sich nach vorn und übergab sich.

Der Bus, kaum angefahren, wurde abgestoppt, man half ihr ins Freie, schluchzend hockte sie am Straßenrand. Vor uns das Riesenwerk, gehörte zu den größten im Land, siebeneinhalbtausend Männer und Frauen in Gruben, Schwelerei, zwei Großkraftwerken und Brikettfabrik, aus dem hinteren Teil stiegen die schwarzen Rauchfahnen, die gelben Abgaswolken senkrecht in den tiefblauen Himmel, ein gewaltiges Pochen und Stoßen erschütterte die Luft und ließ den Boden zittern. In langen Reihen standen die verrotteten Busse, die schwarzgestrichenen Lastwagen vor der Einfahrt und warteten auf das Ende der Frühschicht. Die Laster hatten auf der Ladefläche den kastenförmigen Aufbau, eine Art Verschlag aus Brettern und Dachpappe mit einer Tür in der Rückfront, darunter die Trittleiter. Hühnerstiegen wurden die umgebauten Autos der Roten Armee genannt. Sie pendelten zwischen dem Bahnhof in Borna und dem Werk, zusammengedrängt saßen die Arbeiter auf Holzbänken in der rollenden schwankenden Dunkelkammer, Vertrauen müssen.

In Leipzig, im Stadion, während das Tosen näherkam, das die Spitzengruppe des Rennens auf dem letzten Stück Straße begleitete, während der führende

Tscheche Vlastimil Ruzicka aus dem Tunnel ins Rund schoß und der Beifall aufbrauste, während man bekanntgab, Täve Schur sei auf der Kreuzung vor dem Stadion in den Straßenbahnschienen hängengeblieben und gestürzt, dachte ich immer wieder an etwas Gegenstandsloses, das sich nicht in Worte und nicht in Bilder fassen ließ und das auf unerklärliche Weise mit ihr, mit dem Riesenwerk an der Fernstraße und mit dem rhythmischen Klatschen um uns herum zu tun hatte, in einer Farbe, die wehtat.

Auf dem Rückweg zum Hauptbahnhof, im Gewimmel, verloren wir uns. Ich habe sie nicht wiedergesehen.

Letzten Winter fand ich in einem der Archive, in denen wir Teile der eigenen Geschichte vor uns selber verstecken, ein Blatt Papier. Es war eine Notiz, Besucherbericht überschrieben, die jemand Ende März neunzehnhundertvierundfünfzig in Westberlin in eine schlechte Schreibmaschine gehämmert und dann weggeheftet hatte.

Vergangene Woche, las ich, hat die Ehefrau des Arbeiters Gerhard v. Pilgrim bei uns vorgesprochen. Sie nahm eine Beratung in Übersiedelungsfragen in Anspruch, konnte sich aber zum Umzug nicht entschließen. Pilgrim, dreiundvierzig Jahre alt und Vater zweier Töchter, wohnte zuletzt in der Leipziger Straße in Geithain und war als sogenannter Mühlenwärter in der Brikettfabrik des Braunkohlenkombinats Espenhain beschäftigt, einer sowjetischen Aktiengesellschaft mit russischem Generaldirektor über der einheimischen technischen Leitung.

Am siebzehnten Juni dreiundfünfzig habe Pilgrim kurz vor vier Uhr morgens die Familienwohnung verlassen, um auf Frühschicht zu fahren, er kam weder abends noch nachts noch am nächsten Tag zurück. Wochenlang konnte die Frau nichts über sein Schicksal in Erfahrung bringen.

Vielmehr erhielt sie Anfang Juli aus Espenhain noch ein Kündigungsschreiben, das an den Mann gerichtet war. Die Belegschaft lehne nach den Vorfällen am siebzehnten Juni die weitere Zusammenarbeit mit Pilgrim ab.

Von den angesprochenen Vorfällen hatte Frau Pilgrim nur gerüchteweise gehört. Anscheinend hatte es Zusammenkünfte, Versammlungen im hinteren Teil des Werkes gegeben, vielleicht waren Ansprachen gehalten, Forderungen erhoben worden. Immer wieder wurde auch eine große Holzkiste erwähnt. Soldaten hätten sie abends aus der Verwaltung geschleppt und mit einem Lastwagen vom Kombinatsgelände gefahren.

Schließlich wandte die Frau sich an die Mordkommission in Leipzig. Dort wurde ihr acht Wochen nach dem Verschwinden ihres Mannes mitgeteilt, er sei am siebzehnten oder achtzehnten Juni standrechtlich erschossen worden. Weitere Auskünfte, von wem, wo, Keller, Sandgrube, im Arbeitsanzug oder nackt mit Decke, bekam sie nicht. Man händigte ihr eine Urne mit der Asche aus und erklärte das Gespräch für beendet.

Wir, zusammengedrängt.

II

Kohlenebene

I

Frohburg. Das waren der Ort, die Kindheitsgegend zwischen Leipzig und Chemnitz. Fünftausend Einwohner. Im Süden die Vierseitenhöfe der Bauern, die Töpferstuben und die Burgen des Kohrener Landes, im Norden das Leipzig des Nachkriegs, ein Ruinenfeld, mit dem Denkmal, das man von unseren höchsten Hügeln aus sehen konnte, über vierzig, fünfzig Kilometer hinweg, bei klarer Sicht. Dazwischen, vom Frohburger Stadtrand bis nach Altenburg und Meuselwitz hinüber, bis Borna und weiter bis zu den ersten Leipziger Häusern und Straßen, die Braunkohlenebene, aufgebrochen und ausgeweidet, bis heute.

II

Alles begann damit, daß im achtzehnten Jahrhundert ein pensionierter Offizier aus der nahen Residenz Altenburg in seinem Garten eine schwarze Erde, Torf anscheinend, entdeckte und sie zum Heizen der Öfen verwendete. Und es setzte sich fort, als Mitte des neunzehnten Jahrhunderts die reichen Bauern von Eschefeld und ein Glücksritter aus Frohburg dazu übergingen, den sogenannten Torf fördern zu lassen, der unter ihren Feldern lag. Sie mieteten Tagelöhner, ließen einen fünfzig, sechzig Meter tiefen Schacht ausheben, setzten ein hölzernes Gerüst über das Mundloch, für die Seilwinde, die erst per Handkurbel, später mit Dampfkraft bewegt wurde, und nannten das Ganze Grube Helene oder Braunkohlenwerk Glück auf.

Unter Tage stieß man vom Schacht aus nach allen Richtungen in den Kohlenflöz vor, man grub waagerechte oder wenig geneigte Gänge, mannshohe Strekken, von denen Nebenstrecken abgingen, bis das ganze Kohlenfeld in große Quadrate zerlegt war, die von außen nach innen abgebaut wurden, am Bruch. Dort stand der Häuer und schlug die mürbe Braunkohle ab, ein Verlader schaufelte sie in den Transportwagen, dann mußte der Schieber den Wagen zum Schacht stoßen und ziehen, unter die Winde. Zwölf, vierzehn Stunden am Tag. Zu denen noch das Ausfahren über die Leitern und ein langer Heimweg kamen.

Natürlich brach immer wieder Wasser ein, sackten die Stollen der unterirdischen Förderung gelegentlich in sich zusammen, gingen zwei oder drei Mal die grobgezimmerten Fördertürme in Flammen auf, selbst ein starker Wolkenbruch, wie er in der Gegend nicht selten ist, konnte Unheil bedeuten, oft lief der Schacht voll. Jedes Jahr ein, zwei Tote, bei ein paar hundert Beschäftigten. Dazu die Invaliden. Ohne Versicherung. Ohne Rente.

Zuerst ging es nur um die Heizung der Wohnungen. Die Brocken und Klumpen, die Stückkohle hießen, konnte man gleich in die Herde und Öfen bringen, ich sehe sie heute noch manchmal in Haufen vor den Häusern liegen. Weiter gab es die lose erdige Klarkohle. Sie mußte vor dem Verfeuern in feste handliche Form gebracht werden.

Lange war nur der Streichtorf bekannt. Um ihn herzustellen, wurde die Klarkohle auf einem ebenen freien Platz mit Wasser begossen und mit den nackten Füßen durchgeknetet, der Brei wurde in Holzkästen zu Ziegeln gestrichen. Diese Ziegel trockneten in flachen Schuppen an der Luft, sie zerbröckelten leicht und machten viel Schmutz, ihr Heizwert war gering.

Dagegen konnten die neueren Naßpreßsteine als Fortschritt gelten. Die angefeuchtete Kohlenerde wurde mittels Dampfkraft durch eine rechteckige Öffnung gepreßt und von einem Arbeiter in quaderähnliche Stücke geschnitten. Die so verdichteten Ziegel, viel fester als der alte Torf, gaben beim Verbrennen eine größere Hitze ab, sie waren schon Produkte der Industrie.

III

In der zweiten Hälfte des vergangenen Jahrhunderts entwickelten sich aus den Bauerngruben und den oft halbherzigen Versuchen der Ackerbürger ernsthafte Unternehmungen im Sinn der Gründerjahre. Beispielsweise ging das erste Kohlenwerk in Frohburg, das der Färbermeister und Stadtrat Philipp im sogenannten Himmelreich eröffnet hatte, an einen Bankier Käferstein aus Halle über. Käferstein kaufte die Grube genau in dem Jahr achtzehnhundertzweiundsiebzig, in dem die neue Eisenbahn von Leipzig nach Chemnitz endlich Frohburg erreichte. Eine gute Nase. Kaum hatte nämlich die Grube den Gleisanschluß, blühte sie auf. Die Großstadt Leipzig mit ihren zahlreichen Feuerstellen und Öfen lag dank der Bahn in leicht erreichbarer Entfernung, an immer mehr Orten im Land gab es eine immer größere Anzahl von Dampfmaschinen, alle brauchten Kohle. Außerdem wurde das Produkt der Braunkohlenwerke noch einmal verbessert, von der Jahrhundertwende an brachte man die Kohle in einer neuen Form auf den Markt, als saubere und verhältnismäßig stabile Briketts. Diese Briketts ließen sich auf trockenem Weg herstellen.

Die Klarkohle, in Bunkern zwischengelagert, wurde gemahlen und zur Trocknung erhitzt, schließlich kam der Kohlenstaub in große Pressen, die mit dem gewaltigen Druck von fünfzehnhundert Atmosphären arbeiteten. Dieser Pressendruck setzte sich in so große Hitze um, daß das Bitumen der Kohle flüssig wurde und als Bindemittel diente, am Ende hatte man die schwarzglänzenden Heizsteine, wie wir sie kennen.

Die Frohburger Grube Himmelreich warf so viel ab, daß Käferstein schon achtzehnhundertachtundsiebzig auf seine Kosten gekommen war und sich gewichtigeren Projekten zuwenden konnte und das Kohlenwerk mit gutem Gewinn an den bisherigen Direktor Piatscheck weitergab. Sechs Jahre später ließ der neue Besitzer in der äußeren Bahnhofstraße, neben dem Gasthof Grüne Aue, eine Villa im italienischen Landhausstil bauen, mit Turm, auf einem tiefen Grundstück an der Wyhra, das parkähnlich angelegt wurde.

Als ich in Frohburg aufwuchs, nach dem Krieg, nannte man das Gebäude Waldschlößchen, oben war alles voller Flüchtlinge, im Parterre gab es die Eisdiele Döhler und einen Friseur aus Schlesien, das mußte immer so gewesen sein, schien mir damals, von einem Grubenbesitzer Piatscheck wurde nie gesprochen. Auch nicht von seinen beiden klavierspielenden Töchtern, dem Privatlehrer, den Gärtnern, den Fackelzügen der Arbeiter, an die sich jedesmal ein Abend im Gasthof anschloß, mit Freibier und Tanz.

Die Villa steht noch am Wyhraufer. Vor dem Haus

Sandhaufen, verschmutzt und breitgetreten. Nachdem der Putz längst abgefallen ist, lösen sich nun die Wände selbst auf, Ziegel verwittern, zerbröckeln, wie das Dach aussieht, ahnt man, der Turm ist einsturzgefährdet.

Sechzig Jahre, mehr nicht, genügten fürs Aufblühen, für den Verfall. Und auch für das Vergessen. Vergessen aber wird jedesmal alles, die Villa und die Mietskasernen, der märchenhafte Gewinn und die lebenslängliche lebensgefährliche Schinderei, die Figur des Fabrikanten und die Gesichter der Grubenarbeiter, die Unternehmerspende von viertausend Briketts in strengen Wintern und die eiskalten Stuben der einfachen Leute von Frohburg, alles Einzelne, alles Genaue.

IV

Jede Beschreibung, jede Berichterstattung ist ein trügerisches Ordnen der Wirklichkeit, ich weiß. Doch laß mich mit dem Einfachsten beginnen, laß mich zu sprechen versuchen, laß mich erzählen, von meiner Suche nach den undeutlichen Einzelheiten des Gestern und den ersten schwachen Anzeichen des Morgen unter und hinter dem mächtigmürben Heute, das mit verwitternden Tafeln von Fabrikfronten und Bahnhofsfassaden herunterdroht: Je stärker der Sozialismus, desto sicherer der Frieden.

Einen Tag nach der ersten Montagsdemonstration des neuen Jahres, nach meinem anschließenden stundenlangen Marsch durch die nächtliche Innenstadt und nach einer Handvoll Schlaf verlasse ich Leipzig mit dem Auto auf der Fernstraße fünfundneunzig in südlicher Richtung, ich erkenne alles wieder, Ostplatz, dahinter die

Kinderklinik, in der ich vor langer Zeit Woche um Woche gelegen habe, das wellige Pflaster mit den Straßenbahnschienen, einzelne Häusergruppen sogar, jetzt unbewohnt und abgestützt, immer, wenn ich als Kind mit den Eltern in Leipzig war, fuhr uns Vater über diese Ausfallstraße wieder nach Hause, jedesmal sah ich erst das Völkerschlachtdenkmal und dann die Heilanstalt Dösen, dort hatte Anfang der fünfziger Jahre, nachdem man die Mitglieder der Jungen Gemeinde zu halben Staatsfeinden erklärt hatte, der Vater des besten Freundes ein Refugium gefunden, unser Pfarrer, für Monate.

Am südlichen Stadtrand von Leipzig, hinter der Siedlung Auenhain, ist die Chaussee gesperrt, die über Borna und Frohburg nach Chemnitz und weiter über den Erzgebirgskamm nach Karlsbad führte, sie endet an einem Müllplatz. Ich trete zwischen den Bauschutt und die Gartenabfälle und sehe mit einem Mal von Horizont zu Horizont und auch geradeaus, so weit das Auge reicht, die hundert oder zweihundert Meter tief aufgerissene und ausgenommene Erde, ein unglaubliches faszinierendes Bild der Verwüstung. Ganz hinten, wo sich vor sieben Jahren noch die letzten Häuser von Magdeborn und sechs weiteren Orten um die Kirchen gruppierten: spielzeugklein im Dunst des Wintermittags die Riesenbagger und die größte Förderbrücke der Welt, beinahe sechshundert Meter lang, die sich seit Jahrzehnten im Verbund über das Land hermachen, über Wälder und Gärten und Friedhöfe, und dabei Dorf um Dorf abräumen, bisher fast siebzig Ortschaften ganz oder teilweise allein südlich von Leipzig, und vierzigtausend Tonnen Kohle pro Tag fördern und für jede Tonne dieser schlechten Kohle sechs oder sogar zehn Tonnen Abraum bewegen, Raubbau, Vernichtung.

Zurück bleiben Menschen, denen man im Vorfeld der unabänderlichen Aufschlüsse als Ersatz für verlorene Vertrautheit ein Kopfgeld von hundert Mark, Umzugspauschale genannt, in die Hand drückte, man siedelte sie in die Neubaugebirge von Borna-Süd und Leipzig-Grünau um, wir kennen die Viertel, es gab sie zuerst bei uns.

Dabei wuchern die Tagebaue vorerst weiter, in Leipzigs Norden auf Delitzsch zu, im Südwesten bei Profen und auch im Süden, dort immer dichter an die alten Stadtgrenzen heran und immer tiefer in die städtischen Gebiete hinein. Bösdorf, Eythra, Markkleeberg, Cospuden, sechzig Millionen Tonnen Kohle lagern allein hier in der Erde, was spielen angesichts solcher Verlockungen die einmaligen Flußauen von Weißer Elster und Pleiße für eine Rolle, was macht es bei solcher Beute, wenn vierhundert Hektar Wald abgeholzt werden mußten, der altmodische Begriff Boden-Schatz und die Wörter kostbar und sorgsam klingen merkwürdig fremd, wo es um die Innereien ganzer Landstriche ging und darum, ein korruptes längst bankrottes Regime über die Runden zu retten.

Ist es ein kühner oder ein armseliger Gedanke, der Elster auf fünfunddreißig Kilometer Länge ein neues glattes Flußbett zu graben, der Pleiße zwölf, fünfzehn Kilometer Betonrinne zu verpassen. Landesweit gibt es einundzwanzig Milliarden Tonnen angeblich abbaufähiger Braunkohle, man rückte ihnen mit einer Jahresförderung von dreihundertzehn Millionen Tonnen zu Leibe, die Hälfte dieser unvorstellbaren Menge Kohle wurde in Kraftwerken verfeuert, während meine Freunde in der Bornaer Plattenbauwohnung im Winter die Fenster aufrissen, weil sich die Heizung nicht regulieren ließ. Zahlen, Daten von oben das alles, die in der Mitte in Projekte umgesetzt wurden und die man ganz unten aushalten mußte, als Kumpel, als Bewohner der Region. Eine Besserung, unter Schmerzen erreichbar, ist endlich in Sicht.

V

Als Ersatz für die verschwundene Fernstraße fünfundneunzig hat man die große Straße nach Borna und die Straße nach Zeitz bis kurz vor Rötha zusammengefaßt und mit der umgeleiteten Pleiße und der wichtigen Bahnlinie Richtung Hof auf einen stehengebliebenen Sockel zwischen den Tagebauen verlegt. Während ich die autobahnähnliche Strecke nach Süden fahre, ziehen rechts und links Kilometer um Kilometer immer neue Grubenabschnitte, ziehen Bagger, Müllhalden, betonierte Wasserläufe und endlich die rekultivierten Flächen vorbei, tischebene Mammutfelder ohne Profil, ohne Wege, Strauch oder Haus, dazu wellige Steppen, vom Ableger vor Jahren und Jahrzehnten hingeworfen und seit kurzem mit schnellwüchsigen Stangenhölzern bepflanzt.

Auf der Höhe von Böhlen verlasse ich die Schnellstraße und rolle durch die langgestreckte Industriesiedlung auf das Werk zu. Die Mietshäuser aus den dreißiger Jahren, der abseits liegende graue Bahnhof. Hoch oben im verhangenen Himmel, wie vor fünfunddreißig Jahren, die rote Flamme der Abfackelung.

Hinter dem Ort die Betriebsambulanz unter Birken, vor mir Baracke und Schlagbaum. Eine Volkspolizistin in grüner Uniform, mein Alter, tritt an das Auto heran.

Die Zufahrt zum Riesenbetrieb ist nicht erlaubt, zu dem ehemaligen Braunkohlenwerk und heutigen petrochemischen Kombinat, das unsichtbar hinter den Bäumen liegt.

Wenige Jahre nach dem Ersten Weltkrieg hat man den Böhlener Tagebau eröffnet, die Anlagen aufgestellt. In immer größerem Umfang wurde Strom erzeugt, wurden Teere und Öle aus der Kohle gezogen und, auf dem Höhepunkt von Hitlers Europazerstörung, Treibstoffe für Panzer, Jagdflugzeuge und U-Boote hydriert. Tag und Nacht. Mit einer Armee von Kumpels, mit einem Elendsheer von Kriegsgefangenen und Zwangsarbeitern. Bis die alliierten Bomber kamen und zwischen Mai vierundvierzig und März fünfundvierzig das Werk in Schutt und Asche legten.

Vorher, in den ausgehenden zwanziger und den beginnenden dreißiger Jahren, arbeitete in Böhlen der junge Zeidler aus Frohburg. Im Frühjahr dreiunddreißig hängten die Nazis dem Elektriker einen Doppelmord an, der die Kleinstadt Frohburg in Atem hielt. Als Zeidler mit dem Abendzug von der Arbeit kam, wurde er beim Aussteigen verhaftet. Großes Aufgebot, große Zuschauermenge. Ein Vierteljahr später war er tot. Selbstmord in der Untersuchungshaft. So hieß es.

Merkwürdig für mich bis heute, daß Mordopfer, angeblicher Täter und die Berichterstatter allesamt in der Greifenhainer Straße wohnten, in drei benachbarten Häusern. Das mittlere Anwesen gehörte den Großeltern, Nachbarn bergauf waren der Wucherer Kränkel und seine Frau, Nachbarn bergab die alten Zeidlers und ihr Sohn. Blutgeschichte, immer wieder, mit der ich aufwuchs. Dem Kind sagen, was alles passieren kann, wie Zeidler auch bei uns eindringen wollte. Und Nachforschungen, die man selber anstellte, später. Entdeckungen. Wer alles aus Frohburg in die Zeidlersache verwikkelt war. Wer alles Mitschuld daran hatte, daß Zeidler sich im Gefängnis in Leipzig erhängte. Dazu die Nebenfunde. Der Einsturz des beinahe fertiggestellten Böhlener Riesenschornsteins im April neunzehnhundertfünfundzwanzig, der elf Essenbauer das Leben kostete. Und der Dammbruch an der Spülkippe drei Jahre später. Der Brei aus Kohle und Lehm, der schwarze Schlamm. Erst in den Gärten und Höfen, dann in den Fluren und Zimmern der Arbeiterhäuser.

Am Ortsausgang von Böhlen das breit hingebaute Kulturhaus des Kombinats. Im schmucklosen Stil der Nachkriegsjahre, am unteren Ende einer Wiese. Grundsteinlegung noch durch den letzten sowjetischen Generaldirektor. Ab neunzehnhundertfünfzig war das Werk dann volkseigen und trug den Namen Otto Grotewohls. Wahrscheinlich war es in diesem Kulturhaus, daß der Ministerpräsident und stellvertretende Parteichef und ehemalige Sozialdemokrat Grotewohl zu den Arbeitern sprach, eine Woche nach dem siebzehnten Juni dreiundfünfzig, in den Betrieben brodelte es noch. Wenn wir Fehler begangen haben, rief er den tausenden von Arbeitern zu, dann nicht aus Feindschaft gegen euch, sondern um schneller voranzukommen, um dem arbeitenden Volk schneller zu helfen. Fehler begehen. Seltsamer Ausdruck.

VI

Je weiter ich auf alten Nebenstraßen und neuen Verbindungswegen Richtung Borna und Frohburg fahre, desto länger wird die Liste der vorbeiziehenden Werke, Fabriken und Wohnsiedlungen, die von der Kohle leben und an der Kohle leiden. Kraftwerk Lippendorf, gleich hinter Böhlen. Die Brikettfabriken von Lobstädt und Großzössen, aus dem vorigen Jahrhundert und noch voll ausgelastet, in drei Schichten rund um die Uhr. Kahnsdorf. Früher ein Ort mit einer Handvoll breit hingelagerter Bauernhöfe auf Lößboden, heute ein verkommener Restpfeiler im Tagebau, mit einer einzigen Piste nach draußen, zerschrotet von überschwerem Gerät. Manchmal sehe ich Menschen am Straßenrand, in den winterlich leeren Gärten, alte Leute zumeist. Man bleibt, harrt aus. Weil man selber in der Kohle gearbeitet, sich von ihr ernährt hat, weil der andere Ort die Fremde wäre, weil eines Tages alle Flöze endgültig abgebaut sind und Ruhe einkehrt. Über diesem Warten auf Ruhe, auf Stillstand der Förderung kann das Leben vergehen.

Nachdem ich zur Fernstraße fünfundneunzig zurückgekehrt bin, treiben in der Ferne die Abgaswolken und Rauchschleppen von Espenhain über den halben Himmel, die braunroten Klinkergebäude der Kombinatsdirektion tauchen auf, die weiten Parkplätze.

Viele Male, die ich erst im Auto der Eltern, später im Bus an der kilometerlangen Mauer entlanggefahren bin, bei jedem Abstecher nach Leipzig, vorbei an den Großkraftwerken, den Schwelereien, den Kokereien und Brikettfabriken. Größter Verschmutzer der Luft im Bezirk. Größter Verderber des Wassers. Alle einschlägigen

Zahlen ein Staatgeheimnis, jahrzehntelang. Und der Betrieb eine Festung.

Als man das Werk südlich des kleinen Dorfes Espenhain auf die Felder eines Vorwerks setzte, Ende der dreißiger Jahre, war man längst über die Torfziegel und Naßpreßsteine hinaus und auch an Briketts nur bedingt interessiert, Kohle ließ sich aufspalten, in synthetische Öle, Treibstoffe, Schmiermittel, wo der Krieg nach allen Seiten auf dem Programm steht, rückt die Idee der Autarkie immer weiter nach vorn und setzt der eigenen Angst Mammutbetriebe entgegen. In diesem Geist wurde das Werk aus dem Boden gestampft, eine wahrhaft deutsche Schöpfung, für deren gewalttätige Geburt es bis heute westlich der Straße nach Borna und gegenüber der Verwaltung bedrückende Belege gibt. Ich meine die Baracken der Zwangsarbeiter. Und bis heute auch arbeitet der Betrieb aus voller Kraft, fünf Jahrzehnte nun schon, mit den Anlagen von damals, mit den alten Maschinen und immer neuen Menschen.

VII

Eine Erinnerung, viele Jahre vergessen. Die sechs Sommerwochen in Espenhain. Davon vierzehn Tage Nachtschicht im Kohlenbunker. Mit der Bahn von Frohburg nach Borna, weiter mit dem Werksbus. Brote in der Aluminiumbüchse, Kanne voll Tee. Die Schicht fing abends um zehn an. Arbeitsanzug, vielleicht. Auf alle Fälle hohe Schuhe mit Holzsohlen, wegen der Gitterroste. Die ganze Nacht durch rollten die Kohlenzüge aus der Grube über den Damm in den haushohen ersten Stock des Bunkers. Auf den Rosten balancierend, arbeiteten wir uns von Großraumwaggon zu Großraumwaggon und zogen die eisernen Entladehebel. Dann polterte die gerade gebaggerte Rohbraunkohle in den Bunker hinunter. Große steinharte Brocken, verkohltes Stammholz, Findlinge paßten nicht durch die Gitter und mußten beiseitegeschleppt, aus dem Weg gewälzt werden. Blutige Fingerkuppen, wenn sich etwas festgeklemmt hatte. Und alles in schwindelnder Höhe. Bei drückender Hitze. Im unruhigen Funzellicht.

Manchmal hatten die Bagger draußen in der Sommernacht Havarie. Dann blieben die Züge stundenlang aus. Wir liefen nach unten, in den Verschlag, in dem die Spinde standen, und warfen uns auf die Bänke. Bleierne Müdigkeit morgens um drei. Kurz vor dem ersten Tageslicht.

Kaum waren wir eingenickt, stand der Vorarbeiter in der Tür und rief uns. Taumelnd nach oben. Nacht für Nacht. Bis morgens um sechs. Dann noch die Heimfahrt. Bus, Bahn und die drei Kilometer Fußweg. Endlich das entschlußlose Sitzen am Küchentisch. Vierzehn Tage. Nicht länger.

Habe ich das erlebt, hat mir das jemand erzählt, vor dreißig Jahren. Einmal reichte der Vorarbeiter Brote herum, mit Leberwurst. Als hätte ich den Geschmack noch auf der Zunge.

VIII

Was ich darüber hinaus von Espenhain weiß. Daß der Onkel aus Borna und der Onkel aus Kohren nach dem Krieg dort arbeiteten. Und Vater und Sohn der großen Familie Graichen, die in Frohburg über uns wohnte. Außerdem: siebenundvierzig im Sommer kam der Maler Conrad Felixmüller ins Werk. Unbekannt, durch wessen Vermittlung. Im Krieg hatte er seine Berliner Wohnung verloren. Jetzt baute er eine Scheune aus, in Tautenhain. Nach Espenhain waren es kaum fünfzehn Kilometer, man konnte das Rad nehmen.

Eine Woche durchstreifte Felixmüller den Betrieb mit Mappe, Staffelei und Malkasten. In seiner zwölfteiligen Holzschnittfolge *Jahr des Malers* von siebenundvierzig führt er sich unter dem Monat August selber vor, wie er vor dem Kombinat an der Staffelei sitzt, wie Männer und Frauen, ihre Werkzeuge noch in den Händen, herangetreten sind und seine Kunst halb skeptisch, halb zustimmend betrachten und unbeholfene Scherze machen.

Was der Maler in Espenhain sah, schlug sich in Skizzen nieder. Eine dieser Skizzen hängt seit letztem Herbst über meinem Schreibtisch. Er hat den Blick von Norden gezeichnet, rauchende Schornsteine, qualmende Wrasenschlote, im Vordergrund liegen von den Gleisen geworfene Loks, Opfer des Bombenkriegs, und verrosten im Unkraut.

Die Zeichnungen waren Schritte auf zwei große Ölbilder zu, die Felixmüller im August von Espenhain malte, für hundertzwanzig Zentner Briketts. Das eine der beiden verschollenen Bilder, nämlich *Graue Stimmung Espenhain*, bekam der deutsche Direktor des Werks, das andere in noch größerem Format, *Gesamtansicht mit durchbrechender Sonne*, hatte Generaldirektor Andrejew bestellt. Nach der UdSSR mitgenommen, notierte Felixmüller Jahre später, Anfang vierundfünfzig, aus der sowjetischen Aktiengesellschaft war gerade ein volkseigenes Kombinat geworden.

Der siebzehnte Juni lag ein halbes Jahr zurück, mit einem Espenhainer Kapitel aus drei Sätzen. Ein Mühlenwärter aus dem Betriebsteil Brikettfabrik wurde erschossen. Unter Standrecht. Im Werk. Abends, nachts. Acht Wochen hörte die Frau nichts über das Schicksal ihres verschwundenen Mannes. Aber als sie Mitte August bei der Mordkommission in Leipzig vorsprach, wurde ihr die Urne mit der Asche in die Hand gedrückt, ohne weitere Erklärung.

Seit ich das weiß, seit drei Jahren, sieht Espenhain anders aus.

IX

Von den Kraftwerken Thierbach und Thräna, dem Braunkohlenwerk Borna, der Grube zwischen Bubendorf und Schönau ließe sich weiter sprechen, ich kann nichts Neues berichten. Allenfalls Neukirchen wäre ein Thema, die älteste Brikettfabrik im Revier, inzwischen stillgelegt, zum Industriedenkmal erklärt und in Teilen nur unter Lebensgefahr begehbar. Nach dem Krieg war Vater in der Fabrik Betriebsarzt, einen halben Tag jede Woche, von den Unfällen abgesehen, der Direktor lag dreiundfünfzig oder vierundfünfzig drei Wochen an der See im Nachbarstrandkorb und unterhielt sich immer wieder mit mir, und Felixmüller hat nicht nur in Espenhain, sondern fünf Jahre später auch in Neukirchen gemalt, das ist eine andere Geschichte, die in den gelben Ziegelgebäuden, in den Kohlenbunkern, Kesselhäusern und Pressenhallen an der Straße kurz vor Frohburg anfängt und wer weiß wo im Land endet und alles verbindet, was zusammengehört, einen Maler zum Beispiel, in

Dresden geboren und in Westberlin gestorben, einen Balladendichter mit fünf Rittergütern, der sich im Frühjahr fünfundvierzig vergiftete, und einen Grubenarbeiter aus dem Frohburger Nachbarort Benndorf, vieles kann noch erzählt werden.

X

In Frohburg halte ich nicht an, ich biege am Schloß von der Hauptstraße ab und fahre auf die Hügel und Wälder des Kohrener Landes zu, an den letzten Häusern von Gnandstein steige ich aus und stehe in der winterlichen Ruhe des Dorfes unter der Burg. Dann gehe ich durch den Streitwald nach Wolftitz. Immer an den Schleifen der Wyhra entlang, über die Talwiesen, in deren Schattenecken ein blauer Hauch von Schnee liegt. Kein Mensch weit und breit, kein Tier, nur einmal fliegt ein Reiher vom Ufer auf und zieht mit schweren Flügelschlägen Richtung Kohren davon.

Den senkrechten Abbruch des Gautenbergs, an dessen Fuß ich unvermittelt stehe, habe ich seit neunzehnhundertsiebenundfünfzig nicht mehr gesehen. Als Junge durchkletterte ich die Felswand immer wieder auf der Suche nach Kristallen, einmal verlor ich den Halt und hing nur an den Fingerspitzen und wußte einen Herzschlag lang nicht, ob ich loslassen sollte, in einer Art Todessehnsucht.

Weiter unten im Tal, wo der Ossaer Bach in die Wyhra mündet, suche ich lange die Kiesbank, an die ich mich so genau erinnere wie an den Hochsommertag vor langer Zeit. Während die Eltern irgendwo abseits saßen, watete ich mit dem Bruder durch die knietiefen Auswaschungen unter dem Prallhang, die Hände im klaren Wasser, geöffnet, wie Fallen. Plötzlich hatte ich einen zuckenden Fisch gefangen, sieh mal die Punkte am Kopf. Wie sich das Flußneunauge in unserer kleinen Anstauung unter die Kiesel wühlte. Glück eines Nachmittags.

Ich kann die Kiesbank nicht finden. Immer wieder dränge ich mich zwischen dem Steinbruch und dem zerfallenen Wehr der Abtmühle durch das Ufergestrüpp, überall Schlamm und gelbes Gras und abgestorbenes Unkraut.

Mit einem Mal ein leises Gurgeln und anschwellendes Rauschen in der tiefen Stille von Tal und Wald. Eine Flutwelle schießt durch das Flußbett bergab. Weiter oben, bei Altmörbitz, hat man die Schleusen des Wyhrabeckens geöffnet, das zusammen mit anderen Stauseen die empfindlichen Tagebaue im Vorfeld von Leipzig vor dem Hochwasser der oftmals verlegten Flüsse schützt.

Nach einigen Minuten verläuft sich das Wasser wieder und läßt zwei Handbreit Schlamm am Ufer zurück.

Hier wird es keine Kiesbank mehr geben, weiß ich, hier fängt die Kohlenebene schon an.

Durch Oderbruch und Uckermark

I

Wenn ein Land in schneller Bewegung, Veränderung begriffen ist, wenn seine Bewohner sich neu orientieren müssen, wenn die Betriebe, die öffentlichen Einrichtungen in Frage gestellt sind, wenn alles fließt und Einzelheiten kaum noch zu sehen oder erst ganz undeutlich zu erkennen sind: worüber schreiben. Für den Fotografen gibt es das Problem des stehenden Bildes, das dem bewegten Objekt abgewonnen werden soll. Unschärfen, Verwischungen treten auf, nicht immer beabsichtigt.

Natürlich kann man der Schwierigkeit ausweichen und statt der schwer zu fassenden Bewegung einen ruhenden Punkt fixieren, die zeitlose oder scheinbar zeitlose Szenerie, als deren betonter Reiz gerade die vorgebliche Zeitlosigkeit angeführt werden könnte. In bezug auf unser Unternehmen, einen Landstrich nordöstlich von Berlin ins Auge zu fassen und zu erkunden, die Uckermark, wäre das der Rückzug auf die Wälder, die Alleen und Seen, die Straßendörfer, Einzelgehöfte und Kleinstädte des Gebiets zwischen oberer Havel und Unterlauf der Oder. Eine Idylle, die sich seit unserer Kinderzeit nicht verändert hat, müßte der Tenor klingen, es hat genug Berichte dieser Art in den letzten beiden Jahrzehnten gegeben.

Aber in unserem Land gibt es keine isolierten Bezirke und Orte; abseits und allem ausgesetzt, das ist Stigma und letztlich auch Chance aller Dörfer und Städte; jedes Haus, jede Straße, jedes Viertel findet sich eingebettet in die öffentlichen Zustände und nimmt an den allgemeinen Entwicklungen teil. Wie anders wären beispielsweise der Aufstieg der Nazipartei und Hitlers Machtergreifung zu erklären.

Wir ordnen die Uckermark in ein Umfeld ein, wir setzen sie in Beziehung zum übrigen Land, zu Teilen des übrigen Landes, indem wir die Fahrt auf die Idylle zu und die Fahrt von der Idylle weg in unseren Bericht aufnehmen. Vielleicht, daß dann auch einiges von dem deutlich wird, was als Entwicklung so schwer zu beschreiben ist, wenn man Genauigkeit anstrebt und wenn einem das halblaute Wort lieber ist.

II

Die Reise beginnt in Westberlin und führt im ersten Schritt in den Ostteil der Stadt. Ich fahre Richtung Oder und polnische Grenze die breiteste Straße Mitteleuropas hinunter, die Karlmarxallee. Anfang der fünfziger Jahre wurde sie, nach Stalin benannt, in Stalins Namen und zu seinem Ruhm gebaut. Kaum hatten sich alle an den Gedanken gewöhnt, daß der mächtigste Mann der Erde tot war, legten die Maurer, die die verzierten Mietskasernen im Moskauer Stil hochzogen, am Vorabend des siebzehnten Juni dreiundfünfzig die Kellen hin und gaben so den Anstoß zum Aufstand.

Jahre später, die Handwerker hatten trotz der Unruhen alles nach Plan fertiggebaut, zog der Romancier Bodo Uhse, der gerade eine neue Ehe eingegangen war, in das südliche Hochhaus am Strausberger Platz. Dort hatte bis zu seinem Tod auch F. C. Weiskopf gelebt. Uhse waren nur wenige Jahre in der Prominentenwohnung vergönnt, dann starb er, lange vor der Zeit. Unmöglichkeit, den zweibändigen Roman *Patrioten* zu Ende zu schreiben. Parteiauftrag. Nach den beinahe sechshundert Seiten des ersten Bandes hatte die Handlung noch nicht richtig eingesetzt. Bruchstück auf Bruchstück entstand, der Abschluß des Ganzen wurde immer unwahrscheinlicher. Die Witwe ist inzwischen längst vor der Schabenplage an den Berliner Stadtrand geflüchtet, wird erzählt, und in der ganzen Straße fallen unaufhaltsam die Außenkacheln von den Fronten.

Weiter vom Alexanderplatz und von der guten Stube der Hauptstadt entfernt hat die Ausfallstraße ihren alten Namen Frankfurter Allee wiederbekommen. Linkerhand die stadtviertelgroße Residenz der Staatssicherheit. Hinter die vergitterten Fenster sind inzwischen die Reichsbahn und ein Krankenhaus gezogen, gesiebte Luft noch immer. Frage, die einen nicht losläßt. Warum man den Häuserblock, so deutlich im Stadtplan, nicht früher wahrgenommen hat.

Dann kommt die Abzweigung nach Marzahn, Neubausteppe aus genormten Blocks, in denen unvorstellbare dreihunderttausend Menschen wohnen, endlich löst sich die kompakte Bebauung auf, die Stadt zerfranst zum Weichbild, und aus der Frankfurter Allee wird die Fernstraße eins. Seitwärts Rüdersdorf mit seinen Kalkgruben und den Zementwerken. Auf den Mauern entlang der Straße Stacheldraht, wer genauer hinguckt, sieht Wachtürme, Peitschenlampen fürs Flutlicht, der Betrieb unterhält auf seinem Gelände ein Haftarbeitslager und zahlt dem Innenministerium Miete für die Gefangenen. Über die Strenge solcher Lager lohnt sich nachzudenken, über die Idee der Lager überhaupt. Wenn jetzt der Betrieb den Namen wechselt, die Eigentumsverfassung, wird dann eine GmbH mL aus ihm: mit Lager.

Nach dreißig Kilometern rolle ich durch Müncheberg. Der Kleinstadt fehlt der Ortskern. Statt dessen Häuserblocks aus den fünfziger, sechziger Jahren, locker über die freien unbefestigten Flächen verstreut und fast schon wieder sanierungsbedürftig. Immer weniger Verkehr nun, je weiter ich nach Osten komme. Wellige Landschaft. Wälder. Die Dörfer zunehmend stiller. Fremd und karg die Zeilen ebenerdiger Häuser. Eine weitere Kleinstadt: Seelow. Auch hier viel unbebautes Gelände im Zentrum. Diese Leere hängt zusammen mit den großformatigen Tafeln, die in der Gegend an jeder zweiten Abzweigung der Fernstraße stehen und unter dem Signum des roten fünfzackigen Sterns eine Gedenkstätte der Befreiung auf den Seelower Höhen anzeigen.

Die Gedenkstätte liegt dort, wo die gepflasterte Straße dicht hinter Seelow den steilen Hang hinunter in die Ebene der Oder führt. Unübersehbar auch für den Vorüberfahrenden die frisch gestrichenen Geschütze und die Stalinorgel, Rohre schräg nach oben gestellt, Richtung Nordwesten, Berlin in weitestem Sinn könnte gemeint sein. Bild, das große Härte ausstrahlt und aus schlimmen Zeiten stammt.

Mitte April fünfundvierzig waren die Seelower Höhen, waren die Talhänge im Westen das letzte natürliche Hindernis zwischen der Roten Armee und Berlin. Dort saß der Welteroberer Hitler im Bunker unter der Reichskanzlei und fragte dem Schicksal jeder Handvoll Panzer (nicht Soldaten!) nach, während in der Nacht zum sechzehnten April die letzte Offensive der Stalinschen Marschälle mit einem Trommelfeuer aus vierzigtausend Geschützen begann, von einem Lidschlag zum anderen war die ganze Niederung der Oder taghell erleuchtet. Damals eilten in Berlin halbwüchsige Jungen, bevor sie für den sogenannten Endkampf weiter an Panzerfäusten ausgebildet wurden, mit Eimer und Pinsel durch die Straßen und schrieben einen Satz auf Wände und Mauern, der schon Monate vorher im inzwischen eroberten Königsberg hatte Mut machen sollen: *Die dunkelste Stunde der Nacht ist die Stunde vor Sonnenaufgang.*

Auf der Kuppe des Hügels bei Seelow, in dessen Flanke man das zur Gedenkstätte gehörende Kriegsmuseum halb als Unterstand und halb als Blockhaus eingebaut hat, steht die überlebensgroße Bronzefigur eines Sowjetsoldaten in Mantel und Stiefeln, mit Helm und Waffe, eine Arbeit des sowjetischen Staatsbildhauers Lew Kerbel, der später der Stadt Chemnitz einen Marx-Kopf als monumentales Löwenhaupt geliefert hat, ebenfalls aus Bronze, mehr als vierzig Tonnen schwer. Ich umkreise den Soldaten auf sauber gejätetem Kies und habe, von der Kante der Höhe aus, einen weiten Blick nach Osten. Unter mir liegt, bis in den Dunst des Horizonts hinein, die erntereife Sommerlandschaft des Oderbruchs, völlig eben, durchzogen von den schnurgeraden Linien der Straßen, der Abzugsgräben, von den gewundenen Bändern der Alten Oder und der beiden Oderdeiche. Den Februar, März und April fünfundvierzig hindurch ist diese Kornkammer, diese Gemüsegegend einer der Hauptschauplätze des immer blutiger zu Ende gehenden Krieges gewesen. Während die Wehrmacht noch in krampfartigem Widerstand das zur Festung erklärte, von den Bewohnern verlassene Küstrin auf dem Ostufer der Oder hielt, hatte die Rote Armee schon oberhalb und unterhalb Küstrins zwei Brückenköpfe westlich des angeschwollenen Flusses gebildet und saß mit ihren Geschützen und Panzerrudeln bereits in den deichnahen Dörfern des Oderbruchs. Küstrin wurde durch einen schlauchartigen Zugang versorgt, über das Dorf Kietz an der Oder und über die große Oderbrücke der Fernstraße eins.

Von Seelow auf immer schmalerer Verbindungsstraße herübergekommen, stehe ich auf der Rampe dieser Brücke, zwischen Kietz und der Oder, in wüstem zugewuchertem Gelände. Als würden die Spuren des Krieges wenigstens im Sommer mühsam von Büschen und Unkraut verdeckt. Als verlöre man damit einen Teil der Erinnerung. An die leeren Gesichter siebzehnjähriger Soldaten etwa, unseres letzten Aufgebots. (Sie ins Feuer jener Überzahl sowjetischer Geschütze geschickt zu haben, auch dafür bekamen Generäle nach dem Krieg eine Pension.) An die Orgien des Standrechts im Frühjahr fünfundvierzig. An den vierjährigen Weg und Rückweg der feldgrauen Uniformen durch Osteuropa, an das, was an Vormarschstraßen und Rückzugskorridoren zurückblieb.

Damit hängt zusammen, daß Küstrin am anderen Ufer nicht mehr vorhanden ist. Sechs oder sieben Mal ging die Front durch die Stadt, am Ende wurde die Festung alter Bauart durch modernste Artillerie zermahlen, fünfundneunzig Prozent Zerstörung. Jetzt, im Sommer neunzehnhundertneunzig, ist die Straßenbrücke über die Oder von einem doppelt mannshohen Tor ohne Durchblick abgesperrt, mit Schildern: Halt Staatsgrenze. Betreten verboten, fotografieren verboten.

Kaum habe ich das Tor bemerkt, die Schilder gelesen, gucke ich zur Seite. Vielleicht macht Neugier wirklich verdächtig.

Das Gesicht der jüngeren Vergangenheit ist hier so schmerzlich gut zu erkennen, weil die folgenden Jahrzehnte aus vielerlei Gründen mit Übertünchungen sparsam gewesen sind. Die Minen im Ackerboden. Bis in die DDR-Zeiten hinein ging immer wieder eine hoch und verletzte ein Kind, einen Traktorfahrer vielleicht. Es gibt noch Ruinen. Dazu die unüberwindliche Freundschaftsgrenze des Flusses, hinter Sommerbildern versteckt. Um mich die Auenlandschaft eines Stromes, wie ich sie von der Elbe hinter Dannenberg kenne, Überschwemmungsgebiet, Gruppen mächtiger Eichen, Altwasserarme, Schilf. Später allerdings, als ich vom Fluß komme, auf eine Siedlung zugehe, Kienitz, und zwischen zwei Häusern auf den kleinen Dorfplatz trete, sehe ich vor mir auf einem breiten Sockel aus Beton unvermittelt und riesengroß einen sowjetischen Panzer stehen, frisch angestrichen, ein Denkmal. Die stählerne Masse überragt die niedrigen Häuser und beherrscht sie zugleich. Vor dem Fenster ein Gerät der Vernichtung. Schon morgens, beim ersten Blick nach dem Wetter, sieht man den großen Schatten, der im Lauf des Tages von Vorgarten zu Vorgarten um den Dorfplatz wandert, seit fünfundvierzig Jahren.

III

Die Jahre der Kindheit in der Kleinstadt in Sachsen bestehen im Rückblick aus Stimmungen und Einfärbungen, die sich als Filter vor die Welt, wie eng oder weit sie damals auch war, gelegt haben. Aus diesem Kindheitsgefühl treten bis heute einzelne Erfahrungen und Erlebnisse hervor, die so tief gingen oder von so merkwürdigen Umständen begleitet waren, daß sie nicht überlagert wurden im Lauf der Jahre und nicht zerfielen. Eine dieser Erinnerungen hängt mit einer Reise an die Ostsee zusammen, Anfang der fünfziger Jahre.

Da gab es den klapprigen DKW, den Vater damals als Landarzt fuhr, ein kleines Auto mit einer Karosserie aus Holz und Wachstuch, Reisegeschwindigkeit kaum sechzig Stundenkilometer. Und da gab es ab neunzehnhundertfünfzig in manchen Jahren das Urlaubsquartier an der See, das Mutter durch Vermittlung Bekannter oder über das Reisebüro in Leipzig auftrieb und mietete, zwei einfache möblierte Zimmer bei Privatleuten, die im Nachkrieg an sich schon beengt wohnten. Die Fahrt an die Küste dauerte jedesmal zwei Tage, immer ging am Auto etwas kaputt, wo ein Kleinstadthotel am Weg lag, wurde über Nacht Station gemacht.

Auf der zweiten oder dritten Anreise dieser Art hatten wir Berlin auf dem halben Autobahnring umfahren und waren Richtung Nordosten auf die Autobahn abgebogen, die vor dem Krieg nach Stettin geführt und die nun, mit der neuen Nachkriegsgrenze, ihr Ziel verloren hatte. Kein Auto vor uns, kein Auto hinter uns, kein Fahrzeug kam uns entgegen. Nie wieder habe ich das empfunden: Landschaft mit stockendem Atem. Nach Stunden steuerte Vater das Auto auf eine gepflasterte Chaussee. Rechts und links der Straße je eine Zeile geduckter Häuser, dicht an dicht, als würden wir in eine Stadt einfahren. Dann plötzlich eine riesige norddeutsche Backsteinkirche, Schiff ohne Dach, keine Fenster, alles ausgebrannt, der Turm eine Ruine. Und um die Kirche in weitem Rund Trümmerhalden, von Unkraut begrünt, einzelne gezackte Mauerreste, kein bewohntes Haus weit und breit, eine gestorbene Stadt. So habe ich

Prenzlau, die Hauptstadt der Uckermark, zum ersten Mal gesehen, und diesen Anblick habe ich nicht vergessen können, eine Weite, die nicht Befreiung und Zunahme von Licht bedeutete, sondern Tod und unaufgelöstes Unglück. Quälend langsam, im Schritt, fuhr Vater uns auf der schrundigen Straße um Trümmerbrokken und Krater herum, endlich lag die geronnene erstarrte Szene hinter uns, schob sich die Landschaft in Grün und Gelb wie ein Vorhang vor das Bild der Zerstörung, das Leben geht weiter, wie gut.

Später, immer dann, wenn ich an Krieg dachte und mir die Folgen des Krieges vorstellte, kamen mir nicht nur Verdun und Stalingrad, Dresden und Hiroshima in den Sinn, ich sah auch Prenzlau wieder vor mir, wie ich es als Kind erlebt hatte, nachdem der Krieg über die Stadt und ihre sechsundzwanzigtausend Einwohner hereingebrochen war. Kämpfe, Besetzung durch die Rote Armee und die Kette der Brände, die Feuersbrunst Ende April fünfundvierzig, zwei Tage und zwei Nächte.

Diese Stadt habe ich wiedersehen wollen.

IV

Vom Oderufer bei Kienitz fährt man nach Prenzlau erst in westlicher und dann in nordwestlicher Richtung, man kommt, noch in der Niederung, durch das Fontanesche Letschin, starke Zerstörung bei Kriegsende, und durch Marxwalde, vorher Neuhardenberg und noch früher Quilitz genannt. Das strahlende Schinkelsche Schloßensemble der Hardenbergs nebst Kirche und Lennéschem Park haben siebentausend Hektar Grund ermöglicht, Land, Boden läßt sich nur einmal besitzen, von einem besitzen, was der Große hatte, fehlte den Kleinen. Daran muß man sich weiter erinnern, wenn jetzt die Auswüchse der Nachkriegszeit mitsamt dem albernen Namen beseitigt werden.

Über Freienwalde, Oderberg und Angermünde komme ich, nach dem Umweg über das Oderbruch, endlich in Prenzlau an. Heute hat die Stadt zweiundzwanzigtausend Einwohner, ist Zentrum eines Kreises und neuerdings bedeutender Industriestandort. Das weiß ich aus dem offiziellen Reiseführer von gestern, der aus dem vorigen Jahr, also noch aus einer Zeit stammt, in der in Osteuropa alles, was mit Reisen, Landkarten, Ortsveränderung zusammenhing, amtlich war und besonderer Kontrolle unterlag. In meinem Reiseführer finde ich die Angabe, Prenzlau sei fünfundvierzig zu fünfundachtzig Prozent zerstört worden. Kein Wort über die Umstände, die Ursachen. Merkwürdige Schweigsamkeit.

Ich stelle das Auto in der Stadtmitte ab, auf dem Parkplatz vor dem Hotel Uckermark, und versuche, mich zurechtzufinden, das Bild, das ich aus der Kindheit mitgebracht habe, auf die Stadt zu übertragen, als eine Art Folie, die man über dem Original hierhin und dahin schiebt, bis sie zu passen scheint.

Erst einmal erkenne ich nichts wieder. Die Trümmerfelder jedenfalls sind verschwunden. Eine Neubausiedlung in Plattenbauweise umgibt mich, mit viel Raum zwischen den Blocks, wie ich das längst vom Leipziger und Dresdner Zentrum her kenne. Auch das stehengebliebene neugotische Kreisgericht aus gelbem Backstein ist nichts Neues für mich, noch weniger der Anbau für die Polizei, die vier Meter hohe Mauer, der Sichtschutz, dazu die Seitenstraße, nur für Polizeiautos erlaubt, wahrscheinlich hat im Querflügel auch die Stasi gesessen, alles unter einem Dach. Die Wohnblocks bilden die historischen Straßenzüge nicht oder nur andeutungsweise nach. Daher kommt vielleicht, daß man, neu in der Stadt, sie nicht fassen kann, wie man sich auch dreht und wendet, man steht, ohne es zu wollen, jedesmal auf einer Art Platz, alle Fenster in Distanz, und wenn man auf eine Front zugeht, rückt die andere um so weiter weg. Das habe ich ähnlich Anfang des Jahres im östlichen Umfeld des Harzes, in den Städten Halberstadt und Nordhausen erlebt, auch deren Zentren sind im letzten Krieg zerstört worden.

Am Ausmaß der Prenzlauer Neubauten wird mir im Lauf eines stundenlangen Ganges durch die Straßen bewußt, wie groß die Verwüstung des Ortes gewesen ist. Bis auf eher zufällig verschonte abgelegene Ecken und bis auf die Vorortstraßen am Mauerring, um die drei Tortürme muß die Stadt eine Trümmerstätte und Brandwüste gewesen sein und genau so ausgesehen haben, wie die Erinnerung es mir sagt.

Als ich auf dem unteren Teil des abschüssigen Ernst-Thälmann-Platzes die Marienkirche entdecke, wird mein Vergangenheitsbild vollständig. Diese inmitten der betonierten Belanglosigkeit aller Blocks zugleich massige und hoch aufragende Kirche in norddeutscher Backsteingotik hat Ende April fünfundvierzig das Schicksal der Stadt geteilt und ist ausgebrannt, ihre Ruine gab dem zerstörten Prenzlau meiner Kindheit bedrückende Kontur.

Der Reiseführer spricht von Wiederherstellung. Tatsächlich sehe ich an der Südflanke des mächtigen Schiffes ein verwaistes Baugerüst aus dem Unkraut wachsen, Stangen und Bretter, mit Seilen und Krampen verbunden, wie im vorigen Jahrhundert. Im Schatten der Kirche große Ziegelstapel, die selber schon wieder zerfallen, wie die Kirche, die sie ausbessern sollten.

Auf dem Rückweg zum Auto komme ich an wenigen kleinen Läden vorbei, dort, wo einmal das Rathaus von Prenzlau stand. Aber die neuen Zeiten haben schon erste Vorläufer geschickt. Die Autos mit Westnummern, die in meiner Nachbarschaft parken, gehören nicht, wie ich erst dachte, Besuchern aus Leverkusen und Bremen, sie haben allesamt Zettel an der Windschutzscheibe, mit Preis, Baujahr und Kilometerleistung. Der Händler sitzt vielleicht zu ebener Erde im Hotel Uckermark und tritt erst heraus, wenn ernsthafte Interessenten sich zeigen. Der Mann neben mir, der lange einen alten Granada beäugt, macht anscheinend keinen entsprechenden Eindruck. Ich frage ihn nach dem Baujahr der Häuser am Platz und in den Seitenstraßen. Er zeigt auf das Hotel und eine bescheidene Zeile, das sei in der zweiten Hälfte der fünfziger Jahre gebaut worden, als erstes nach der Zerstörung. Der Rest kam viel später dazu, zum Teil erst vor fünf, sechs Jahren. Über Grundstücksgrenzen, Besitzfragen habe man sich oben ohne weiteres hinweggesetzt, vielleicht, daß vieles wieder weggerissen werde, Schönheiten seien die Blocks ja nicht. Andererseits ist es Wohnraum, und der ist knapp, noch immer hat die Stadt viertausend Einwohner weniger als vor dem Krieg.

Damals, im Auto, als ich Kind war, kam nach der schockierenden Fahrt durch Prenzlau zwischen uns kein Gespräch auf: wie erlebt und *über*lebt man das. Heute aber, nachdem am Ort die Ruinen verschwunden sind und der Schmerz sich aller Wahrscheinlichkeit nach verflüchtigt hat, nachdem nur noch die Häßlichkeit des

Neuen dauerhaft an das Verlorene erinnert, weiß ich, daß ich wiederkomme, vorbereitet, um mit den Menschen zu sprechen. Mit den Menschen, die in den niedergebrannten Häusern gewohnt haben. Mit denen, die nach zwei Tagen und zwei Nächten und nach fünfundvierzig Jahren noch am Leben sind.

V

Uckermark, das heißt Grenzgebiet und meint eine Lage zwischen den alten und neuen Ländern Mecklenburg, Vorpommern und Brandenburg. Die stille, doch gewaltige Kulisse dieser hügeligen Landschaft, durch die ich mich Richtung Berlin von Prenzlau entferne. Links und rechts fahlgelbe Getreideschläge, unendlich groß, Welle auf Welle, bis zum Horizont. Dazwischen die Waldstücke, festumrissene Inseln im Feldermeer, mit den schon abendlich dunklen Schattenrändern eines zu Ende gehenden Sommertages, dessen tiefstehende Sonne die Ährenteppiche schimmern und leuchten läßt und das Licht über der Gegend erst gelb und dann rötlich tönt.

Vor mir, entweder schnurgerade über die flachen Moränen oder in Kurven eine Kuppe hinauf, der Damm der Fernstraße, man hat das alte abgeschliffene Pflaster und den sandigen Sommerweg daneben mit Asphalt übergossen und eine vorzügliche Fahrbahn bekommen, mit einem leichten Schwanken des Autos bei höheren Geschwindigkeiten, wie im abgelegenen Frankreich manchmal.

Dazu die Alleen. Sie gliedern die Landschaft, weisen auf den Menschen hin und sind doch vor allem Natur:

grüner Fels und grüner Regen. Wie Tunnel nehmen sie mich auf und leiten mich fort, jeder zehnte oder zwölfte Baum ist mit einem Rechteck geweißt, in der Ferne scheint immer das kleine Mundloch ins Freie auf, vor einem Dorf oder dort, wo man der Straße ein Stück neuer Trasse gebaut hat. Nach einiger Zeit erst bemerke ich die Verschiedenartigkeit der Innenkuppeln. Alte Linden, auch die Eichen formen romanisch halbrunde Gewölbe, während die Buchen, die Eschen gotisch zugespitzte Überdachungen der Straße bilden und die seltenen Lärchen gar rechteckige Ausschnitte zeigen, Anklang ans Empire.

Wirkung der Reihe, der geplanten Natur. Dabei ist auch jeder einzelne Baum schön, noch als verkrüppelter Riese, dessen Hauptäste, als Opfer von Sturm und Blitzschlag, im Graben neben der Straße liegen und langsam zermorschen und vermodern. Freilich, auch diese Alleen als Detail Arkadiens haben ihre dunklen Seiten, fünf, sechs, am Ende acht teils verwaschene, teils frische Kreuze zähle ich, flüchtig mit Kalk auf die Bäume gepinselt, beredte Zeichen, die von frühen nassen Spätherbstabenden und von eisglatten Winternächten erzählen, in denen selten ein Auto vorbeikommt und in denen das nächste Dorf besonders weit weg liegt.

Bevor die Sonne endgültig untergeht, färben die Strahlen der roten Scheibe, die den Horizont schon berührt, die Staubwolken, die an vielen Stellen über den Feldern stehen. Dort fahren die Mähdrescher durchs Getreide, vier, fünf, sogar sechs, in tiefer Staffelung, während die Traktoren, die Anhänger, die Helfer am Rand des Schlages warten. Die Ernte ist in vollem Gang. Und schon ein flüchtiger Blick zeigt, daß sie diesmal reichlich ausfällt. Während aber früher und noch bis zur Ernte des Vorjahres Qualität und vor allem Menge des Ertrags eine so herausragende Rolle spielten, daß eine Kampagne die andere ablöste, ein Wettbewerb auf den anderen folgte in der Erzeugerschlacht, kommt es nun in der keimenden Marktwirtschaft vor allem auf Verarbeitung, Verpackung, Vertrieb an, wie geht es weiter in den Dörfern, was denken die Mitglieder der Genossenschaften, die in den bescheidenen Häusern rings um die Feldsteinkirchen oder in den Mietskasernen am Dorfrand wohnen. Vielleicht haben die einen das Jahr neunzehnhundertsechzig als Termin der verordneten und durchgedrückten Kollektivierung noch nicht vergessen, während die anderen schon nicht mehr wissen, was damals passiert ist.

In der Gegend von Templin, im südlichen Teil, wechselt die Uckermark ihren Charakter, die Hügel nehmen zu, die Kuppen wachsen, dazwischen die Seen, eine Landschaft aus Feldern, Wäldern und Wasser. In nicht allzu großer Entfernung, in Carwitz bei Feldberg, hat sich in solcher Umgebung während der dreißiger Jahre der unglückliche Hans Fallada niedergelassen, als seine Romane ihm vorübergehend Geld einbrachten und er die Rolle des betuchten Bürgers und Grundbesitzers, des liebevollen Ehemanns und besorgten Vaters zu spielen versuchte. Die Idylle zerbrach schon nach wenigen Jahren, süchtig von Jugend an, tat sich der Romancier kurz vor Kriegsende in Feldberg mit einer Morphinistin zusammen, die vor den Bomben aus Berlin geflüchtet war.

Gedanken einer Rückfahrt. Allmählich werden die Waldstücke, die ich durchfahre, größer, bis sie zusammenwachsen und das ausgedehnte Jagdgebiet der Schorfheide bilden, mit den Siedlungsresten des letzten

Kaisers, Goerings, Honeckers, Mielkes. Daß Männer, die die Macht haben und rücksichtslos gebrauchen, auch noch hinterrücks auf Tiere schießen müssen. Doch das wäre in unserer Erzählung ein neues Kapitel, wie Wandlitz im Süden und Ravensbrück und Oranienburg im Westen der Uckermark: abseits und allem ausgesetzt.

Nachsaison

Obwohl die Harzquerbahn von Nordhausen nach Wernigerode im anderen Teil Deutschlands lag und mit ihrer Strecke zum Teil sogar durch das Sperrgebiet an der sogenannten Staatsgrenze West führte, war mir ihre Existenz seit längerem bekannt, in Sachen Kinderzimmer und Spielzeug. Der Fabrikant Richter aus Nürnberg bietet nämlich seit über fünfzehn Jahren als Lehmanns Garten-Eisenbahn auch die Dampflokomotive der Harzquerbahn an, Nachbildung einer neunzehnhundertneununddreißig von Krupp in Essen gebauten Tenderlok. Die gedrungen wirkende Zug-Maschine hat drei Treibachsen und je eine Achse Lauf- und Schleppräder, das große Vorbild überraschte seinerzeit schon auf den ersten Probefahrten durch eine gewaltige Zugkraft.

Im jährlichen Katalog der Nürnberger Spielzeugfabrik Lehmann sind nicht nur Originallok und Modell von ihren besten Seiten gezeigt, es gibt auch eine kurze Beschreibung der Bahn: Sie ist mit der Schmalspurweite von einem Meter eine rechte Mittelgebirgsbahn; von Süd nach Nord führt sie durch den östlichen Harz und vermittelt den Fahrgästen Landschaftsbilder und Panoramen von einzigartiger Schönheit.

Es ließe sich noch anführen, daß das Unternehmen, eine Privatbahn durch den Harz zu legen, erst nach jahrzehntelangen Kontroversen zwischen der Gruppe der Interessenten und der preußischen Regierung in Angriff genommen werden durfte. Die erste Teilstrecke wurde dann im Sommer achtzehnhundertsiebenundneunzig eröffnet, während die komplette Linie ab Frühjahr neunundneunzig befahren werden konnte. Vom Kopfbahnhof Nordhausen aus klettern die Züge beinahe vierhundert Meter die Harztäler hinauf, um dann, nach Überschreiten des Scheitelpunkts kurz vor der Station Elend, erst allmählich, dann immer steiler wieder abzusteigen, auf Wernigerode zu. Für die sechzig Kilometer lange Strecke muß eine Fahrzeit von drei Stunden veranschlagt werden, es gibt drei Zugpaare mit Dampflok pro Tag, der Erwachsene zahlt für die einfache Fahrt fünf Mark.

Die erste Begegnung mit Nordhausen, dem Ausgangspunkt meines kleinen Ausflugs zwischen Gestern und Morgen, hatte im vergangenen Januar einen leichten Schock ausgelöst. Denn die frühere Freie Reichsstadt, mit knapp fünfzigtausend Einwohnern vom Baedeker neunzehnhundertsiebenundachtzig ahnungslos als moderne Industriestadt bezeichnet, hat kurz vor Kriegsende einen schweren Bombenangriff der Alliierten erlebt, wie Halberstadt, wie Sondershausen, fast die gesamte historische Innenstadt wurde vernichtet. Das Bombardement hing mit der geheimen Endzeit-Waffenfabrik in den Gipsstollen des nahen Niedersachswerfen zusammen, KZ-Häftlinge aus Buchenwald mußten unter Tage die Wunderwaffe V 2 bauen. Was dann in den fünfziger Jahren an die Stelle der ausgelöschten Altstadt gesetzt wurde, waren einfache Wohnblocks der Nachkriegszeit, locker gestreut und von großen Freiflächen umgeben oder an überbreite Straßen geordnet. Heute, wenn man durch Nordhausen geht, sieht man die schnellstens gealterte unwirtliche Neubausubstanz und in der Nähe des Doms einige Gassen mit Handwerkerhäusern, die den Bombenhagel überstanden haben, um anschließend allmählich zu verrotten und in sich zusammenzustürzen, ganze Zeilen sind schon abgeräumt, in einer deutschen Abwandlung der Ceausescuschen Systematisierung.

Von der hochgelegenen Innenstadt führt eine Hauptstraße hinunter zum Bahnhof. Reihen von Verkaufsständen, Versammlungen von Imbißbuden, Gebrauchtwagenmärkten stellen erste Farbtupfer dar und geben zugleich einen Ausblick auf Kommendes, als improvisierte Geschäftsstraße, die jeder durchmißt, der mit Bahn oder Bus in Nordhausen ankommt und in der Stadt zu tun hat, aus dem Umland oder von weither.

Am Bahnhofsvorplatz liegen der Hauptbahnhof, der Nordhausen seit dem Frühjahr außer mit Halle im Osten auch mit Eichenberg in entgegengesetzter Richtung, mit Kassel und dem Rheinland verbindet. Seitab der kleinere Bahnhof Nordhausen-Nord, ein reines Jugendstilgebäude, auf dessen beiden Kopfgleisen die Züge der Harzquerbahn ankommen und abfahren. Ich stehe in der dunklen Schalterhalle und kaufe die Fahrkarte, eines jener erinnerungsträchtigen Pappstücke, die in der Kindheit immer dann eine Rolle spielten, wenn verreist wurde. Dazu bekomme ich, als Antwort auf meine Frage nach einem Prospekt oder einer Broschüre über die Bahn, erst ein freundliches Achselzucken und dann, gegen Zahlung von fünfzig Pfennigen, ein Blatt aus dem Vervielfältigungsapparat, *Einige Daten und Fakten* überschrieben. Unterhalb der knappen Details ist der Fahrplan wiedergegeben, mit dem handschriftlichen Zusatz: *Bis Ende September neunzig*. Mein Zug nach Wernigerode, das bestätigt mir der Plan, geht zwanzig nach zwölf.

Und richtig warten draußen am Bahnsteig hinter der angeheizten startklaren Lok sechs zweiachsige Personenwagen mit offenen Plattformen, zwischen den Wagen sind von Austritt zu Austritt die eisernen Platten der Verbindungsbrücken schon über die Puffer gelegt. Ein Reichsbahner in blaugrauer Arbeitskluft, den langen Hammer in der Hand, geht die dunkelroten Wagen entlang und prüft die Bremsen. Manchmal hört man sein Klopfen, Eisen gegen Eisen, während weiter vorn, bei der Lok, der Schaffner und die Schaffnerin stehen und sich mit dem Heizer unterhalten, der sich aus dem Führerstand lehnt.

Die ersten beiden Wagen sind reserviert. Ich sehe die Reisegruppe aus dem Westen, die mit dem Bus vorgefahren ist, aus dem Bahnhof kommen. Vorwiegend ältere Jahrgänge. Stöcke, Kniebundhosen, Goretexjacken und viele Fotoapparate mit Teleobjektiven: Eisenbahnfans. Im dritten Wagen finde ich einen Fensterplatz. Mir gegenüber ein älterer Mann, Schirmmütze aus Kunstleder, auf dem Nebenplatz hat er einen der Nylonbeutel abgelegt, wie man sie aus der ersten Zeit nach der Grenzöffnung kennt. Ein Einheimischer.

Als der Zug polternd und quietschend den Bahnhof verläßt und erst über die Rangierweichen, dann über den berüchtigten automeuchelnden Bahnübergang der Ausfallstraße nach Worbis rumpelt, kommen wir ins Gespräch. Ich frage nach der Funktion eines hellerleuchteten speicherähnlichen Gebäudes dicht an der Strecke. Dort sei früher Kautabak hergestellt worden, der berühmte Nordhäuser Priem. Längst sei der Betrieb eine Zigarettenfabrik. Wie es weitergehe. Ein Achselzucken. Auch beim Motorenhersteller Ifa ein Stück weiter stadtauswärts herrsche große Ungewißheit. Das Werk gehöre zum Lastwagenkombinat Ludwigsfelde, es arbeite noch in drei Schichten rund um die Uhr, wozu. Mercedes hat kommen wollen, bleibt aber nun doch aus, man rechnet in der verkehrsmäßig schlechten Lage abseits aller Autobahnen und ausgebauten Straßen immer mehr mit dem Schlimmsten. Ein Ehepaar in mittleren Jahren mischt sich von der anderen Wagenseite aus ein, immerhin tue sich was, einige der übelsten Misthaufen und Dreckekken in der Stadt seien über Nacht verschwunden, immerhin.

Wir haben Nordhausen hinter uns gelassen, der Zug dampft Richtung Norden durch den schmalen Saum der Goldenen Aue und dann in das Tal der Zorge hinein. Während wir in Niedersachswerfen stehen, kommt die Rede auf die Stollen und Hallen im Gipsberg, auf die Raketenproduktion der letzten Kriegsmonate. Hunger und Seuchen haben tausend und abertausend Zwangsarbeiter dahingerafft. Während oben, in den Dörfern und Weilern, das Leben seinen Gang ging. Gerüchte, ja die seien umgelaufen, immer wieder. Aber man habe mit sich selber genug zu tun gehabt, mitten im Krieg. Nach Teilsprengungen durch die Rote Armee dient heute der hintere Teil der unterirdischen Anlagen als Großlager für landwirtschaftliche Produkte, in den vorderen Abschnitten ist die Gedenkstätte Mittelbau Dora untergebracht, für die umgekommenen Häftlinge. Jetzt, wo der Besuch nicht mehr organisiert und nicht mehr von oben gelenkt werde, seien die Besichtigungen sehr zurückgegangen, fast nur Leute aus der Bundesrepublik, was die Einheimischen angehe, schlage das Pendel nun eher nach der anderen Seite aus.

In Ilfeld, einem Flecken unmittelbar am Harzrand, steigt mein Gesprächspartner aus. Vorher hat er mir noch erzählt, das große altertümliche Krankenhaus, an dessen Rückseite die Bahnstrecke ins enger werdende Tal führt, sei in der zweiten Hälfte des vorigen Jahrhunderts als Klosterschule gebaut worden und habe einige Jahre Dienst als Napola tun müssen. Daneben stehe, von Bahn und Durchgangsstraße aus ebenfalls gut zu sehen, ein großer Kasten, die Aufschrift Licht-Spiele an der Front, das sei ein so schönes bildhaftes Wort, aber Filme würden dort seit langem nicht mehr gezeigt. Der ganze Ort hält noch den Atem an, sagt der Mann, ehe er kräftig an der Schiebetür ruckt und verschwindet. Mir fällt die Tagebuchnotiz ein, die der achtundzwanzigjährige Goethe auf der zweiten Station seiner erstaunlichen Harzreise im Winter siebzehnhundertsiebenundsiebzig gemacht hat. Höhepunkt der Reise war die Besteigung des verschneiten Brockens vom Torfhaus aus. Zehn Tage vor dieser Gipfeltour, am Abend des dreißigsten November, schreibt der Reisende unter der Ortsangabe Ilfeld in sein Tagebuch: *Die Nacht kam leise und traurig. Auf Sachswerfen, wo ich einen Boten mit einer Laterne nehmen mußte, um durch die tiefe Finsternis hierher zu kommen. Fand keine Stube leer. Sitze im Kämmerchen neben der Wirtsstube.*

Kein Wunder, daß der Ort, solcherart ins klassische Schrifttum eingegangen, einen Goethe-Weg besitzt, der des Dichters Route beim Weiterritt nach der unerfreulichen Nacht bezeichnet.

Hinter Ilfeld klettert der Zug, mehrfach ohne jede Schranke die Straße von Nordhausen nach Halberstadt kreuzend, langsam von Talstufe zu Talstufe in das Gebirge hinein. Die Hänge, tief eingeschnitten und von Laubwald bedeckt, werden steiler und steiler, Felspartien zeigen sich, die Rinnsale und Bäche schießen immer schneller bergab. In den engsten Kurven sieht man vor den ersten Wagen die Lok, wie sie, mächtige weißgraue Dampfwolken ausstoßend, auf den Schienen torkelt, als würde sie sich mit letzter Kraft ins Zeug legen. Spätestens auf diesem schwierigen Teil der Trasse wird mir klar, weshalb um die Jahrhundertwende so viele Gebirgs- und Mittelgebirgsbahnen für Schmalspur gebaut worden sind. Jeder Zentimeter, den man die beiden Schienen, von der Normalspur ausgehend, aufeinander zurücken lassen konnte, brachte den Eisenbahnbauern Erleichterung und senkte die Kosten. Sich dem Gelände anpassen, seine Formen benutzen: Weisheit vergangener Tage. Die neue Schnellbahn von Hannover nach Würzburg stürmt bei Göttingen mit Tunnels, Einschnitten und Dämmen geradewegs auf das Plateau zwischen Leine und Weser und kennt allein die Luftlinie als Ideal einer Strecke.

Bis in die Waggons dringt der beißende Geruch des Braunkohlenfeuers unter dem Kessel. Vor jeder Steigung, denke ich mir, wird der Heizer schaufeln und schüren. Jedenfalls höre ich die schwere Arbeit der Lok unablässig als Zischen und Fauchen. Dazu das Dröhnen des Wagens und vor allem das rhythmische Schlagen der eisernen Räder auf jedem Schienenstoß. Überlagert immer dann, wenn ein Bahnübergang näherkommt, vom heulenden, an- und abschwellenden Tuten des Warnsignals, das sich an klaren windstillen Tagen über den ganzen Ostharz legt, eine Art eiserne Wolfsstimme, die wir Neujahr, nach Öffnung der Grenzen, auf dem ersten schüchternen Spaziergang von Braunlage nach Elend hörten. Wieder und wieder kam, während wir zwischen erstem und zweitem Grenzzaun unterwegs waren, das nachdrückliche heisere Geheul durch die bereiften Wälder, mal aus diesem, mal aus jenem Tal, fremdartiges Geräusch in fremder Gegend.

An der Station Eisfelder Talmühle stehen wir eine Viertelstunde. Die Zweigbahn nach Hasselfelde hat auf uns gewartet. Die Eisenbahnfreunde aus den vorderen Wagen eilen, ihre Kameras in Bereitschaft, verzückt von der Lok hier zur Lok da und finden kein Ende. Steigen Sie doch endlich ein da vorne, kommt die Aufforderung vom Ende unseres Zuges. Dann wendet sich die Schaffnerin wieder um und verabschiedet sich mit Händedruck von der jungen Frau, die, eine rote Mütze auf den Locken, das Amt des Fahrdienstleiters versieht und endlich das Zeichen zur Abfahrt gibt.

Zwei Kilometer bis zur nächsten Haltestelle, der Tiefenbachmühle. Der Zug steigt auf diesem Streckenabschnitt sechzig Meter nach oben. Auf die Kleinstadt Benneckenstein zu, über weitere zehn Kilometer, werden noch einmal hundertzwanzig Meter Höhenunterschied bewältigt. Während die Lok diese Schwerarbeit verrichtet, reißt der bedeckte Himmel des kühlen Spätsommertages auf, die Sonne bricht durch und lockt mich auf die Plattform, trotz des Schildes Aufenthalt auf der Bühne verboten. Freilich, alle Stangen, Geländerteile und Haltegriffe, die auf dieser Fahrt noch niemand berührt hat, schwärzen mir die Hände. Dazu die Rußflocken in der Luft. Und hin und wieder hüllt mich sogar mit einer wattig feuchtwarmen Berührung des Gesichts eine Wolke aus Qualm und Dampf ein, die der Fahrtwind zwischen die Wagen drückt. Authentische Erfahrung der Fortbewegung auf Rädern, mit einer Maschine. Anders als im offenen Auto, anders als auf dem Motorrad. Es gibt keinerlei Anspannung, Erregung. Man ist nur Zuschauer und will nur Zuschauer sein. Dieser Zuschauer kann sich auf der linken, auf der rechten Seite der Plattform über das angedeutete Gitter lehnen, er kann nach schräg vorn oder nach schräg hinten gucken und sogar, auf der Verbindungsbrücke balancierend, zur nächsten Plattform übersetzen. Hinter mir, im Wagen, die schweigenden Mitreisenden, in mittleren Jahren oder älter, keine Kinder darunter, denn auch hier, in Ostdeutschland, sind die Sommerferien zu Ende. Und beiderseits der Strecke, von Herbststimmung unmerklich überhaucht, die Büsche, Bäume und Waldstücke in der Bewegungslosigkeit einer spätsommerlichen Nachmittagsstunde: Nachsaison. Dieser Eindruck einer Fahrt zwischen den Zeiten verstärkt sich noch, als ich kurz vor Benneckenstein über der offenen Hochebene zum ersten Mal kurz den Brocken sehe, seinen mächtigen bewaldeten Sockel, das baumfreie Gipfelplateau, die Versammlung der Sendemasten, Spionagetürme und Radarkuppeln. Gestern noch lag der Berg, den außer Goethe auch Stendhal, Heine, Andersen und Fontane besucht und beschrieben haben, in einer vielfach gesicherten lebensgefährlichen Sperrzone unter Schießbefehl, heute kann jedermann die Betonpisten der Grenzwächter oder die Brockenstraße hinaufwandern und oben auf dem Berg die vergitterten Türme bestaunen und sich über die hunderttausende von Tonnen ortsfremden Kalksteinschotters entsetzen, unter denen man den Gipfel, seinen gewachsenen Granit und die ursprüngliche Pflanzendecke weitgehend begraben hat. Auch das Lager der sowjetischen Truppen, das im Schatten der Brockentürme hinter doppeltem Stacheldrahtzaun von Streifen mit aufgepflanztem Bajonett bewacht wird, gerät nun, mit den zivilen Besuchern, ins öffentliche Blickfeld, man sieht, längstens vier Jahre noch, die saturierten älteren Offiziere mit den Tellermützen und die blutjungen Rekruten aus allen Teilen der Sowjetunion. Wenn der einzelne Wanderer nahe genug an den Zaun tritt, kann es passieren, daß der Posten ihm durch den Draht hindurch wortlos ein Abzeichen, ein Schulterstück anbietet und immer dann schnell abdreht, wenn einer der Vorgesetzten im Hintergrund sichtbar wird.

Zwischenzeit und Umbruch auch hinter dem Dorf Sorge mit seinem Gasthaus Sorgenfrei. Hier, ein ganzes Stück über die letzten Häuser hinaus, überschreitet die Harzquerbahn im Nadelwald den Scheitelpunkt ihrer Strecke, fünfhundertsiebenundfünfzig Meter über Normalnull hat sie erreicht, und hier nähert sie sich auch am weitesten der alten innerdeutschen Grenze und den Sperranlagen der eigentlichen Grenzzone. Die Gitterbleche des rückwärtigen Zauns sind in den letzten Monaten ebenso verschwunden wie die Betonpfosten und die gegossenen Zementfundamente, der ehemals gepflügte Kontrollstreifen steht voller Unkraut und ist kaum noch zu erkennen. Nur ein hellgrauer Wachturm überragt die Fichten, wie eine Landmarke des Gestern.

Der jetzt abgebaute Zaun, keine tausend Meter von der vordersten Linie der Grenze entfernt, war für die Fahrgäste der Bahn beinahe zum Greifen nahe und doch unerreichbar. Nirgendwo sonst im Land, von Berlin abgesehen, konnte man sich der tödlichen Zone so weit nähern wie an dieser abgelegenen versteckten Stelle des Harzes. Das hatte zur Folge, daß in jedem Zug uniformierte Transportpolizisten mitfuhren und sich die Ausweise vor allem der jüngeren Reisenden zeigen ließen und nach dem Woher und Wohin fragten. Was darüber hinaus damals an Zivilisten, freiwilligen Helfern und Spitzeln in unserer entzückenden Bahn saß, Pistole, Handschellen und Ausweis in der Tasche, das gerät schon in Vergessenheit, das wird man bald nicht mehr genau wissen. Zurück bleiben Relikte wie die verlassene

Grenzerkaserne am Giesekenbleek vor Elend und das ehemalige Forsthaus Wietfeld, irgendwann in den letzten Jahrzehnten zu einer rätselhaften Unterkunft umgerüstet: von oben bis unten feldgrau gestrichen, eiserne Läden, an allen vier Hausecken Flutlichtstrahler und seitab ein Stoß Kaminholz. Das Ganze mit Hof und Garten hinter Stacheldrahtzaun und Signalleitungen. Bis heute unverändert und unbewohnt. Aber seit neuestem hängt ein flüchtig gemaltes Pappschild am Tor: Privatbesitz, Familie soundso. Die Geschichte dahinter möchte man hören.

Der Zug läuft am Giesekenbleek vorbei und im Viertelkreis um Elend herum, den Sommerfrischenort in der Talerweiterung der Kalten Bode. Mit dem Elendstal verläßt der Bach auch das Granitgebiet des Brockenmassivs und tritt in den Unterharz über. Viel Wiese, von Wald umgeben. Kleinere Ferienheime und Hotels. Als wir im Januar zum ersten Mal aus Richtung Westen nach Elend wanderten, begrüßte uns am Ortseingang das erste Gebäude rechterhand mit der Aufschrift Haus Donbaß. Das war einmal, letzten Winter. Währungsunion und Touristensommer haben einen neuen Namen gebracht, Waldmühle, der in Wahrheit der alte ist, wie mir der Baedeker Harz aus den zwanziger Jahren verrät.

Zwischen Elend und Dreiannen-Hohne, in einem der touristischen Kerngebiete des Ostharzes, muß die Bahn noch einmal klettern, immer begleitet von der Fahrstraße nach Wernigerode. Ein Auto aus Hannover überholt uns und stoppt, der Fahrer springt heraus, stürzt auf den Straßenrand zu und reißt die Videokamera ans Auge. Lautes Hupen der nachfolgenden Fahrzeuge, allesamt aus dem Westen. Im Eifer hat der Mann die Fahrertür sperrangelweit offengelassen.

Die Szene belustigt auch die beiden jungen Männer, die gerade aus dem vorderen Teil des Zuges gekommen sind und von Bankreihe zu Bankreihe durch unseren Wagen gehen. Sie haben sich Schurzfelle vorgebunden, aus den Henkelkörben, die sie am Arm tragen, bieten sie Erfrischungen feil. Die Dose Cola oder Bier für nicht ganz zwei Mark, auf dieser Strecke, das erscheint, wie ich am regen Absatz erkenne, nicht nur mir preiswert. Vorn im ersten Wagen, höre ich noch, könne man auch Kaffee, sogar Fleischbrühe bekommen. Später, an der Endstation, besichtige ich dann das sogenannte Zugrestaurant, es ist der Packwagen, mit Tisch und Stühlen ausgestattet, die Verblüffung ist mir wohl anzusehen. Eigeninitiative, rufen mir die Männer gutgelaunt zu, während sie schon wieder am Werk sind, den Müll ausladen und neue Getränkepaletten an Bord nehmen, Eigeninitiative, die brauchen wir jetzt.

Oben, in Dreiannen-Hohne, hat auf dem Nachbargleis der Zug nach Schierke gestanden. Dort endet die Stichbahn zur Zeit am Bahnhof über dem Ort, in dem sich Bodo Uhse im Winter einundfünfzig und im Winter zweiundfünfzig wochenlang aufhielt. Er war im Hotel Heinrich Heine untergebracht. Dort haben im Lauf der Jahre auch Becher, Anna Seghers, Ludwig Renn, Kantorowicz und Hans Mayer gewohnt. Uhse schrieb im Hotel am ersten Band der *Patrioten*. Mit welchen Sperren, das zeigte der Ausschlag, der seine Hände zerfraß. Die Sekretärin schickte Salbe aus Berlin, jeder Sendung lag ein Liebesbrief bei. Wegen seiner Frau Alma holte Uhse die Post selbst im Dorf und stieg auf Skiern bergan, bis er eine einsame Höhe, eine geschützte Waldecke erreicht hatte, dann riß er den Umschlag auf. Den Brief in der geliebten Handschrift gelesen, schrieb er ins Tagebuch.

Einmal nahm er den Morgenzug hinunter nach Wernigerode und konsultierte den Hautarzt am Ort, er bekam Puder, Badeessenzen und Zinkbinden, als er spät abends im Bett lag, überschlug er die Arbeit des Tages, kaum eine halbe Seite. Am nächsten Morgen auf dem Handrücken frischaufgebrochene Eiterstellen. Kurzerhand siedelte Uhse schließlich Partien des Romans in der Gegend an, die ihn umgab. Er stellte sich Schierke während der letzten Kriegsjahre vor. Alle Hotels, Pensionen und Landhäuser voller verwundeter Soldaten und evakuierter Großstädter.

Früher stieg die Schierker Eisenbahnstrecke zum Brocken hinauf. Die Schienen liegen noch. Seit dem vergangenen Winter schon wird um die Wiederaufnahme des Zugbetriebs gestritten. Vielleicht gibt es kommendes Jahr eine zweite Jungfernfahrt auf den Berg, wie achtzehnhundertneunundneunzig, überlegen die zugestiegenen Ausflügler, die anscheinend eine Wanderung zu den Hohneklippen gemacht haben und unterwegs einen septemberklaren Blick auf Brocken, Wurmberg und Wernigerode und weiter auf die Ebene bis Magdeburg hatten, vielleicht war sogar der Kyffhäuser zu sehen. Darüber wird noch debattiert, als das Anrucken der Lok sich von Wagen zu Wagen durch den Zug fortpflanzt.

Der schönste Teil der Fahrt hat begonnen. Über vierzehn Kilometer rollt die Bahn durch enge und engste Täler, in Serpentinen und Schleifen, über Brücken und durch einen Tunnel auf Wernigerode zu, dreihundert Meter Abstieg. Dabei werden den Reisenden immer neue Ausblicke gewährt, immer andere Landschaftsprospekte entfaltet, besonders im Gebiet der Steinernen Renne. Einmal blinkt Wernigerode unten am Talausgang im Sonnenlicht, und ein anderes Mal, schon gegen

Ende der dreistündigen Harzdurchquerung per Eisenbahn, wird im Rückblick der Brocken sichtbar, wie er breit und gewaltig über dem Tal hängt und gegen einen hellen Himmel steht.

Stampfend, dröhnend und mit schneidendem Quietschen geht die Reise talabwärts, manchmal im Schritt, vor allem in der Nähe der Unglücksbrücke im Thumkuhlental. Der Name der Brücke erinnert an einen Unfall. Ende der zwanziger Jahre sprang nämlich der Zug aus den Schienen und stürzte zwölf Meter den Hang hinunter, zwei Reisende kamen ums Leben. Auch die schönste Idylle, wer wüßte das nicht, findet ihren Abgrund.

Doch wir gelangen sicher aus der engen Schlucht in das sich erweiternde Tal. Fremdenheime, Sommerfrischen und Kleineleutehäuser mit Bretterverkleidung wechseln einander in buntem Reigen ab, dazu Hausgärten, Veranden, Ställe und Schuppen.

Der Lokführer läßt, zum ersten Mal auf dieser Fahrt, das helle Läuten der Glocke ertönen, wir sind vollends zur Bimmelbahn geworden. Und als solche werden wir auch von der großen Menge der Schaulustigen begrüßt, als wir in den Bahnhof Westerntor am Rand der Wernigeröder Altstadt einlaufen. Kinder, die staunen und winken, Väter, die fotografieren. Hinter dieser Kulisse, wie wohltuend, geht ungerührt das Nachmittagstreiben der geschäftigen Kleinstadt weiter, die Ringstraße voller Autos, Leute, die von der Schicht kommen, und andere, die eingekauft haben.

Ich schlendere durch die Fachwerkgassen zum Markt. Beim Buchhändler Schulz um die Ecke frage ich nach einer Broschüre, einem Buch über die Bahn, die mich gerade auf so eindrucksvolle Weise in die Stadt gebracht hat. Leider nichts greifbar, sagt die feine alte Dame, die sich freundlich nach meinen Wünschen erkundigt hat. Vor Jahren habe es ein Buch über die Schmalspurbahnen in der DDR gegeben, und in naher Zukunft würde sicher kein Mangel an heimatkundlichen Schriften sein. Aber im Moment sind wir arm dran.

Auch bei der Konkurrenz weiter oben in der Hauptstraße kann man mir nicht helfen. Immerhin, die Volksbuchhandlung hat den Namen gewechselt und nennt sich nun Anhaltinische Buchhandlung. Edgar Wallace und Konsalik sind zu haben. Vielleicht Vorläufer meiner Gedichtbände. Irgendwann einmal. Man wird sehen. Vorerst wärmt die Sonne noch, auf den Bänken sitzen Ausflügler und Einheimische in bunter Reihe, dicht an dicht, und genießen den Nachmittag. Nachsaison. Alles andere kommt später.

Im Landmeer

Annäherung

Vielleicht fährt man von Frankfurt aus auf der Autobahn in Richtung Norden. Dann durchquert man die hessischen Mittelgebirge, Kassel bleibt links liegen. Auf hoher Brücke über die Werra, schon werden im Süden die Ausläufer des Kaufunger Waldes, der Hohe Meißner sichtbar. Der Schwung der Höhen. Hügelkuppen mit Wald, Dächer, Kirchtürme, die Schleifen des Flusses: Märchenland der Brüder Grimm.

Noch einmal geht es hinauf, hinunter, ein neues Tal öffnet sich weit, in der Ebene und am jenseitigen Hang, in der Abendsonne vielleicht, Göttingen, die erste größere Stadt Niedersachsens.

Göttingen

Im Spätsommer dreiundsechzig bin ich zum ersten Mal in der Stadt gewesen. Kennedy lebte noch, Adenauer war Kanzler. Ich kam mit dem Eilzug, um mir ein Zimmer zu suchen, schon in der Bahnhofshalle trat mir eine gutgekleidete ältere Dame in den Weg. Junger Mann, wurde ich angeredet, dann forderte sie mich auf, ihr einen Koffer der größeren Sorte ins vornehme Ostviertel auf der anderen Seite der Innenstadt nachzutragen. Es ist ein Weg von kaum zwanzig Minuten, ich gebe Ihnen eine Mark.

Am späten Nachmittag hatte ich, bis in die gerade eingemeindeten Dörfer am Stadtrand, bei allen fünfzehn Vermietern geklingelt, deren Adressen mir der Makler in der Weender Straße gegen eine Gebühr von fünfzig Mark überlassen hatte. Sieben Zimmer waren längst vergeben, zwei wurden überhaupt nicht mehr vermietet, an drei Wohnungstüren hatten die Namen gewechselt. Am Ende, mit schmerzenden Füßen, stand ich wieder auf dem Göttinger Markt. Ich suchte das Haus hinter der Johanniskirche und stieg ins Dachgeschoß hinauf. Eine uralte Frau, in den ersten Jahren des Bismarckschen Reiches geboren, führte mich durch ein Durchgangszimmer in einen winzigen Raum, eine Schräge mit eisengefaßtem kleinem Dachfenster und ohne Ofen. Vorne schlafen zwei Monteure, hörte ich, die stören Sie nicht, die sind tagsüber unterwegs.

Ich kann mich noch gut an die Erleichterung erinnern, als ich wieder im Zug nach Gießen saß und die Stadt hinter mir in der Dämmerung versank.

Aber dann bin ich doch wiedergekommen und bis heute geblieben, beinahe fünfundzwanzig Jahre, als aufmerksamer Beobachter von Veränderungen, die seitdem nicht nur mit Göttingen, sondern mit den allermeisten Städten unseres Landes vor sich gegangen sind.

Die Universitätsstadt von vorgestern, über deren Enge und Beschränktheit sich Bürger, Lichtenberg, Caroline Schlegel und Heinrich Heine immer wieder beklagt haben, und die Universitätsstadt von gestern mit den vier, fünf stillen Straßen der Nobelpreisträger und Fachgelehrten von Weltruf, mit dem Rhythmus einer trägen Provinzstadt von dreißigtausend Einwohnern gehört der Vergangenheit an. Rechtsanwälte, Geschäftsinhaber als erste Nazis, das örtliche Tageblatt ihre Trompete. Pünktlich am zehnten Mai dreiunddreißig verbrannte man, wie allerorten im Reich, die Bücher, zum befohlenen Zeitpunkt ging achtunddreißig auch die Synagoge in Flammen auf. Ihr Denkmal heute, zwischen Gewerkschaftshaus und Gefängnis, eher unter als über der Erde, versteckt, die Kriegerdenkmäler sind besser plaziert.

Am Ende der Weimarer Republik, als Handel und Gewerbe in großen Teilen längst Hitler anhingen, wählten die Professoren und mit ihnen das allerbeste Ostviertel deutschnational, bis in das Jahr dreiunddreißig hinein. Die Bewohner der weitläufigen Villen, die in unserer Zeit ohne Dienstboten längst viel zu groß sind, waren sich lange zu gut für Windjacken, Breeches und Braunhemden, für Aufmärsche mit Trommel und Fahne.

Freilich, die Universität, die Studentenschaft wurden gleichgeschaltet, es gab keinen Widerstand, Studenten waren es, Freunde des Geistes und der Gedanken, die Heines und Marcel Prousts unvergleichliche Werke ins Feuer warfen. Und wer widersprach, als nach und nach fünfzig jüdische Professoren und Dozenten, darunter Max Born, aus der Universität gestoßen und ins Ausland getrieben wurden.

Einzig James Franck, Nobelpreisträger, gab aus Protest seinen Lehrstuhl für Physik zurück, eine einsame Tat, der die öffentliche Erklärung von fünfzig seiner Kollegen gegenüberstand, Francks Rücktritt sei ein *Sabotageakt*, nun müsse die (braune) Regierung *die notwendigen Reinigungsmaßnahmen beschleunigt durchführen*.

Vergangenheitsscherben aus dem tiefen Innern des Landes. Sie stehen für Menschen, die drängten und forderten, für Menschen, die litten.

Im Friedländer Weg, einer ruhigen besseren Straße, bevor wir sie mit unseren Autos ruinierten, steht das

Haus Nummer sechsundzwanzig. Hier wohnte bis Ende der dreißiger Jahre eine Familie Meyerstein. Ein Professor der Universität Göttingen, vielleicht vorher oder nachher Lehrer unserer Väter, vielleicht selber Vater von Kindern, verlangte in einem Brief an die Stadtverwaltung die Wohnung der Familie Meyerstein ab ersten August einundvierzig für sich. Er drängte, Meyersteins schon zum Juli *herauszunehmen*, wie er schrieb, damit er die Wohnung renovieren lassen könne. Und richtig, die Juden mußten ausziehen. Wie ging es weiter für sie. Man ahnt es.

Die Spur

Aus ihrer Niedertracht waren schnell
spannende oder spaßige
Geschichten geworden
staunen sollte man, fragen
durfte man nicht.

Wie sie den jüdischen Drogisten
unten am Markt
aufs Kreuz gelegt hatten
beim Verkauf des schönen
stattlichen Hauses.

Als wir die Sachen
aus unserem schlechten Laden zur
Drogerie brachten
auf einem geborgten Fuhrwerk
war unter dem Gerümpel ein Faß mit
Honig umgefallen
und tropfte eine klebrige Spur
auf das Pflaster, von allen Seiten
kamen die Hunde und

leckten die Straße
hinter uns
sauber, wir
lachten und lachten.

Davon sieht man der Stadt nichts mehr an. Es gibt die Bücher, in denen alles zu lesen steht, es gibt eine Tafel, die an das Damals erinnert. Aber die Karawanen aus Blech, in die wir uns längst eingereiht haben, die Verkaufshallen, in denen wir Klamotten, Schuhe, Nippes und Konserven besorgen, das Gewimmel einer Massenuniversität mit dreißigtausend Studenten decken alles zu.

Weiter die Grundstückshaie, gegen die wir uns nicht gewehrt haben und nicht wehren, mit ihrer Abschreibungsmagie zaubern sie von Mal zu Mal wertvollere Gebäude weg, mit ihrer Steuersparwut machen sie immer schamloser unversehrte Stadtbereiche zu ihrem Revier. Gerade ist die alte Villa des Oberbürgermeisters Merkel, dem Göttingen die Bewaldung des Hainberges vor hundert Jahren verdankt, in Trümmer und Schutt gestoßen worden, da erheben sich an ihrer Stelle, das parkähnliche Grundstück begrabend, zwei Gebäude, bis in die äußersten Winkel genutzt und längst verkauft. Die Fläche, auf der ein Bett Platz findet, hat acht- oder neuntausend Mark gekostet.

Das scheint unsere Gegenwart zu sein und immer mehr zu werden. Plus, Helco und Aldi, Douglas und Uhrenweiß, Uhrenchrist, Montanus, Membran, New Yorker und dies und das und so weiter. Noch einen alteingesessenen Laden verdrängt, noch eine Filiale, eine Kette in die Innenstadt gepreßt, ein Schuhgeschäft, einen Klamottenladen.

Einmal, vor kurzem erst, als hinter dem Bahnhof das Riesengelände um die stillgelegte mürbe Lokhalle zur Disposition stand, gab es Gespräche, Diskussionen, neue Gedanken. Man hätte die Halle abreißen und alle Autos der Stadt auf der Brache verstecken können. Oder die Halle wäre stehengeblieben, als kulturelles Zentrum. So der Vorschlag eines umtriebigen örtlichen Architekten. Aber die Stadt konnte oder wollte sich nicht entscheiden, der Bahn ein Übernahmeangebot zu machen. Bis der Inhaber einer Betonfabrik in der Umgebung eines Tages für sieben Millionen den Zuschlag bekam. Freilich, als angeblich nichts sich rechnete, stieß er die Neuerwerbung wieder ab, für nunmehr neun Millionen Mark, an die Stadt.

Die Stadt, von Rat, Bauausschuß und Baudezernenten gestützt und vom ideenreichen Architekten und seiner trommelnden Lobby bedrängt, kaufte erst und rechnete dann, sechs bis zehn Millionen Mark Abrißkosten und für Restaurierung und Belebung der Halle sechzig bis hundert Millionen, Folgekosten nicht mitgezählt.

Neulich, an einem Sonntag, habe ich einen Abendspaziergang zum Bahnhof gemacht. Bei einsetzender Dämmerung stand ich im Nieselregen auf dem umstrittenen Areal. Die Lokhalle, weiter verfallen, war noch an ihrem Platz, von der Innenstadt durch Zentrumsring, alte und neue Bahntrassen und Schnellstraße getrennt. Dicht vor mir ein neuer Klotz aus Betonteilen und Platten, nahe an Straße und Halle, mit einer Bautafel, hier wird das Arbeitsamt Göttingen gebaut, schlüsselfertig. Und ich las den Namen des Betonfabrikanten, der für sieben Millionen gekauft und nach ein oder zwei Jahren für neun Millionen weiterverkauft und vorher vielleicht den Baugrund für das schlüsselfertige Objekt abgezwackt hatte. Und ich las weiter den Namen des rührigen Architekten, dessen Pläne für das altehrwürdige Industriedenkmal der Lokhalle so menschenfreundlich gewesen waren und der nun doch lieber mit ertragssicherem neuem Beton zu bauen schien.

Die Fortsetzung der Geschichte kann nicht erstaunen. Daß dem Fabrikanten von Betonteilen auch das alte Arbeitsamt zufiel. Daß er es an einen Großbetreiber von Altenheimen weiterverscherbelte. Daß der parteilose Baudezernent, Mitglied einer Kollegenrunde aus SPD, GAL und CDU, den Flächennutzungsplan hinter dem Rücken des Rates und des Bauausschusses zu ändern versuchte, um aus dem Amt von gestern ein Altenstift von morgen machen zu können.

Daß der städtische Beamte, als man nachfragte, nicht greifbar war, sondern kurte, in einem Kurhotel an der Weser, das zufälligerweise dem Betonunternehmer gehörte. Daß in der Stadt das Gerücht umging, der Dezernent habe nicht nur die Feste des geschäftstüchtigen Hansdampf besucht, sondern auch seinen italienischen Sportwagen spazierengefahren. Als leise Kritik aufkam, nahmen die Christdemokraten am Ort den Parteilosen in Schutz. Ein paar Wochen später bedankte sich der Mann und wurde Mitglied der CDU.

Tut uns das weh. Macht uns das unruhig. Sind wir daran nicht beteiligt.

Und was sagen wir zu den Inseln der Fremde, zu dem, was jenseits des Grabens liegt, der unsere Gewohnheiten zusammenhält. An der vierspurig tosenden Hannoverschen Straße, weit vom Zentrum entfernt, liegt das ehemalige Hotel Astoria. Ende der fünfziger Jahre hat man den Kasten aus Beton vor die Stadt gesetzt, jetzt steht er in der engen Nachbarschaft von Tankstellen,

Autohandlungen und Großmärkten, zwischen Aluminiumfabrik, Verschiebebahnhof und Autobahn. Als Unterkunft für Geschäftsreisende gedacht, hat das Hotel im Lauf der Zeit immer weniger, immer zweifelhaftere Gäste gesehen, der Fassade, bis zur Schäbigkeit, war es abzulesen.

Seit zwei Jahren ist das Astoria kein Hotel mehr, die Menschen, die dort hausen, für Monate, werden nicht als Gäste behandelt. Jedes Zimmer hat vier Bewohner, drangvolle Enge, der Abfall unter den Fenstern, die wegen der frischen Luft Tag und Nacht offenstehen, weist darauf hin. Vom Auto aus, im Vorbeirollen, sieht man die braunhäutigen jungen Männer mit den tiefschwarzen Haaren und ganze Familien mit kleinen Kindern die Sammelunterkunft verlassen, sie betreten.

Nie sind wir die Ausfallstraße in ihrer ganzen Länge zu Fuß gegangen, unter der Glocke aus Lärm. Nie haben wir vor dem Haus gestanden. Nie sind wir eingetreten. Nie haben wir ein Gespräch begonnen.

Wer alles weiß, weiß nichts.

Im Gebirge

Ein Franzose aus Grenoble, der mit der napoleonischen Besatzungsarmee in Braunschweig stand, schrieb im Juli achtzehnhundertsieben in sein Tagebuch:

»Montag sind Herr v. Strombeck und ich bei herrlichem Wetter nach dem Brocken abgereist. Wir fuhren in einer Kalesche, vor welche zwei Armeepferde gespannt waren; er hatte seinen Diener mitgenommen. Während wir aufwärts steigen, sehen wir einen Eisenhammer sowie eine Fabrik, in welcher das Eisen zu Draht ausgezogen wird. Auf dem Brocken selbst hat der Graf von Wernigerode ein Haus erbauen lassen, dessen Mauern fünf Fuß dick sind, aus Granit, wie der Berg auch. Dieses Gebäude ist interessant insofern, als es vielleicht auf der ganzen Welt das einzige Haus in dieser Höhe ist, von dem aus der Blick frei nach allen Seiten schweifen kann. Man sieht ebensogut die Ebenen gegen Gotha und Weimar, die sich an den Thüringer Wald anlehnen, wie jene von Braunschweig und Hameln. Unsere Aussicht erstreckte sich beinahe auf eine Viertelmeile, alle Schluchten waren mit Wolken gefüllt. Wir erhielten ein für diesen Ort recht anständiges Abendessen. Die Zimmer sind sauber. Wäre nicht die Kanaille von Göttingen und Helmstedt, welche beständig hier ist und alles zerbricht, Studenten meist, würde der Graf die Zimmer noch viel besser herrichten lassen.«

Der Reisende von Braunschweig her hieß Stendhal und wurde später als Verfasser des Romans *Die Kartause von Parma* berühmt.

Siebzehn Jahre später, achtzehnhundertvierundzwanzig im September, brach ein Göttinger Student der anderen stilleren Art zu einer vierwöchigen Harzwanderung auf, über die er ein berühmtes Buch geschrieben hat. Er hatte keine *Kanaille*, keinen Haufen lärmender Genossen um sich, er ging allein, den Eindrücken der Natur, seinen Träumen hingegeben.

Das Reisebuch, das der junge Dichter, der übrigens Heinrich Heine hieß, *aus pekuniären und ähnlichen Gründen* gleich nach der Rückkehr zu schreiben anfing, *eine Mischung von Naturschilderung, Witz, Poesie und Washington Irvingscher Beobachtung*, wie der Autor die eigene Arbeit treffend charakterisierte, nimmt seinen Ausgang in Göttingen. Heine ist, wie beinahe alle Harzreisenden jener

Zeit, auf den Brocken gestiegen, er hat im Haus auf dem Gipfel übernachtet und, Stendhal gleich, den Rundblick beschrieben:

»Der Brocken ist ein Deutscher. Mit deutscher Gründlichkeit zeigt er uns, klar und deutlich wie ein Riesenpanorama, die vielen Städte, Städtchen und Dörfer, die meistens nördlich liegen, und ringsum alle Berge, Wälder, Flüsse, Flächen, unendlich weit.«

Der Brocken ein Deutscher. Durchaus. Auch heute. Auf andere Art. Nämlich abgesperrt, verschanzt, bewaffnet. Mit Stielaugen und Riesenohren in Richtung des Nachbarn. Gehörte er uns, er sähe wahrscheinlich kaum anders aus.

Seit Stendhal und Heine haben sich die Zeiten, die Umstände geändert, über das Denkbare hinaus. Durch den Harz läuft eine lebensgefährliche Grenze, das halbe Gebirge ist, für die jeweils andere Seite, abgesperrt, und wer die Gegend, etwa von Göttingen aus, besucht, tut das schon lange nicht mehr auf Schusters Rappen oder in einer zweispännigen Kalesche. Auch die Eisenbahn ist aus der Mode gekommen.

Eine bis auf zwei Ortsumgehungen fertiggestellte Schnellstraße führt am Rand des Eichsfeldes entlang und durch das Harzvorland nach Herzberg und Bad Lauterberg. Was einmal eine Tagesreise war, dauert heute kaum dreißig Minuten. Wenn man am Wochenende oder mittwochs die Autoschlangen sieht, die sich am späten Vormittag flink auf die Berge zu und abends dann wieder nach Westen bewegen, Sommer wie Winter, ahnt man vielleicht, wofür die Rennbahn gedacht sein könnte. Die Vermutung drängt sich auf, daß es um die Erschließung eines riesigen Freizeitparks geht, der ein ganzes Gebirge, eine ganze Kulturlandschaft umfaßt.

Der Massenansturm auf den Harz hat längst dazu geführt, daß die Forstverwaltungen danach trachten müssen, die Wälder vor den Menschen zu schützen. In der Absicht, die Besucher an bestimmte Plätze und Routen zu binden, entstanden in den letzten Jahren zahlreiche Rundwanderwege und Trimmpfade, ein ganzes System von Grillstationen und Spielanlagen. Diese verwaltete Natur ist es, die mich, neben den überhohen neuen Gebäuden etwa in Altenau, am meisten irritiert, wenn ich einmal alle vier bis sechs Wochen im Harz bin.

Und ich denke, je mehr wir in die Alpen, in die Mittelgebirge, in die Heide oder an diese und jene Küste drängen, desto weniger ist dort zu finden, was wir suchen. Aber dann die Vermutung, diese Zustände könnten der auf lange Sicht von allen geforderte Preis für mehr soziale Gerechtigkeit, für mehr Freizeit und dafür sein, daß mehr Menschen mehr Möglichkeiten bekommen. Wer will dem anderen vorschreiben, wie er zu leben hat.

Meine Gedanken und Anmerkungen sind keine Anklage, sondern Teil eines Zwiegesprächs, Fragen an mich. Gerne will ich versichern, daß es den Harz noch gibt. Die Festungen des Tourismus und ihr Glacis haben sich ja noch längst nicht über das ganze Gebirge ausgebreitet. Noch ist auch die letzte Fichte nicht gestorben. Das Wasser der Bäche ist noch klar. Man findet weiter Inseln der Stille. Und doch liegt etwas in der Luft wie: mehr wird es nicht werden, schöner wird es nicht werden, und unversehrt ist es schon gar nicht. Nur unterhaltsamer wird es, vielleicht, eine Weile.

Dennoch habe ich in den vergangenen Jahren eindrucksvolle unvergeßliche Tage im Harz zugebracht. Besonders ans Herz gewachsen ist mir das Siebertal, dessen unterer Teil aller Planung nach bald einen Stausee wird aufnehmen müssen. Zwischen dem Forsthaus Königshof und Schluft, wo das Wasser über große und kleine rundgeschliffene Steine strömt und geglättete Felsen aus dem Bach ragen, gibt es eine Stelle, an der ein Rinnsal über eine Kiesbank hinweg in die Sieber mündet. Oben, zwischen schmaler Straße und Böschung, ein Denkstein für einen während der Hungerjahre von Wilderern erschossenen Polizisten, unten der Kies und der Bach, die beide zum Spielen einladen, am anderen Ufer ein Dickicht.

Wie gut lassen sich hier, seit mein Sohn laufen kann, mit ihm und seinen Freunden Wehre, Kanäle, Häfen und aus Ästen Brücken und Anlegestellen bauen. Wie unschädlich ist so ein Vergnügen. Einmal haben wir sogar ein Wasserrad zustande gebracht, es hatte Schaufeln aus Fichtenrinde und lief den ganzen Tag. Die Kinder können bunte Kiesel sammeln, baden und von Trittstein zu Trittstein springen. Man selber macht eine Zeit lang mit, dann setzt man sich abseits, auf einen Felsen mitten im Bach, und schlägt das Buch auf, das man mitgenommen hat. Weit hinten das Rufen und Lachen der Kinder, das Murmeln des Wassers. Und manchmal unterbreche ich die Lektüre, gucke um mich und sehe die Felskanzel, die Staffelung der Steine bachaufwärts. Ich lasse die Hand ins klare Wasser hängen und weiß, daß es anderes schon, aber nichts Schöneres geben würde, so weit man auch reiste.

Künstliches Licht

Der Bombenkrieg hat Hannover, die Landeshauptstadt, stark zerstört. Beinahe die gesamte Innenstadt ist damals untergegangen. Die verwinkelten mittelalterlichen Viertel, die engen vielstöckigen Fachwerkhäuser, man findet sie nicht mehr. Schwer vorstellbar, daß Haarmann in einer dunklen Altstadt hauste und mordete. Statt dessen Weite und Licht, Kaufhäuser, Menschenmengen, kleine Kneipen aufs Museum zu. Es gibt, an diesem, an jenem Ende der Stadt, durchaus ursprüngliche Anblicke, idyllische Eckchen, die Lister Meile etwa, Linden, Maschsee und Herrenhausen.

Als man nach ersten Versuchen und Provisorien in den fünfziger Jahren nachdrücklich an den Wiederaufbau ging, ließ man zwischen den neuen Häuserzeilen, den auseinandergerückten Quartieren des sozialen Wohnungsbaus Raum für kreuzungsarme Schnellwege, das wurde autogerechte Stadt genannt und blieb Vorbild für Jahrzehnte.

Vielleicht ist mir deshalb Hannover so fremd, so austauschbar geblieben wie die meisten anderen Städte vergleichbarer Größe bei uns. Vielleicht bin ich eben doch ein Liebhaber größerer Vielfalt auf kleinerem Raum, ein Kleinstädter von Geburt und aus Überzeugung.

Am besten kenne, am häufigsten besuche ich noch den Bahnhof. Er ist Schnittpunkt der großen Strecken von München und Frankfurt nach Hamburg und Bremen, von Köln, ja von Paris nach Berlin, nach Warschau und Moskau. Wenn ich ins Ruhrgebiet, ins Rheinland, nach Norden oder an die Spree fahre, immer komme ich durch Hannover, meist verlasse ich den einen und steige in einen anderen Zug, oft habe ich dreißig, manchmal sechzig Minuten Zeit.

Dann stehe ich in der großen Halle und sehe mir die Menschen an, wie sie in die Stadt oder zu den Zügen eilen, mit Taschen und Tüten, abweisend. Ein fremdes Bild der Vereinzelung in der Zusammenballung, das mich noch stärker bedrückt, wenn ich mit der Rolltreppe nach unten fahre, in die Unterkellerung des Bahnhofs, die sich als breiter unterirdischer Gang, Pasarelle genannt, bis in die Stadt hinein fortsetzt. Rechts und links die endlose Kette der Lädchen und Buden für Tand, Schnickschnack und eine Mahlzeit im Stehen, dazwischen die Passanten, denen auf dem Weg von der Arbeit, von der Schule schnell ein paar Mark abgeknöpft werden.

Nie fällt hier Regen, nie bescheint Sonne das Pflaster. Manchmal einige Straßenmusikanten. Im künstlichen Licht ihre bleichen Gesichter. Nachts, wenn die Innenstadt völlig leer ist, retten sich auch die Obdachlosen, die Betrunkenen in Pasarelle und Bahnhof. Sie liegen dann in den Ecken, in denen der Schatten am tiefsten ist, oder durchstreifen ruhelos die Halle. Bänke gibt es nicht. Früher einmal saßen sie, allein oder in Gruppen, eine Bierbüchse in der Hand oder einen Flachmann in der Plastiktüte, auf den hüfthohen Mauern, an denen die Menschen in Richtung der Bahnsteige vorbeihasten. Aber neuerdings hat man den Mauerbrüstungen eine zusätzliche Lage angeschrägter Steine aufgemörtelt, die das Sitzen unmöglich macht. Denn in den letzten Jahren waren zwölf oder fünfzehn der heimatlosen Besucher des Bahnhofs, nachdem sie das Gleichgewicht verloren hatten, rücklings in die Pasarelle hinuntergestürzt und ums Leben gekommen.

Die Bücher schlafen

Mit einem Koffer voll Balzac
auf dem Weg
nach Frankreich
wo alle noch am Leben sind.

Aufenthalt in Hannover, allein
das Höhlensystem
unter dem Bahnhof
und daß es in der Stadt keine Berge gibt
hat sie in meinen Augen schon immer entwertet.
Ölige Pfützen, gestutzte Bäume, jeder Block
eine neue Strafanstalt
ja wenn jemand
aus den Schlußfolgerungen
die Schlußfolgerung zöge.

Am Ende, auf der Rückfahrt
die Feststellung, daß ich die Bücher
in der Stadt vergessen habe
daß mit raffinierten Übergängen
der Herbst schon begonnen hat
überall Menschen
die etwas Totes
in sich verstecken.

Landschaft aus Bäumen, Wiesen und Wasser

Wenn man in Hannover den Intercity verläßt und in einen der Schnellzüge nach Hamburg steigt, die längst bessere Eilzüge geworden sind, wenn man den Zug bis Uelzen benutzt und dort auf dem Bahnhofsvorplatz den

Bus sucht, wenn man sich von diesem Bus zwei Stunden über die Dörfer nach Osten schaukeln läßt, in die Dämmerung hinein, dann kann man am Ende der Reise die Füße im Hannoverschen Wendland wieder auf die Erde setzen, man ist in der Kreisstadt angekommen, dem abendlich stillen Lüchow.

Dunkles Lüchow

Ich hörte
die Häuser in der Frostluft
mit den Ziegeln knirschen

und stellte mir die Menschen vor, wie sie
hinter den Mauern in ihren
schweren Ehebetten lagen
und stöhnten

unten konnte
viel Blut
im Pflaster versickern.

Eine Kleinstadt von siebentausend Einwohnern. Ihre Eigenart einer aus sich heraus lebenden Welt ist deutlich erkennbar geblieben. Es gibt ein Gymnasium, ein Lokalblatt mit Tradition, die Elbe-Jeetzel-Zeitung. Lange Hauptstraße, Markt, Kanal, ein Café mit Räumen wie aus den dreißiger Jahren.

Vor der Stadt nach allen Seiten Ebene in flachen Wellen, ein Landstrich, seitab schon früher, jetzt in den Winkel zwischen Elbe im Osten und noch näherer Grenze im Süden geklemmt.

Dieser Kreis, der nach den Städten Lüchow und Dannenberg einen Doppelnamen trägt und zu dem auch

Hitzacker, Schnakenburg und Gartow gehören, ist eines der am dünnsten besiedelten, am wenigsten industrialisierten Gebiete in der Bundesrepublik, Ort heftiger Widersprüche, einander laut widersprechender Bilder.

Ein Jahr lang haben meine Familie und ich eine kleine Wohnung im Künstlerhof in Schreyahn gehabt. Schreyahn liegt acht Kilometer von Lüchow entfernt an der Bundesstraße nach Clenze und Uelzen. Es ist ein Rundlingsdorf aus alter Zeit. Um einen Platz mit drei Eichen gruppieren sich, die Giebel einander zugewandt, acht niedersächsische Dielenhäuser. Schreyahn hat siebzig Einwohner.

Als Ende der siebziger Jahre einer der Höfe nach dem Tod des Bauern verkam, als das große Vierständerhaus aus dem geschützten Ensemble zu verschwinden drohte, hat die Landesregierung das ganze Anwesen gekauft und Haupthaus und Stallgebäude von Grund auf sanieren und vier Wohnungen für Künstler einbauen lassen.

Seitdem leben in Schreyahn, jeweils für ein knappes Jahr, zwei Schriftsteller und zwei Musiker, allein oder mit Familie. Das Verhältnis zum Dorf ist mal enger, mal weiter. Wer nach zehn am Vormittag erst aufsteht, keiner erkennbaren Arbeit nachgeht, der muß in dieser Umgebung, in der Flüchtlinge nach vierzig Jahren noch Zugezogene sind, erst recht als Fremder erscheinen. Als ein Besucher, nach unserer Zeit, den Dorfschulzen nach mir fragte: Ja, der hat hier gewohnt. Das sind alles Kommunisten.

Vom Künstlerhof haben wir dreiundachtzig und vierundachtzig, von Sommer zu Sommer, das Wendland erkundet und erlebt.

Das ging im tiefen einmalig verwilderten Garten mit

dem Nußbaum, den Pfirsichen los. Wann hatte ich zuletzt Libellen, einen grasgrünen Laubfrosch gesehen. Und wenn man am unteren Ende des Gartens auf die Weiden trat und zum nahen Salzsee ging, dem vollgelaufenen Mundloch eines längst stillgelegten Kalischachtes, dann kreisten vielleicht Fischadler über dem Schilf, schwamm eine Ringelnatter von Ufer zu Ufer. Auf den Wiesen eine meckernde Bekassine, am Bach unbeweglich der Reiher. Nachts Fledermäuse und Käuze.

Auf dem übernächsten Dach das Storchenpaar mit den drei Jungen. Wie tief sie über den Dorfplatz schwebten, während ich am Tisch vor der Glastür saß, mit meinen Papieren. Als wir einmal spät nachts vom Besuch bei Freunden heimkamen, der Gesang einer Nachtigall, bis zum Morgen.

Entfernten wir uns weiter vom Haus und vom Dorf, machten wir längere Gänge auf die Grenze zu und an ihr entlang, im noch stilleren Südkreis, sahen wir die Störche, die Reiher im Ried, Weiden voller Kibitze, einmal flog ein leuchtend gelber Vogel vor uns her, ein Pirol, ach ja.

Endlich unsere tagelangen Wanderungen im Forst Lucie oder die Elbe entlang, auf dem Deich, zum Elbholz, einem urwüchsigen Wald, in dem Schwarzstörche brüten. Die Altwasserarme, die jahrhundertealten Eichen auf den dunkelgrünen Aueflächen, dahinter der Strom. Wirklich, eine Landschaft aus Bäumen, Wiesen und Wasser, wie die guten Bilder der Kinderzeit.

Aber immer sahen wir auch auf der anderen Seite des Flusses den Grenzzaun, die Türme und, wenn es dämmerte, die Lampen und Scheinwerfer. War einmal nichts zu erkennen, weil ein Waldstück, eine Erhebung den Ausblick verwehrten, hörten wir immer noch das

Kläffen der abgerichteten Hunde über das Wasser schallen.

Weiter im Norden, elbabwärts, die beiden weit ausholenden seit Kriegsende zerstörten Brücken, die Dömitz am anderen Ufer seit über vierzig Jahren nicht mehr erreichen. Man sieht die Türme der Stadt, die Ziegelmauern der Festung, in ihr und an anderen Orten hat Fritz Reuter, als Demokrat in den dreißiger Jahren des vergangenen Jahrhunderts zu drei mal zehn Jahren Haft verurteilt, sieben Jahre gesessen; wie hängt zusammen, was war und was ist.

Auf der Rückfahrt vom Elbufer kamen wir jedesmal durch Gorleben und dann an der neuen Festung des Zwischenlagers für Atommüll, an den Gittertoren und Erdwällen vorbei.

Und hinten, im Wald, hat man mit der Vereisung des Sandbodens begonnen. Dort wird in tausend Meter Tiefe der Salzstock angebohrt, der einmal das Endlager aufnehmen soll. Allein dieses Vorhaben, Erkundung genannt, kostet eine Milliarde gleich tausend Millionen Mark. Das wundert mich nicht, seit ich die gemauerten Häuser mit Ziegeldächern für die nächsten fünfzig Jahre, den hochmodernen Förderturm, die breiten Betonstraßen, die Einfahrt für Besucher, den Radweg und vor allem das weite Viereck der Mauer mit den fest montierten Scheinwerfern und Wasserkanonen gesehen habe. Bald wird sich über die Wipfel der Bäume, über die Horizontlinie des Waldes ein schneeweißer Kegel von der Höhe eines zwölfstöckigen Hauses erheben, der noch weiter in den Himmel wächst, wenn man das Endlager selber baut.

Bilder aus unserer Gegenwart, auch im Wendland. Widersprüche. Gegensätze. Um uns. In uns.

Ich liebe das Wendland. Jedes Jahr bin ich dort.

Gegenstände der Poesie

Ich erkannte die leeren
Fotos der Kinderzeit wieder
Landschaft aus Bäumen
Wiesen und Wasser.

In weiter Ferne sah ich jedes Haus
jeden aufsteigenden Vogel, jedes Tier auf der Weide
die Wachtürme jenseits des Flusses
und hinter Verhauen die neue Festung.

Seit ich
vierzig bin, vertrage ich
keinen Vordergrund mehr, die vielen
Arbeitslosen hier
Herzklopfen, und dann
verliert man die Sprache.

Nachhall

Das Ding setzt sich aus sechsundzwanzigtausend Werkstücken zusammen. Die Werkstücke bestehen aus Granitporphyr. Das Ding ist einundneunzig Meter hoch. Wenn ich poetisch sein soll: es sieht aus wie die überdimensionale Glocke, die an einem blutroten Himmel gehangen, den Tod von dreihundert Schweden, zwölftausend Österreichern, sechzehntausend Preußen, zweiundzwanzigtausend Russen eingeläutet hat und dann herabgestürzt ist. Das Ding ist das Völkerschlachtdenkmal an der südlichen Peripherie der Messestadt Leipzig.

Ich bin vierzig Kilometer südlich von Leipzig geboren. Die Kleinstadt heißt Frohburg. Zwischen Leipzig und Frohburg liegt nur die Leipziger Tieflandsbucht mit ihren Weizenfeldern, Zwiebelbeeten, Braunkohlengruben und Kraftwerken. Frohburg ist allenfalls dadurch bekannt, daß der Einwohner Otto Nuschke stellvertretender Ministerpräsident der DDR und Vorsitzender der Ost-CDU geworden ist. Wenn die Leipziger einen Sonntagsausflug machen wollten, dann fuhren sie mit der Bahn bis Frohburg und wanderten dann in den Wäldern, die hinter der Stadt die Ausläufer des Erzgebirges bedecken, der Töpferstadt Kohren, der Kohrener Schweiz, dem Lindenvorwerk mit seinem Teich oder dem Schloß Gnandstein zu, wo ihnen dann gar, wenn sie etwa im Auto gekommen waren und die Einsiedelsche Schloß-Restauration besuchen wollten, der degenerierte Herrschaftssohn einer Familie von Luther- und Körner-Freunden den Wagenschlag aufriß. Auch von den sprichwörtlich reichen Altenburger Bauern muß gesprochen, muß mindestens erwähnt werden, daß sie zur Kirschblüte sonntags mit ihren teuren Landauern über die Chaussee kutschiert kamen und im Jägerhaus ausspannten; es waren kluge bauernschlaue Männer, mit denen man reden konnte, deren Vorfahren fünfzehnhundertvierundzwanzig, siebzehnhundertneunzig und achtzehnhundertsechzig voll Unruhe gewesen waren, aber dann doch, nachdem man einen von ihnen gevierteilt hatte, Ruhe genug besessen hatten, weiter ihren Pferden und Geschäften nachzugehen.

In dieser Ausflugslandschaft für gebildeteres Bürgertum und reichere Bauernschaft aufgewachsen, kann ich mich an einen Spätherbsttag vor fünfzehn Jahren erinnern. Ich hatte in der dämmrigen Gaststube des Lindenvorwerks den Nachmittag vertrödelt, mit dem alten Zöllner über seine Karpfen gesprochen und mir von einem Bauern aus Rüdigsdorf erzählen lassen, was man dort noch vom Maler Moritz v. Schwind wußte oder besser kolportierte, hatte mein erstes Bier spendiert bekommen und mich, seltsam veränderten beschwingten Bewußtseins, auf den Heimweg gemacht. Ich ging hinter dem Katzbach in einer herbstlichen Kirschallee den Hügel hinauf, und oben hatte ich eine genaue Aussicht auf das Land, ich drehte mich nach Norden und sah in fünfzig Kilometer Entfernung, über den Wäldern, über dem Fabrikdunst der Tiefebene jenes Denkmal. Das Gerücht hatte ich schon gehört, man könne *es* bei klarem Wetter von einem bestimmten Punkt unserer Gegend aus sehen. Bisher hatte mir geschienen, es sei dies eine Verheißung von jener Sorte, die eingeleitet wird mit raffinierten Konditionen wie: bei Neumond, in der Johannisnacht, mit dem Blut einer Jungfrau. Der Zufall damals hat mich für Minuten sehr glücklich gemacht. In die Kleinstadtwelt, die mich eng umgab, war eine Lücke gebrochen, der freie Blick. Es gab Perspektiven, Meßstrecken, Orientierungshilfen.

Später sah ich bei Besuchen in Leipzig neben dem Zoo und dem bekannten Rummel, der sogenannten Kleinmesse, auch das Denkmal aus der Nähe. Da war die Krypta im klotzigen Unterbau; als Grabgewölbe gedacht, bildet sie das Ehrenmal für die Gefallenen, wie wir es bescheidener in beinahe jedem unserer Dörfer haben. Acht Masken, fünf Meter hoch, glotzen den Betrachter mit leeren ausgemeißelten Augenhöhlen an. Unter der Krypta, das ganze Bauwerk tragend, stecken bis sechsundzwanzig Meter tiefe Pfeiler im Erdreich. Das zweite Geschoß besteht aus der einundsechzig Meter hohen Ruhmeshalle. Die vier Figuren dort sind neuneinhalb Meter hoch und haben ein Gewicht von sechzehnhundert Tonnen. Ein Mittelfinger ist über einen Meter, ein Fuß zweieinviertel Meter lang, die Schulterbreite beträgt vier Meter.

Was soll man dazu sagen. Man geht in den oberen Teil des Völkerschlachtdenkmals und bestaunt die in elf übereinanderliegenden Ringen angeordneten dreihundertvierundzwanzig Reiter. Warum gerade dreihundertvierundzwanzig, könnte man fragen, aber solche Fragerei artet leicht aus und setzt die Grundlagen in Zweifel. Das Ding ist eindrucksvoll genug. Ob ich es besucht habe oder daran vorbeigefahren bin, es war in jenen Jahren für mich eine Autorität, etwas Vorhandenes wie die Stadt Leipzig selbst. Man hatte mit ihm zu rechnen.

Da war es eine ganz andere Sache, daß an der Landstraße von Frohburg nach Greifenhain ein kleines Steinkreuz stand, unter das die Überlieferung einen Franzosen aus dem Heer Napoleons gelegt hatte. Manchmal habe ich mir schon als Junge überlegt, woher der Tote kam, ob er Familie hatte, ob die gewußt hat, wo er gefallen war. Das Kreuz an der Straße bezeichnete ein Einzelschicksal, und das verlangte nach Präzisierung, weil es vorstellbar sein konnte. Fünfzigtausend Tote sind unvorstellbar, da kann man nur sagen: eine Stadt, größer als Altenburg.

Heute habe ich eine andere Einstellung, stört mich das Völkerschlachtdenkmal nicht mehr bei Präzisierungen. Fünfzehn Jahre älter geworden, gucke ich, wenn nicht am Bauwerk vorbei, so doch dahinter, obgleich ich im letzten Herbst nach Leipzig gefahren bin, zur Messe, und das Denkmal an seinem Platz gefunden habe, wohl erhalten und gut betreut, weil es, wie das Goethe-Haus in Weimar, der Zwinger in Dresden und Sanssouci in Potsdam, zum Nationalen Kulturerbe der Deutschen Demokratischen Republik gehört.

Noch immer steigen Besuchergruppen die zahlreichen Treppen hinauf, sie gehen an den geometrischen Rasenflächen vorüber, verschwinden ameisengleich in der Halle und lauschen dem demonstrativen Pfeifen des Fremdenführers, das beinahe fünfzehn Sekunden in der Kuppel nachschwingt. Ich habe den Eindruck, daß es den Leuten in der Halle ähnlich wie mir als Vierzehnjährigem ergeht: diese Ansammlung von Steinen, dieses Monstrum ist nicht als gestaltetes Denkmal, ist vor allem als Ansammlung von Steinen, als Monstrum beachtenswert. Die Toten von damals in ihren bunten Uniformen sind eben seit mehr als anderthalb Jahrhunderten tot. Nach ihnen kamen zwei Weltkriege, die in die Familie jedes inländischen, so manches ausländischen Besuchers dauernde Lücken gerissen haben; das steht näher, brennt manchmal noch, verstellt die Sicht in die Geschichte. Lieber konzentriere ich mich auf die sechsundzwanzigtausend Porphyrsteine.

So ist das Denkmal der Völkerschlacht bei Leipzig zum Mirakel und Denkmal einer trutzig germanisierenden Architektur geworden. Neunzehnhundertdreizehn, zur Hundertjahrfeier der Schlacht, wurde der Bau eingeweiht, gerade noch rechtzeitig, wenn ich das eingangs gebrauchte Bild einer Glocke aufgreife, um den nächsten Krieg einzuläuten. Völkerschlachtdenkmal und Erster Weltkrieg, das gehört zusammen, atmet den gleichen Geist. Wilhelm II. hielt seine maßlosen Reden, derweil sammelten seine bürgerlichen Untertanen im Deutschen Patriotenbund von achtzehnhundertvierundneunzig für das als national ausgewiesene Denkmal. Es gab den Erzfeind und den Sedantag, es gab das Deutsche Reich und in Berlin einen Kaiser. Aber von den Träumen der Jahre achtzehnhundertdreizehn und achtzehnhundertachtundvierzig war wenig übriggeblieben.

Als Napoleons Große Armee Rußlands Weiten, russischer Heimatliebe und Kutusows Taktik zum Opfer gefallen war, als die Russen im Frühjahr achtzehnhundertdreizehn in der Verfolgung Napoleons über die deutsche Grenze stießen, wurde die Bevölkerung unruhig und fand ihre Vorsprecher in Arndt und Fichte, Körner und Schenkendorf. Am siebzehnten März achtzehnhundertdreizehn dann erließ der zögernde König Friedrich Wilhelm III. endlich seinen Aufruf *An mein Volk*. Für die Männer in den antinapoleonischen Heeren, für die bürgerliche und kleinbürgerliche Bevölkerung waren die folgenden Schlachten bei Großgörschen, Bautzen, Dresden, Leipzig, Laon, Paris und Waterloo Kämpfe um Unabhängigkeit, freie Entfaltung der nationalen Eigenart und um die Selbständigkeit ihrer Sprache und Kultur. In der jahrelangen Auseinandersetzung mit den Weltherrschaftsplänen des Korsen hatte der Wille zur Einheit Deutschlands zu keimen begonnen. Da dichtet dann ein Ernst Moritz Arndt:

Was ist des Deutschen Vaterland?
Ists Preußenland? Ists Schwabenland?
Ists, wo am Rhein die Rebe blüht?
Ists, wo am Belt die Möwe zieht?
O nein, nein, nein!
Sein Vaterland muß größer sein.

Diese Verse erinnern nicht wenig an Agitation und Propaganda, und in den folgenden Versen, auch von Arndt, wird, wieder und keinesfalls zum letzten Mal, sogar der heilige Krieg beschworen:

Er ist erwacht, der deutsche Löwe, er hat sich
aufgerafft in seiner freudigen Kraft und hat die
Bande zerrissen, womit der welsche Fuchs den
Schlafenden umsponnen.
Und wie sie auszogen in den *heiligen* Krieg,
geschmückt mit dem Zeichen der Erlösung,
mit dem Kreuze, so war ihnen auch himmlische Gewalt
in dem Herzen und in dem Schwert.

Freilich waren die Bauern noch nicht befreit. Freilich gab es noch das Rädern als Todesstrafe. Freilich kamen dann Wiener Kongreß und Heilige Allianz. Und daß der Drang zur Einigung auch größenwahnsinnige Züge annehmen konnte, geht wiederum aus einem Text Arndts hervor, er bezieht sich bezeichnenderweise unmittelbar auf die Errichtung eines Denkmals in Leipzig:

»Ein kleines, unscheinbares Denkmal, das sich gegen die Natur umher in nichts gleichen kann, tut es nicht; ein zierliches und blankes, etwa in Leipzig selbst auf einem Platze hingestellt, würde in seiner Armseligkeit von der großen Tat zu sehr beschämt werden. Es muß draußen stehen, wo so viel Blut floß, es muß so stehen, daß es ringsum von allen Straßen gesehen werden kann, auf welchen die verbündeten Heere zur blutigen Schlacht der Entscheidung heranzogen. Soll das Denkmal gesehen werden, so muß es so groß und herrlich sein wie ein Koloß, wie eine Pyramide, ein Dom zu Köln.«

Solche großen Worte wollen uns als Faselei und Ausflucht angesichts beginnender Restauration erscheinen. Der Sieg war ein Sieg der deutschen Fürsten, das zeigte sich bald. Jedes Denkmal, für das die Bürger warben und sammelten, lenkte von den Fragen Staatsorganisation und Verfassung ab. So folgen fünfzig Jahre Ruhe und Ordnung, und der Bürger widmet sich, vor allem nach achtzehnhundertachtundvierzig, seinen Geschäften. Er reift den Intentionen Bismarcks entgegen.

Hundert Jahre vergehen, ehe Arndts Koloß endlich doch steht. In diese hundert Jahre fallen Deutscher Bund und Paulskirche, aber erst achtzehnhunderteinundsiebzig, unter anderen Voraussetzungen als den ursprünglichen, regt sich das deutsche Bürgertum wieder für ein Leipziger Denkmal. Der als Sänger, Schütze, Turner im Deutschen Patriotenbund zusammengeschlossene Untertan Heinrich Manns beginnt für ein Monument zu sammeln, das ihm über seine Banalität, seine Spießigkeit, über die wuchernde Zivilisation und über die Wissenschaftlichkeit und Rationalität fortschreitender Industrialisierung hinweghelfen soll.

Man hat schließlich Möglichkeiten. Neunzigtausend

Kubikmeter Erde werden ausgehoben und bewegt. Wer das tun läßt, wer dreiundvierzigtausend Quadratmeter mit einem Denkmal im Gewicht von sechs Millionen Zentner bedeckt, in fünfzehn Jahren sechs Millionen Goldmark für das größte Denkmal Europas ausgibt, kann kein kleiner Geist sein. Jede gespendete Mark wird dem Geber zur Bestätigung. Imperialismus schlägt auch ins Landesinnere durch und deformiert die Bewohner. Ist es ein Wunder, daß in den Jahrzehnten deutscher Vereinsgründungen eben diese Vereine darangingen, einen Superverein zu gründen. So entstand der Deutsche Patriotenbund, der die Dachorganisation von sechstausend, ja sechstausend Schützen-, Sänger-, Turnvereinen war. Seine einzige Aufgabe bestand in der Begleichung der sogenannten Ehrenschuld des deutschen Volkes gegenüber den Helden von achtzehnhundertdreizehn.

Nachdem achtzehnhundertdreiundsechig zur Fünfzigjahrfeier lediglich ein symbolischer Grundstein für ein Monument gelegt worden war, dem schon drei Jahre später der deutsche Bruderkrieg widersprach, nachdem fünfundzwanzig Jahre später ein in Leipzig gegründetes Ortskomitee einen erneuten Aufruf erlassen hatte, wurde achtzehnhundertvierundneunzig von dem Leipziger Architekten Clemens Thieme eben dieser Deutsche Patriotenbund eingerichtet. Preisausschreiben in den Jahren sechsundneunzig und siebenundneunzig lieferten Vorschläge für das Denkmal, die nicht monumental genug waren. Erst ein sogenannter Professor mit dem interessanten Namen Bruno Schmitz aus Berlin tat der Verstiegenheit Genüge. Einhellig, sagt ein Zeitgenosse, sei das Urteil der gesamten Fach- und Tagespresse sowie aller Berufenen gewesen. Zu letzteren scheint sich auch Wilhelm II. gezählt zu haben. Denn jenem positiven Urteil, wird berichtet, habe er sich begeistert angeschlossen. Wir kennen das Verhältnis dieses späterhin manischen Holzhackers zur Kunst. Folgerichtig zeichnete er denn auch auf der Internationalen Kunstausstellung in Berlin achtzehnhundertachtundneunzig die Schmitzschen Entwürfe mit der Großen Goldenen Medaille aus. Schmitz und Wilhelm, Hund und Herr; jeder auf seine Weise ein Diener der edlen Künste. Im gleichen Jahr wurde mit dem Bau, mit der Planierung und Fundamentgründung begonnen, am achtzehnten Oktober neunzehnhundert hat man den Grundstein gelegt. Die eingemauerte Urkunde beginnt mit den Worten: *Heute, da Wilhelm II. als dritter Erbkaiser des wiederaufgerichteten Deutschen Reiches machtvoll gebietet.*

Nach fünfzehnjähriger Bauzeit konnte das Denkmal pünktlich zum hundertsten Jahrestag der Völkerschlacht eingeweiht werden. Kaiser, allerhöchste und weniger hohe Behörden, Militär jeder Art und Menge und unzählige Vereine und Abordnungen waren versammelt. Halb Deutschland hatte geflaggt. Schüler mit Eichenlaub an den Mützen, Korporierte in Festuniformen, Schützen, Turner, Sänger, Krieger zogen auf und taten vor sich selber wichtig. Markige Reden wurden gehalten, berauschende Lieder gesungen. Jedes Wort war ein Verrat an den Toten von achtzehnhundertdreizehn, die Feier eine einzige Apotheose des Chauvinismus, der kleinbürgerlichen Großmannssucht.

So hat das wilhelminische Reich sich in Leipzig das monumentalste, das ungeheuerlichste seiner im Lande verstreuten Grabmäler gesetzt. Die scheußliche Lomonossow-Universität aus der Stalinzeit kann wenigstens noch als Universität genutzt, in der Stalinallee kann irgendwie gewohnt werden; durch Walhalla, Feldherrenhalle und Völkerschlachtdenkmal pfeift der Wind. Eintracht siegt, sagt das Denkmal in goldenen Buchstaben. Aber siegt auch Eintracht der aus Ohnmacht Aggressiven, Eintracht in Vermessenheit und Größenwahn. Ein Jahr nach der Einweihung des Völkerschlachtdenkmals brach ein Krieg aus, der bündige Antwort gab und in Erinnerung rief, daß Schlacht von schlachten kommt.

Zwei Jahrzehnte trat dann das Denkmal in den Schatten von Niederlage, Inflation, Radikalisierung und Wirtschaftskrise. Erst in der nationalsozialistischen Welt-Anschauung fand es wieder einen festen Platz als Alibi der Militanz. So richtig aktuell wurden die Befreiungskriege und mit ihnen das Völkerschlachtdenkmal widersinnigerweise jedoch erst, als die Wehrmacht die gleiche Rolle in Europa zu spielen begann wie einst die Heere Napoleons. Während sich die Völker gegen die nazistischen Unterdrücker erhoben, zitierte man in der Zeitschrift *Reich* die Parolen von achtzehnhundertdreizehn. Die historische Allianz des russischen und des preußischen Monarchen fand keine Berücksichtigung. Die Nazis wollten Parallelen im Kriegsverlauf demonstrieren und so die Widerstandskraft der Bevölkerung stärken. Ein Film mit dem Titel *Kolberg* wurde produziert. Nettelbeck war ein Volkssturmführer. Das Jahr achtzehnhundertdreizehn sollte beweisen: alles kann und wird noch ein gutes Ende nehmen.

Wir haben das Ende kennengelernt. Die DDR, die sich erster Arbeiter- und Bauernstaat auf deutschem Boden nennt, täte sich, sollte man meinen, mit einer solchen Hinterlassenschaft schwer. Wieviel leichter als dieser Miß-Bau aus dem Ende des neunzehnten Jahrhunderts lassen sich nicht ein Goethe-Haus, eine Wartburg, ja selbst ein Schloß Sanssouci in die historischen und kulturellen Kontexte einordnen.

Doch indem ignoriert wird, daß das Denkmal nicht zufällig statt etwa achtzehnhundertdreiundsechzig erst neunzehnhundertdreizehn aufgebaut war, umgeht man die Problematik seiner Entstehung, die Verfälschung der Ideen von Freiheit und Einheit und kann zum ursprünglichen Ereignis und seiner Bedeutung zurückgehen. Die vier Figuren in der Ruhmeshalle, Tapferkeit, Glaubensstärke, Volkskraft und Opferfreudigkeit, haben vor dem Hintergrund der heutigen Situation in der DDR Wertigkeit behalten. So schreibt der offizielle Führer durch das Völkerschlachtdenkmal, herausgegeben vom Museum für Geschichte der Stadt Leipzig:

»In den Wochen des patriotischen Aufbruchs kam die Opferbereitschaft des deutschen Volkes am eindrucksvollsten zum Ausdruck in dem klassischen Bekenntnis: Gold gab ich für Eisen. Es war dieselbe Opferfreudigkeit, die gegenwärtig tausende deutscher Patrioten selbstlos mithelfen läßt beim Aufbau eines neuen sozialistischen Staates.«

Hinzu tritt das historische Faktum der deutsch-russischen Waffenbrüderschaft in jener Schlacht, das proklamierte Vorteile gegenwärtiger Bündnisse erweisen soll.

Da kann der Pfarrer Schlosser in seinen *Erlebnissen eines sächsischen Landpredigers in den Kriegsjahren* als Mitbetroffener getrost geklagt haben:

»Im Oktober des Jahres achtzehnhundertfünfzehn gingen, wie man mir erzählte, sechzigtausend Russen durch Sachsen wieder in ihr Vaterland zurück. Unser Dorf bekam acht Mal Einquartierung von ihnen. Eine unmenschliche Gefräßigkeit, Trunkenheit und abscheuliche Unreinlichkeit, verbunden mit Ungeziefer, machten diese russischen Gäste zu einer unerträglichen Last.«

Es zählt die Generallinie, und an der ist nicht zu deuteln: sie heißt Kutusow und Blücher, Sowjetarmee und NVA.

Die gleiche Broschüre des Leipziger Geschichtsmuseums belegt das ungebrochene Verhältnis der DDR zu den Befreiungskriegen und den daraus ableitbaren Exempeln, wenn sie schreibt:

»In unseren Tagen ist das Völkerschlachtdenkmal mehr denn je zum Mahnmal geworden. Unzähligen Deutschen vermittelt die Beschäftigung mit dem nationalen Befreiungskampf von einst das politische Rüstzeug für heute. Der Vergleich läßt beziehungsvolle Parallelen erkennen, erleuchtet Zusammenhänge und schärft das politische Bewußtsein. So wird die Rückschau in die Vergangenheit zur Mahnung und Verpflichtung für ein fortschrittliches Denken und Handeln.«

Die Geschichte als Lehrerin der Völker, scheint mir. Das Wort Rapallo fällt allerdings nicht. In den folgenden Absätzen wird die Schrift noch gegenwartsbezogener:

»Hatte Napoleon im Dienste des Großbürgertums den Frieden bedroht, so gefährdet ihn heute das Monopolkapital. Aber die Kräfte des Friedens sind seit achtzehnhundertdreizehn gewachsen. Mehr als achthundert Millionen Menschen (ein Jahr vor dem Beginn der Kulturrevolution werden die Chinesen anscheinend noch mitgezählt! Anm. d. V.) stehen im Weltfriedenslager vereint. In der Sowjetunion, in den Volksdemokratien, in der Deutschen Demokratischen Republik haben die Arbeiter und Bauern ihre Geschicke in die eigenen Hände genommen. Immer mußten die werktätigen Menschen im Kriege die größten Opfer bringen; deshalb ist dort, wo sie regieren, die sicherste Gewähr gegeben, daß alles getan wird, den Weltfrieden zu erhalten.«

Ich glaube, ich bin nicht der einzige, der sich fragt, ob die DDR die am Ende des Heftchens verwendeten Stereotypen überhaupt nötig hat:

»Die Stätten, wo einst russische und deutsche Soldaten gemeinsam ihr Blut für die Freiheit vergossen, sind geweiht. Die Deutsche Demokratische Republik ehrt und schützt diese Stätten. Die Deutsche Demokratische Republik, der erste deutsche Arbeiter- und Bauern-Staat, lebt und entwickelt sich auf der Grundlage, die der Sieg der Sowjetarmee über den Faschismus geschaffen hat. Im Bündnis mit der mächtigen Sowjetunion und allen sozialistischen Ländern steht die Deutsche Demokratische Republik im Kampf um die Erhaltung des Friedens in der Welt.«

Der DDR ist das Ding zugefallen, sie besitzt es und versucht das Beste aus diesem Besitz zu machen. Aber zwischen heute und damals liegt eine Strecke von hundertachtundfünfzig Jahren. Vielleicht ist die Frage des Verständnisses eine Frage der Information. Doch hier, fürchte ich, gleichen sich viele Besucher von Völkerschlachtdenkmal und Teutoburger Hermann. Höhen von einundsechzig und einundneunzig Meter beeindrucken allemal mehr als zigtausend längst vermoderter Toter. Die Gegenwart fordert ihr Recht. Deshalb pfeift der Fremdenführer auch. Der Nachhall von fünfzehn Sekunden ist wirklich erstaunlich.

Im Herbst neunzehnhundertsiebzig besuchte ich während der Messe Leipzig. Ich sollte, so die Vorstellung des Verlages, der mich auf die kleine Reise schickte, das Völkerschlachtdenkmal besichtigen und auf diese Weise meine verschwommenen Erinnerungen an einen Schulausflug auffrischen, der auf die Aussichtsplattform des Denkmals geführt hatte.

Verwandte im Vorort Lindenau gaben mir Quartier. Nach dreizehn Jahren war ich wieder im Land, zum ersten Mal seit unserem Weggang aus Frohburg. Nur noch fünfunddreißig Kilometer lagen zwischen mir und der Kleinstadt der Kindheit. Konnte ich sie sehen. Den Messegästen waren solche Ausflüge nicht erlaubt, stellte sich heraus.

Aber der Mann der Kusine, Parteigenosse der ersten Stunde und Leiter der Frohburger Nachkriegsschule, lud mich in seinen Skoda und fuhr mit mir nach Borna, Altenburg und zuletzt nach Frohburg. Dort, in Frohburg, hatte er Freunde. Und während er diese Freunde besuchte, eilte ich drei Stunden lang unerkannt durch die Straßen, zum Haus der Großeltern an der Wyhra, in dem ich geboren worden war, zu unserer alten Wohnung in der Post am Markt, zur Schule, zur Schmiede, an diesen und jenen Platz in der näheren Umgebung und auch auf den Friedhof, auf dem der Tierarztgroßvater und meine beiden Großmütter lagen und auf dem eine Tafel an den Großvater aus der Schmiede erinnerte, der neunzehnhundertsiebzehn gefallen war.

In der folgenden Nacht konnte ich nicht schlafen.

Als ich nach drei Tagen Leipzig in Richtung Göttingen wieder verließ, hatte ich nicht nur Frohburg wiedergesehen, sondern auch die Deutsche Bücherei besichtigt, im Katalog zwei, drei Bücher von mir, und ihren Direktor kennengelernt, Studenten hatten mich durch die Stadt geführt und mir die auf Abriß geräumten Arbeiterstraßen im Leipziger Osten gezeigt und die Löcher, in denen sie dort vorübergehend untergekommen waren, von einem Freiluftkonzert, von Knüppeleien der Vopos und von einem Sit-in auf dem Ring war die Rede gewesen, tagsüber auf den Beinen, nachts die Gespräche, das war meine Rückkehr in die Probleme der Heimat.

Eines der Wahrzeichen Leipzigs allerdings habe ich damals nur im Vorbeifahren flüchtig gesehen, das Völkerschlachtdenkmal.

Eine Verabredung am Ende des Tals

An einem Samstag nachmittag fahre ich los, ich verlasse Göttingen in westlicher Richtung, löse mich von der Sohle des Leinetals und quäle das Auto die Bundesstraße drei hinauf. Motor und Getriebe beginnen zu mahlen, aber endlich habe ich es geschafft, endlich bin ich auf dem Plateau angekommen, habe zweimal die in Serpentinen angelegte Trasse der Bahn nach Dransfeld und Münden geschnitten, bin an zwei alleinstehenden Wirtshäusern vorübergefahren, in denen Fuhrleute gerastet und übernachtet haben, als eine Tagesstrecke noch nicht viel mehr als dreißig Kilometer betrug, und die heute als schäbige Zeugen früheren Handels und Wandels dicht an der Straße und doch sehr weit ab liegen. Auf der von Leine, Werra und Weser begrenzten Hochebene verlasse ich die Bundesstraße kurz vor der kleinen Stadt Dransfeld, deren berühmtester Sohn der heute gleichwohl unbekannte Kapellmeister und Musiker Johannes Jeep ist. Ich biege nach links ab. Wieder führt die Straße bergan, beiderseits sehe ich Wiesen und Äcker. Nebel treibt durch den Hochwald. Diese Gegend ist einsam. Hier oben, das weiß ich, leben keine fröhlichen Menschen. Wer hier hergehört, dem vergeht das Lachen zeitig.

Dann knickt die Straße ab, rechts einige Gebäude, links ebenfalls, die heißen Hägerhof und Hoya, an dieser Stelle befand sich vor fünfhundert Jahren ein Dorf, längst verschwunden, bis auf diese drei, vier schäbigen Häuser, die zwei Güter mit fünfunddreißig und sechzig

Hektar Land aus dem Besitz des Jühnder Freiherren markieren. Aber was ist das schon, einige zig Hektar, wenn die Böden schlecht, letzte und vorletzte Güteklasse sind.

Rechterhand schiebt sich der Hohe Hagen ins Bild, eine Basaltkuppe, mit fünfhundertacht Metern die höchste Erhebung Südhannovers, von der Goethe achtzehnhunderteins sagte:

Freitag, am vierzehnten August, nachmittags in Dransfeld. Daselbst die Basaltbrüche besucht und den Hohen Hahn, platt Hauhen Hohn, bestiegen, auf welchem man die schönste Aussicht genießt. So sieht man zum Beispiel den Brocken, den alten Hanstein, das Schloß Berlepsch, zwei Gleichen in ihren Ruinen, Göttingen mit den umliegenden Dörfern, den Hainberg, hinter demselben die waldigen Harzgebirge, sodann Northeim und die Pleßburg, ferner die Gegend von Hameln und Holzminden.

Fast will es scheinen, als habe Goethe eine Tradition begründet. Denn noch heute kann einem dort oben die seit Jahrzehnten hartnäckig durch Witz und Karikatur geisternde kinderreiche Professorenfamilie begegnen. Freilich: das Völkchen kommt jetzt im Auto.

Und zwanzig Jahre danach stieg ein anderer auf diesen Berg, brachte blitzende Geräte aus Messing mit, stellte sie auf einer Lichtung auf. Das war dann schon Gauß, der daran ging, die Entfernung zur Sternwarte Altona zu messen, genauer: zu berechnen, einmalig exakt die Ergebnisse, und wer kennt heute nicht die trigonometrischen Punkte. Ich stelle mir den Professor aus Göttingen vor, wie er in widerlicher Kälte, bei schneidendem Wind auf dem Berg die Geräte richtet, und achtzig Kilometer im Osten, auf dem Brocken, warten

Helfer auf sein Zeichen, einen gebündelten Sonnenstrahl. Wie hat man sich damals verständigt, wie war man zu gleicher Zeit so weit voneinander entfernt zur Messung bereit, ohne Telefon. Denn die Sicht ist selten klar, und man muß die Tage abpassen. Heute steht auf dem Hohen Hagen der Gaußturm, ein überdimensionaler Finger aus Beton.

Die Straße beginnt abzufallen, führt erst an eingedrahteten Weiden, Zeichen für steinigen Boden, dann an frischgepflügten fettig glänzenden Äckern vorbei, aber was wächst hier schon. Der gute Eindruck täuscht. Wenn im Leinetal der Schnee geschmolzen ist, wenn ich unten in Göttingen schon über trockene Straßen gehe, liegen die Wehen hier noch einen Meter oder höher, drei, vier, fünf Wochen lang. Rechts sehe ich einen Berg, den Roten, der Denkstein am Feldrand ist zu erkennen, vor zwölf Jahren pflügte einer am Sonntag, aber die Strafe kam schnell, in den Stein ist eine Wolke gemeißelt, aus der ein Blitz schlägt. Das hat keiner in der Gegend vergessen.

Nun komme ich über einen Hügel, biege um eine Waldecke, gewinne freien Ausblick, und schon liegt das Dorf unter mir, in einem flachen Talkessel, dessen Ränder bewaldet sind: das ist Jühnde, hier wurde Sohnrey geboren. Ich kenne seine Bücher. Es überrascht mich nicht.

Ich weiß ja: Sohnrey, Verfasser der Bücher *Hütte und Schloß*, *Friedesinchens Lebenslauf*, *Der Bruderhof*, *Wulf Alke*, aber auch von Schriften wie *Wegweiser für das Land*, *Landflucht ist Volkstod*, *Der Gemeindeabend*, Herausgeber der *Deutschen Dorfzeitung*, der *Dorfkirche*, Gründer der Deutschen Landbuchhandlung in Berlin, wurde achtzehnhundertneunundfünfzig in Jühnde geboren und starb neunzehnhundertachtundvierzig in Neuhaus am Solling.

Bevor ich losgefahren bin, habe ich ein Buch gelesen, *Tausendjähriges Jühnde*. Und dieses Dorf liegt vor mir, liegt unter mir so: achthundert Einwohner, hundert Schulkinder, dreißig Vollbauern, ein Freiherr, drei Lehrer, kein Pfarrer, hundertneunundzwanzig Wohnhäuser, ein Fünfzehnhunderthektargut, ein Schloß, eine Kirche, eine neue Volksschule.

Auf schlechtgepflasterter Straße, Basalt, der noch immer vom Hohen Hagen kommt, fahre ich zur Dorfmitte. Dort stehen zwei, drei Leute, immerhin ist Samstag, sie sehen nach meiner Autonummer. GI wie Gießen, das werden sie sich nicht erklären können. Wo von der Straße die Einfahrt zu Gut und Schloß abzweigt, am Thie, dem alten Versammlungsplatz niedersächsischer Dorfbevölkerung, lenke ich das Auto auf einen schmalen Grasstreifen, steige aus, schließe ab. Dann gehe ich bis zum Torgebäude, der Name Deputathaus weckt Erinnerung an feudale Zeiten. Links hängt weit oben an der Mauer ein Schild, das Unbefugten den Zutritt verwehren soll, aber ich gehe schon über das Kopfsteinpflaster in den mehr als hundertfünfzig Meter langen Gutshof mit seinen verwitterten Scheunen und Ställen, dem Brauhaus im Hintergrund, dem teichgroßen unordentlichen Misthaufen in der Mitte, dem weißschimmernden Pächterhaus aus Fachwerk. Da ich niemanden auf dem Hof sehe, klingle ich. Ich höre Klaviermusik, muß lange warten und sehe mir das Schloß an. Dann geht über mir ein Fenster, und ich frage nach dem Sohnrey-Archiv. Im Schloßturm. Aber dort sei niemand. Doch da kommt auch schon meine Verabredung über den Hof, eine ältere Lehrerin der Sohnrey-Schule, wie könnte es anders sein. Aus meinem Buch weiß ich, daß sie Leiterin des Archivs und Ortsheimatpflegerin ist.

Wir treten in den Schloßhof, und sogleich weist sie mich auf den Park hin, die vielhundertjährigen Blutbuchen, den See, die Allee, durch die man schattigen Hauptes in den nahen Forst gelangen könne, um dort stundenlang zu wandern. Ein Greis schiebt einen Karren aus dem Park, grüßt, hat die Mütze vom Kopf gerissen. Ich erfahre, während wir uns auf geteertem Weg dem Turm nähern, daß der Freiherr einunddreißig Jahre alt ist, verheiratet, zwei Kinder. Ich vergesse zu fragen, wie er von den Bauern angeredet wird. Ein Rauhhaardackel bellt uns an, verbellt uns, würde der Freiherr wohl sagen. Der Hund haust in einem umgelegten Bierfaß neben der Tür, Diogenes nennt ihn meine Begleiterin. Am Turm angekommen, sagt sie: Voriges Jahr ist mir der Blitz reingeschlagen. Der dreißig Meter hohe Turm hat acht Stockwerke, die früher den Zehnten der Dörfer Jühnde und Barlissen aufnahmen. An der Ablösung des Zehnten und aller Hand- und Spanndienste zahlten die Jühnder Bauern bis ins Jahr achtzehnhundertachtundneunzig, in anderen Dörfern bis zur Novemberrevolution. Heute ist auf dem ersten Zwischenboden das Archiv untergebracht. Durch eines der schmalen Fenster dort wird mir der alte Verlauf des Burggrabens gezeigt, den die Bauern achtzehnhundertsechs in Hand- und Spanndiensten zuschütten mußten, nachdem ihre Vorfahren ihn in gleichen Diensten, und sinnvoller, will mir scheinen, vor Jahrhunderten ausgehoben hatten. Solche Art Dienstleistung war noch über die Mitte des letzten Jahrhunderts hinaus üblich. Das vergißt sich nicht so schnell. Da bleibt was zurück im Verhältnis zwischen Hütte und Schloß.

Oben im Sohnrey-Archiv. Haben Sie viel Zuspruch, kommen viele Besucher, frage ich. Ganze Reisebusse müssen öfter als ihr lieb ist geführt werden. Später legt sie mir das Gästebuch vor. Die letzte Eintragung wurde vor drei Monaten gemacht.

An der weißgetünchten Wand hängt ein Ölbild. Es ist nicht Bismarck, wie ich annahm, Professor Sohnrey, sagt sie. Und zwei Doktortitel hat er gehabt, ehrenhalber. Und auf dem Gut der Kaiserin in Ostpreußen hat er Ferien gemacht, das war schon was. Ich frage, wer das Archiv unterhält. Ach, ich kriege nichts und will auch nichts, Strom entfällt, einmal im Jahr wird der Boden gescheuert, das bezahlt die Gesellschaft, Miete ist umsonst. Der Freiherr ist großzügig, sage ich. Sohnrey hatte Verbindung zur Familie, sagt sie und sieht mich mit schräggelegtem Kopf an, der damalige Freiherr war sein Vater, die Mutter war eine hiesige Halbkötnerstochter. Das muß, denke ich, ein Rest Recht der ersten Nacht gewesen sein, und die Mutter als Dienstmädchen im Schloß, wie einfach. Sohnrey, fährt sie fort, hat das nie verwunden, bis ins hohe Alter hat er gesagt, sein Vater sei vor der Geburt gestorben, erst in *Wulf Alke* wurde er deutlicher:

Schöne Jahre hatte Bertine im Schloß verlebt, sehr bittere Jahre waren seither gefolgt. So etwas hätte ich nie und nimmer von dir gedacht, Bertine, hatte die alte Erlauchte, die Gräfinmutter, beim Abschied bekümmert und ahnungslos gesagt, ein so adrettes Mädchen wie du immer warst – und hatte noch hinzugesetzt: Nun will ich nicht härter sein als die Dämmerung, die ihre Schleier über dich werfen möge, wenn du gehst. Und in der Dämmerung war Bertine auf einem grasverwachsenen Umwege davongegangen, ohne sich in ihrer verzweifelten Lage zu verteidigen und ohne Ihre Erlaucht darüber aufzuklären, wer die Lenzveilchen im Schloßgarten gepflückt hatte.

Ich stelle mir vor, mit welchen Gedanken der junge Sohnrey das Schloß, von jeder Stelle des Dorfes aus erkennbar, angesehen hat.

Aber die meisten Fenster waren ohne Licht, schrieb er viel später, nur drei oder vier in der Nähe des Turmes strahlten in hellem Glanze. Hier wohnt die verwitwete Gräfinmutter, die alte Erlaucht, wie sie als Tochter eines fürstlichen Standesherrn gemeinhin genannt wurde. Zur gräflichen Herrschaft gehörten drei Rittergüter, die sich über verschiedene Landschaften verteilten. Die Fürstentocher lebte am liebsten im Schlosse zu Wulweshagen, dem eigentlichen Stammsitz des gräflichen Geschlechts, denn das Schloß war reich an auserlesenen Kunstschätzen, und an seinen herrlichen Park schlossen sich stundenweit Wälder über Berg und Tal, der junge Graf von Wulweshagen pflegte, wenn er nicht in diplomatischen Diensten im Ausland weilte, mit seiner stolzen Frau, einer englischen Lordstochter, meistens auf einem seiner anderen Güter zu wohnen.

Dies die Szenerie. Die Gesetze, die Sitten lassen sich ahnen, denen Sohnrey die Narbe verdankte. Verzückt sah der Kleine nach den leuchtenden Fenstern hinauf, erinnert er sich in *Wulf Alke*, seine Augen leuchteten, ein tiefes Wünschen sprach aus ihnen. Die Mutter achtete mehr auf den glitschigen Weg und mahnte den Jungen wiederholt zur Vorsicht, offenbar um seine Augen von den Schloßfenstern abzulenken. Denn sie fürchtete seine Fragen, mit denen er sie schon oft in Verlegenheit gebracht hatte.

Aber in jener erlöschenden Feudalzeit war Sehnsucht

allein nicht nutzbar, wurde Sohnrey Lehrer, das war schon viel für den Sohn einer ledigen Tagelöhnerin, wurde Professor, das war sehr viel, aber Freiherr wurde er nicht. Alles, was er noch wurde und bekam, erschrieb er sich mit ungelenk, aber fleißig geführter Feder. Es war viel und war wenig, und drei Jahre nach dem letzten Krieg ist er im Solling gestorben, ganz arm.

Unten knarrt die Tür. Hoffentlich sind wir nicht eingeschlossen, sagt die Begleiterin und lacht. Aber ich sehe Tageslicht im Treppenschacht. Dann war es der Baron, sagt sie, dann hat er nachgesehen, wer im Turm ist. Nun steigen wir zu einer Galerie hinauf, treten vor einige niedrige Schränke, ich bekomme eine riesige Stablampe in die Hand gedrückt. Das Archiv, sagt sie und schließt die Schränke auf. Fünfzig Bücher modern in feuchter Luft einem stillen Tod entgegen. Ich stehe vor den gesammelten Ausgaben eines Mannes, dessen Bücher vor wenigen Jahrzehnten Auflagen von hunderttausend und mehr erreicht haben. Aber ganz müssen wir bei solchem Sturz nicht auf Trost verzichten, alte Leute kommen von Zeit zu Zeit in die Stadtbücherei Göttingen und verlangen ihren Sohnrey, gegen die Aussortierung der zerlesenen Bände haben sie Protest erhoben, bis *Friedesinchen* und *Hütte und Schloß* wieder zur Stelle waren.

Seine schöngeistigen Werke sind heute nur noch für Kinder gut, sagt die Archivarin, betonen Sie nicht so sehr den Dichter Sohnrey, wichtiger ist der Landreformer. Und schon hat sie mir einen Folianten in die Hand gedrückt, ich lese *Deutsche Dorfzeitung*, vereinigt mit dem *Deutschen Dorfboten*. Der Landreformer Sohnrey, fährt sie fort und sucht etwas zwischen den Büchern, hat die Dorfgemeinschaftshäuser vorausgesehen, die Landflucht bekämpft, Sitte und Brauchtum bewahrt: da war er ganz aktuell schon damals. Nach einer Weile ergänzt sie: Er war mit Raiffeisen befreundet.

Ich schlage das Schmutzblatt der *Dorfzeitung* auf und lese: Heinrich-Sohnrey-Archiv Inventarnummer dreiundvierzig. Und weiter: Diese Zeitungen wurden gesammelt und der Heinrich-Sohnrey-Gesellschaft für das Archiv zugeeignet durch Karl Jünemann, Hauptlehrer in Bühren. Den Einband stiftete Diplomlandwirt Adalbert Jansen, Klostergut Bursfelde.

Inzwischen hat die Archivarin einen Stapel Bücher ausgewählt: Die müssen Sie lesen. Ich nehme die Bücher gehorsam unter den Arm. Als wir wieder unten in der Halle stehen, leuchtet sie die Bilder an. Zwischen Sohnreys Rötelzeichnungen und Porträts hängt das Foto eines Mannes mit breitem Schädel: Das ist mein Vorgänger, er hat sich um das Archiv verdient gemacht, diesen Ehrenplatz hat er sich mühsam erschuftet.

Endlich treten wir wieder ins diffuse Novemberlicht, es nieselt, Achtung die Bücher, sagt sie, irgendwo kratzt ein Besen, und von der Wiese jenseits des Parks dringt Kinderlachen und Hundebellen in den Schloßhof, auf dem jetzt ein weißer Alfa Romeo parkt. Aus dem ersten Stock des Pächterhauses grüßt uns eine Frau. Meine Begleiterin ruft: Sie müßten für Ihren Käsekuchen einen Orden bekommen. Orden für Käsekuchen, diese Möglichkeit kommt mir unwahrscheinlich vor. Andererseits gibt es in Jühnde den zweiundachtzigjährigen Holzhauer August Küster, der nach siebenundsechzig Jahren ununterbrochener Tätigkeit im Forst des Gutes für seine treuen Dienste mit dem Bundesverdienstkreuz geehrt worden ist. Die Archivarin sagt: Dem Pächter geht es gut, er sitzt hier in der zweiten Generation auf sechshundertzwölf Hektar Wiesen und Ackerland, der Freiherr bewirtschaftet achthundertfünfzig Hektar Wald in eigener Regie und ist auch schuldenfrei, seine Familie gibt es seit dreihundertvier Jahren hier am Ort. Früher kam das Gesinde um zwei in der Nacht aus den Betten, um zu dreschen. Wissen wir. An zwei Tagen in der Woche mußten die Bauern Hand- und Spanndienste leisten. Wissen wir alles. Wir gehen durchs Dorf, vorbei am Pfarrhaus, in dem kein Pastor mehr wohnt, seit der letzte gestorben ist, betrachten ein neugebautes Bauernhaus, achtzig Hektar durch Zupachtung, sagt die Archivarin, sehr moderne Leute, Sohnrey hätte seine helle Freude an ihnen gehabt.

Schließlich bleiben wir stehen, und sie sagt: Hier ist früher die Beeke geflossen, und das da, sie streckt ihre Hand aus, das ist unser Sohnrey-Haus. Und schon lese ich die Marmortafel, die am Fachwerk hängt: Heinrich Sohnrey Geburtshaus achtzehnhundertneunundfünfzig bis neunzehnhundertachtundvierzig. Diese Art Tafeln kenne ich aus Göttingen, dort erinnern sie an Bürger, Hölty, Lichtenberg, Heine, die Grimms. Und an Goethe, denn wo war der nicht. Wir stehen also vor dem Stammhaus der Sohnreys, der Lindenhütte, wenn auch die Linde nicht hier, sondern seit Jahrhunderten vor der Kirche geblüht hat, wenn hier auch nie, trotz aller Versuche der Sohnrey-Gesellschaft, eine Linde hat heranwachsen wollen.

Die Archivarin sagt: Ganz im Vertrauen, Sohnrey ist hier gar nicht geboren. Das kann Ihnen jeder im Dorf sagen. Sein Geburtshaus steht nicht mehr. Aber behalten Sie das für sich.

Erst im Alter ist Sohnrey frei genug gewesen, über sein Herkommen zu reden und über den angeblichen

Makel einer ledigen Mutter, die von der Familie fallengelassen worden war: So lag es nahe, daß Bertine in ihrer Not, vom Vater verstoßen, von der Mutter beseufzt, zuvor bei der Freundin und Base Zuflucht suchte. Und die Tür des Hirtenhauses tat sich weit vor ihr auf. Sie wurde mit offenen Armen aufgenommen und getreulich beherbergt. Im Ulenwinkel im Hirtenhause also wurde er geboren, den sie dann im Dorfe den kleinen Grafen nannten, wie er dort auch seine ersten Kindheitsjahre verlebte.

Ein alter Mann mit vollem rotem Gesicht, Zeugnis für die Zuträglichkeit des Landlebens, kommt an den Zaun, wir schütteln uns die Hände. Der Herr will über Sohnrey schreiben, sagt die Archivarin, dürfen wir mal rein. Ich bekomme die drei Stuben oder Kammern der Lindenhütte zu Gesicht, in denen Sohnreys Großeltern mit zehn Kindern lebten, wir wissen schon wie. Heute steht ein Fernsehgerät neben dem Ölofen, hellgelbe Sessel von Bono aus Göttingen füllen den Raum, dünne Gardinen schirmen ihn ab. Stolz zeigt uns der Hausherr auch noch den kleinen Stall und die Scheune. So haben die damals gelebt, sagt er, aber heute, wer will heute noch Landwirtschaft machen. Vor dem Haus sagt meine Begleiterin: Hier floß früher die Beeke, im Winter war alles vereist, man konnte sich leicht das Genick brechen.

Jetzt zeige ich Ihnen noch etwas Besonderes, fährt sie dann fort und führt mich durch eine Gasse vor ein ebenerdiges Gebäude, dessen Kellergeschoß in den Hang über der Straße gegraben ist.

Wir stehen vor Friedesinchens Hütte. In *Hütte und Schloß* und später auch in *Friedesinchens Lebenslauf* hat Sohnrey das armselige Leben seiner Tante, einer unverheiratet gebliebenen Tagelöhnerin, geschildert.

Der Weißbinder, dem Friedesinchens Haus nun gehört, trägt eine weiße Hose. Er kommt die Steintreppe herunter, bezeichnet Sohnrey als seinen Großonkel und entschuldigt sich auch gleich: das Haus habe er diesjahr nicht herrichten können. Dabei sieht das Fachwerk frisch gestrichen aus. Er wird an der Berufskrankheit der Anstreicher leiden, dem manischen Drang, die Welt einzufärben, vor allem die eigene. Die Ziege könne er nicht mehr wie weiland Friedesinchen vom Bett aus im Stall stehen sehen. Er besäße keine, und die Zimmer hätten einen dauerhaften Estrich, keine löchrigen und verfaulten Dielen. Aber sonst, sagt er und dreht sich zum Haus, sonst gibts noch allerlei zu tun.

Auf dem Weg zurück zum Auto passieren wir das Amtshaus, und als die Archivarin sagt, daß Sohnrey als Kind auch hier gewohnt habe und dann noch da und dort in einer Hinterstube, da will mir scheinen, er hat damals jedes der hundertneunundzwanzig Häuser ausprobiert, mit der frühen Neugier des kommenden Schriftstellers, aber in Wahrheit, wir können es nachlesen, hatte die ledige Mutter es schwer, eine Wohnung zu finden in jenem Dorf, zu jener Zeit:

Sie erhielt die rechte Hälfte der Stube, nämlich die an den beiden zugigen Fenstern, während die Brennmeistersche sich auf die wärmere linke beschränkte, an der auch ihr Bett stand. Die Kammer war zu klein und zu voll von Truhen und Gerümpel, Bertine mußte deshalb ihr Bett, in dem sie mit ihrem Kinde schlief, ebenfalls in der Stube aufschlagen. Ein tischbreiter Raum blieb noch zwischen den Betten.

Die Brennhexe aber, schreibt Sohnrey weiter, wurde immer tückischer. Moltaus Ziege gab soviel Milch, daß die Frau sie kaum allein bewältigen konnte. Trotzdem verfuhr sie nach ihrer anfänglichen Freigebigkeit immer spärlicher damit, und wenn Bertine, die ihren dünnen Kaffee schwarz trank, um eine Tasse Milch für den Jungen bat, hieß es regelmäßig, dann müsse sie auch für die Ziege mehr krauten. Die so Geplagte fügte sich in die Zwangslage, ging vor Tau und Tag in die Wälder oder nach den Hecken und Hörsten und trug Kraut wie Dürrholz auf dem Rücken nach Hause. Als es einmal über den Kleinen einen kurzen Wortwechsel gab, zog die Brennhexe mitten durch die Stube und zwischen den beiden Betten hin einen dicken Kreidestrich und bestimmte keifend, über den Strich dürfe der Bastard nicht mehr herüberkommen.

Wieder gehen wir über den weiten Gutshof, der leer in der einsetzenden Dämmerung liegt. In einem der Ställe schreit ein Mann das Vieh an. Das Pächterhaus ist dunkel, im Schloß sind fünf Fenster erleuchtet.

Im vorigen Jahrhundert dienten auf dem Gut mehr als fünfzig Mägde, Knechte, Bediente und Mamsells. Aber das ist lange her, diese Zeiten sind lange vorbei, und wenn der Freiherr einen Alfa Romeo fährt, so stehen im Dorf Ford und Opel in den Scheunen, und wenn der Freiherr achthundertfünfzig Hektar Wald besitzt, so hat er doch auch Schwierigkeiten, sein Holz an den Käufer zu bringen.

Durch eine Pforte am Brauhaus verlassen wir das Gut, wir befinden uns auf dem alten nicht mehr benutzten Friedhof neben der Kirche und stehen nach zwanzig Schritten vor dem Grab Sohnreys. Auf einem Findling nur Name, Geburts- und Todestag. Ich muß den Stein mit Salz abwaschen, sagt die Archivarin. Sohnrey liegt hier mit einer Sondergenehmigung, erst war er in Neuhaus begraben, wir haben ihn uns aber geholt, die Gesellschaft hat ihn überführen lassen. Zuerst ist der Oberkreisdirektor in Northeim dagegen gewesen, weil er ihn gern selbst behalten hätte, er hatte schon eine Waldwiese ausgesucht. Aber dann hat er ihn doch noch rausgegeben. Und hier gehört er ja auch hin. Welche Aufgaben, frage ich, hat nun die Sohnrey-Gesellschaft sich gestellt. Die Aufrüstung des Dorfes, sagt sie, Kultur. Sie wissen das so gut wie ich, es sieht schlimm aus. Ich gebe ihr die Hand und bedanke mich.

Am Ortsausgang muß ich wegen der Steigung in den zweiten Gang zurückschalten, und mir fällt ein, daß dies der Krähenkamp ist, daß hier früher die Krähenhütte stand, ein winziges Altenteilerhaus, in dem Sohnrey mit seiner Mutter viele Kindheitsjahre verbracht hat. Was für eine Kindheit. Wenn einer so zur Welt kommt, in eine Welt wie die von damals, mit Hand- und Spanndiensten, mit Knechten, für die kurz nach Mitternacht der Tag beginnt, mit Freiherren und armen Schluckern, mit dem Schloß vor Augen, in das er nicht einziehen kann, weil die Mutter nicht auf der gleichen Sprosse der Leiter steht wie der Vater, wenn einer das so erlebt, wie es Sohnrey wohl erlebt hat, muß er dann schreiben, wie Sohnrey schrieb.

Als ich die beiden Güter Hoya und Hägerhof im Scheinwerferlicht sehe, fällt mir ein, was Sohnrey in *Wulf Alke* an geheimen Wünschen ausgesprochen hat, spät erst, als Achtzigjähriger: Zu dem Kleinen aber, der ihr nun je länger je mehr im Wege war, sagte die Brennmeistersche, wenn die Mutter es nicht hörte: Dein Vater hat drei große Rittergüter, geh und laß dir wenigstens eins davon vermachen.

Vielleicht hat Sohnrey geglaubt, er würde eines Tages doch noch in die freiherrliche Familie aufgenommen werden. Gewünscht hat er es sicher; genützt hat sein Wünschen nicht. Arm, so arm, daß er nach Jühnde schrieb, man möge ihm zwei oder drei seiner Bücher schenken, ist er drei Jahre nach dem Krieg in einer Dachkammer in Neuhaus am Solling gestorben. Ein Enkel soll dort noch als Buchhändler leben.

III

Meine Gedichte

Gedichte haben mir immer sehr viel bedeutet. Der Eigenart ihrer Bilder, ihrer Sprache, ihrer Dichte bin ich schon als Kind begegnet, durch Vermittlung des Vaters.

In den trüben trostlosen Jahren des Nachkriegs, als er, blaß und abgemagert wie vorher nicht und nachher nie wieder, Landarzt in Frohburg war, kam mein Vater immer erst am späten Abend zerschlagen von seinen Besuchstouren auf die Dörfer zurück: das Elend, die Verwirrung, die Verzweiflung, die er wieder gesehen, erlebt hatte.

Und doch las er noch stundenlang, halbe Nächte hindurch, nie habe ich seinen Nachttisch frei von Büchern gesehen; Ernst v. Salomon, Heinrich und Thomas Mann, Konstantin Simonow, Eugen Kogon, Theodor Plivier und vor allem die Gedichte, die Gedichtbände in ungeordneten Stößen und Stapeln, die zu kleinen Bergen auf dem Bettvorleger wurden; jede Broschüre, jedes Buch mit der brennenden Hoffnung auf Antwort, Erklärung, Wahrheit in die Hand genommen, nach tausend stockfinsteren Jahren, in denen man studiert, eine Familie gegründet, gearbeitet hatte; erst als sie vorbei waren, erkannte man ihre ganze Schwärze und erschrak.

Neujahrstag neunzehnhundertsiebenundvierzig. In der frühen Dämmerung sah ich vom Erker aus, wie der menschenleere weite Marktplatz unter Neuschnee verschwand. Leise trat mein Vater ins kalte Zimmer und setzte sich zu mir. Ohne jedes weitere Wort sagte er langsam zwei oder drei Mal Heinrich Heines Gedicht über die Kindheit auf.

Mein Kind, wir waren Kinder

Mein Kind, wir waren Kinder,
Zwei Kinder, klein und froh;
Wir krochen ins Hühnerhäuschen,
Versteckten uns unter das Stroh.

Wir krähten wie die Hähne,
Und kamen Leute vorbei –
Kikereküh! sie glaubten,
Es wäre Hahnengeschrei.

Die Kisten auf unserem Hofe,
Die tapezierten wir aus,
Und wohnten drin beisammen,
Und machten ein vornehmes Haus.

Des Nachbars alte Katze
Kam öfters zum Besuch;
Wir machten ihr Bückling und Knickse
Und Komplimente genug.

Wir haben nach ihrem Befinden
Besorglich und freundlich gefragt;
Wir haben seitdem dasselbe
Mancher alten Katze gesagt.

Wir saßen auch oft und sprachen
Vernünftig, wie alte Leut,
Und klagten, wie alles besser
Gewesen zu unserer Zeit;

Wie Lieb und Treu und Glauben
Verschwunden aus der Welt,
Und wie so teuer der Kaffee,
Und wie so rar das Geld!

Vorbei sind die Kinderspiele,
Und alles rollt vorbei –
Das Geld und die Welt und die Zeiten,
Und Glauben und Lieb und Treu.

Ich hörte die alltäglichen Worte, wie von der nächsten Straßenecke, aber was sie zu sagen imstande waren, auf welche Weise. Nie habe ich in den weiten verlockend funkelnden Bereichen des Geschriebenen, des Gedruckten mehr Schönheit und größere Wahrheit gesehen als beim ersten Blick.

Heine hat die Verse, als achtunddreißigstes Gedicht der *Heimkehr* im *Buch der Lieder* zu finden, wohl achtzehnhundertdreiundzwanzig geschrieben, in der Handschrift sind sie der geliebten jüngeren Schwester Charlotte gewidmet, an die sich der Text wendet.

Dauernde Kopfschmerzen, die Relegation in Göttingen, ein unwilliger Onkel als Geldgeber, dessen Tochter Amalie und die unglückliche Liebe zu ihr, Anfeindungen des noch ungetauften Juden, der große Ausweg Paris in immer weiterer Ferne; die Verbindung zwischen Heines persönlicher und der allgemeinen Misere der Metternich-Zeit legte einen Blick zurück auf den in Düsseldorf verbrachten Lebensabschnitt nahe, als Bruder und Schwester noch *zwei Kinder, klein und froh*, waren. Dennoch überrascht die Intensität der Rückwendung, der Grad des Leuchtens jener ersten Jahre.

Mit dem lässigen Luxus einer angeboren musikalischen Sprache und dem überströmenden Reichtum an einfachen Bildern, der die Wirkung Heinescher Lyrik für mich so groß und geheimnisvoll macht, wird eine Reihe kindlicher Unternehmungen in einer Umgebung geschildert, wie sie den in unseren Nordweststädten aufwachsenden Kindern nicht im Traum mehr zur Verfügung steht: es gab einen Hof, das Hühnerhaus, einen Hahn wahrscheinlich, Stroh, Kisten, eine Katze, auch *kamen Leute vorbei*.

Und diese Teile einer doch eigentlich erwachsenen Welt sind den Kindern, ihren Spielen, die Hang und Zufall erzeugen, freigegeben, die Kisten können tapeziert und bewohnt werden, man darf ins Häuschen und unter das Stroh kriechen, die Passanten ankrähen. Von Aufsichtspersonen ist nicht die Rede. Wenn das kein Paradies war, heute wäre. Die Verzauberung wächst mit dem Abstand. Aber Heine bleibt nicht bei der Schilderung einer Idylle, wie tief auch immer empfunden, stehen, er singt nicht nur das Lied auf die strahlenden Tage der Kindheit und auf die erregende Spannung, mit der man die Welt erst erfährt und dann aus sich heraus darstellt. Das Leben, sein Leben, ist ja weitergegangen, *vorbei sind die Kinderspiele*, die Schwester hat geheiratet, und er, der junge schon berühmte Dichter, sieht als Bindungsloser, Ausgehaltener den Abgrund zwischen der Kinderwelt und dem, was jetzt um ihn ist oder nicht ist, laufend größer werden.

So erkenne ich in der letzten Strophe nicht bloß die ironische Schlußwendung à la mode, die Zerstörung der Illusion, sie scheint mir, soll das Gedicht nicht eine schöne Lüge bleiben, der unbedingt nötige Kontrapunkt für die Wahrheit des Ganzen zu sein. Wie eng hohe Welle und tiefes Tal, Freude und Schmerz zusammengehören, hat gerade Heinrich Heine sehr früh und später immer besser gewußt.

Heines *Mein Kind, wir waren Kinder* ist eines der ersten Gedichte gewesen, die ich kennengelernt habe, es ist mir immer vertraut und nahe geblieben, gerade weil es Kindheit zum Thema hat.

In diesen Umkreis unserer frühen Jahre gehört für mich auch ein Gedicht, das beinahe hundert Jahre später geschrieben wurde und das ich Mitte der sechziger Jahre gefunden habe. Es verwendet ganz andere Bilder und zeichnet eine ganz andere Stimmung, Verfasser ist Georg Trakl, der im November neunzehnhundertvierzehn unter dem Eindruck der ersten Schlachten des ausgebrochenen Krieges freiwillig aus dem Leben gegangene Dichter aus Salzburg.

Kindheit

Voll Früchten der Holunder; ruhig wohnte die Kindheit
In blauer Höhle. Über vergangenen Pfad,
Wo nun bräunlich das wilde Gras saust,
Sinnt das stille Geäst; das Rauschen des Laubs.

Ein gleiches, wenn das blaue Wasser im Felsen tönt.
Sanft ist der Amsel Klage. Ein Hirt
Folgt sprachlos der Sonne, die vom herbstlichen Hügel
rollt.

Ein blauer Augenblick ist nur mehr Seele.
Am Waldsaum zeigt sich ein scheues Wild und friedlich
Ruhn im Grund die alten Glocken und finsteren Weiler.

Frömmer kennst du den Sinn der dunklen Jahre,
Kühle und Herbst in einsamen Zimmern;
Und in heiliger Bläue läuten leuchtende Schritte fort.

Leise klirrt ein offenes Fenster; zu Tränen
Rührt der Anblick des verfallenen Friedhofs am Hügel,
Erinnerung an erzählte Legenden; doch manchmal
erhellt sich die Seele,
Wenn sie frohe Menschen denkt, dunkelgoldene
Frühlingstage.

Leise klirrt ein offenes Fenster. Überhaupt scheinen die Fenster große Bedeutung zu haben für jemanden, der gleichsam neu in der Welt ist und sie erkunden will. Sie sind die Verbindung vom allmählich vertrauten Drinnen zum lockenden oder drohenden Draußen mit seinen Geheimnissen.

Im Werk von Johannes R. Becher gibt es das Gedicht *Meine Kindheit*; auch hier wird ein Fenster erwähnt, freilich eher nebenbei, denn Becher zielt in andere Richtung:

Ich träumte von Schiffen, die gingen
Geflügelt über das Meer.
Die Sonne, Glocke aus Feuer,
Läutete tief im Meer.

Von Rotkäppchen und den Schafen, den sieben,
Hat erzählt die Mutter mir oft.
War ich krank,ist sie wach geblieben.
Erwachte ich unverhofft,

Sah ich, wie sie weinte, die Hände
Faltete sie vor das Gesicht.
Mir war, als wehten die Wände
Und alle Fenster öffneten sich:

Leis tönte die Kommode
Es tönten Stuhl und Tür.
Die Großmutter, die tote,
Spielte Klavier . . .

Mein Vater war Staatsanwalt.
Oft stand er auf morgens frühe.

Warum steht auf nur der Vater so bald?!...
»Das Leben ist Sorge und Mühe«,

Sagte oft die Mutter, ich dachte
Jetzt, fünf Uhr früh, an ihr Wort.
Ich glaubte es nicht. Ich lachte.
Der Vater ging schweigend fort.

Mittags kommt der Vater nach Haus.
Er trägt Zylinder und Frack.
Er legt auf den Schreibtisch feierlich
Einen großen, unheimlichen Akt.

»Vater«, fragte die Mutter, »wie war es denn?!«
»Na, wie Hinrichtungen eben sind –«
Der Vater nahm die Mutter beiseite:
»Pst. Ruhig. Nicht vor dem Kind!«

Der Vater hat den Braten zerteilt.
Der Braten schmeckte ihm gut.
Ich sah an seiner Hand ein Beil,
Seine Augen standen voll Blut.

Satt stand er auf: »Wie steht's,
Hans, mit den Schulaufgaben?!«
Viele haben gemordet wohl, dachte ich,
Weil sie gehungert haben –

Hör eine Glocke, die gellt
Sturm. Es kommt ein Gewitter.
Der Hunger kam in die Welt.
Mauern wuchsen und Gitter –

O Träume der Kindheit, Spiele
Auf Plätzen und lustig Geschrei –
Wie die Blüten, die nachts zerfielen,
Traf mich ein Frost... Vorbei.

Becher, achtzehnhunderteinundneunzig in München geboren, als Sohn eines aufsteigenden Juristen, der es bis zum Oberlandesgerichtspräsidenten brachte, hat in seiner Vaterstadt, in Jena und Berlin Medizin und Philologie studiert, irgendwann in dieser Zeit hat es, mit einer jungen Frau, die seine Geliebte war, den mißglückten Versuch eines Doppelselbstmordes gegeben, Schüsse fielen, aus einem Revolver, die Frau war tot, Becher lebte, vor einer strafrechtlichen Verfolgung hat ihn der Vater bewahrt. Becher schrieb ein Gedicht über das Erlebnis: *Sie ist wie ein Fisch aus dem Bett hochgeschnellt*.

Im Insel Verlag erschienen zwischen neunzehnhundertelf und neunzehnhundertneunzehn mehrere Bände mit expressionistischer Lyrik von ihm, *Verfall und Triumph* ist ein Titel, Anfang der zwanziger Jahre gab es seine Hinwendung erst zur USPD, dann zur Kommunistischen Partei; jetzt besang Becher die Oktoberrevolution und Lenin, er wurde neunzehnhundertachtundzwanzig Mitbegründer des Bundes Proletarisch-Revolutionärer Schriftsteller.

Im Januar dreiunddreißig kam Hitler an die Macht, die Nazis usurpierten das Reich und beherrschten es zwölf Jahre. Becher ging ins Exil, ab fünfunddreißig lebte er in der Moskauer Emigration. Drückende Jahre. Es gab die Verhaftungen, auch unter Emigranten. Er verstand die Sprache nicht und wollte sie nicht lernen. Dabei Sehnsucht nach deutschen Städten, deutschen Landschaften, Anspannung und Zerrissenheit, die zu immer neuen Zusammenbrüchen und Selbstmordversuchen führen.

Im Sommer fünfundvierzig kommt Becher nach Berlin zurück. Er findet ein verwüstetes Land, eine zerstörte Millionenstadt vor, Menschen, die Hunger haben, Flüchtlinge, Ausgebombte, die meisten sind demoralisiert, halb bedrückt und halb erleichtert. In jenem Sommer zwischen Ende und Anfang, als die Zeit stillzustehen schien, schreibt Becher eines seiner schönsten Gedichte. Ein verdunkeltes Bild der Heimat, und dennoch: wieviel Zuneigung.

Deutschland, meine Trauer

Heimat, meine Trauer,
Land im Dämmerschein –
Himmel, du mein blauer,
Du, mein Fröhlichsein.

Einmal wird es heißen:
Als du warst verkannt,
Wurde, dich zu preisen,
Dir ein Lied gesandt.

War, um dich zu einen,
Dir ein Lied geweiht,
Und mit dir zu weinen
In der Dunkelheit...

Himmel schien, ein blauer,
Friede kehrte ein –
Deutschland, meine Trauer,
Du, mein Fröhlichsein.

Das Thema Kindheit im Gedicht. Als ich vergangenen Spätherbst meine alten Eltern besuchte, saßen wir bis in die Nacht zusammen und unterhielten uns über das Leben vor und nach fünfundvierzig in jener Kleinstadt, in der wir alle drei geboren worden waren und die wir neunzehnhundertsiebenundfünfzig verlassen hatten. Dabei kam die Rede auch auf den Balladendichter Börries v. Münchhausen. Er ist der einzige Schriftsteller gewesen, der jemals in der Frohburger Gegend gelebt hat. Erst, von neunzehnhundertzwei bis neunzehnhundertzwanzig, auf Schloß Sahlis, das der Frau Anna gehörte und bei Volljährigkeit an den Stiefsohn überging, dann auf Windischleuba, das eine Hinterlassenschaft der Mutter war. Vom Vater hatte er übrigens drei weitere Rittergüter im Hannoverschen geerbt, eins davon vor den Toren Göttingens.

Münchhausen war es, der mit Hanns Johst und Will Vesper die Sitze in der Sektion für Dichtkunst der Preußischen Akademie der Künste einnahm, die im Februar dreiunddreißig durch Rücktritt oder Emigration Ricarda Huchs, Alfred Döblins und der Brüder Heinrich und Thomas Mann freigeworden waren. Und kurze Zeit später warf er seinem Akademiekollegen Gottfried Benn öffentlich vor, einer der typischsten Vertreter des jüdisch inspirierten Expressionismus zu sein. In seinem Brief an die neugegründete Union Nationaler Schriftsteller behauptete Münchhausen sogar, Benn sei *reinblütiger Jude*, ja er erklärte Benn in einem privaten Brief, dieser müsse nach Namen, Aussehen und Art des dichterischen Werks Jude sein.

Die zwölf braunen Jahre verbrachte Münchhausen auf seinem *Schloß in Wiesen*, auf Windischleuba, manchmal wurde er in Frohburg gesehen, beim Begräbnis des dortigen Schloßherrn oder auf einer Ausfahrt. Der berühmte Dichter, sagten die Leute und guckten dem großen schwarzen Auto nach, er schrieb kaum noch. Schwerhörigkeit, die laufend zunahm und eine Teilnahme an Unterhaltungen bald unmöglich machte. Depressionen. Wochenlang.

Mitte der dreißiger Jahre verbrannte der einzige Sohn bei Halle im Rennwagen, und Anfang fünfundvierzig starb die Frau. Im Februar kam der letzte Besucher, ein Offizier auf dem Rückzug. Das Schloß voller Flüchtlinge, in den Seitengebäuden die ausländischen Arbeiter, die sich zu Wort melden. Abends steigt Münchhausen, siebzig Jahre alt, in den Keller, er holt eine Flasche Burgunder und ein Glas eingemachte Wachteln, noch von Anna, sagt er. Dann sitzen der Gast und der Hausherr lange in der Bibliothek, wie geht es weiter, fragt der Besucher. Münchhausen führt ihn vor eine Kommode mit vier Schubladen: Hier hebe ich die Huldigungen der Politik auf, eine Schublade ist noch frei, für die kommende Macht.

So Münchhausen im Februar fünfundvierzig. Aber keinen Monat später, auf den Tag genau acht Wochen nach dem Tod der Frau, nimmt er Gift.

Das Schloß ist heute Jugendherberge, es gibt keine Tafel, keinen Hinweis auf den ehemaligen Besitzer, seit über vierzig Jahren, sein Leben gelebt, seine Worte verweht, Staub der Geschichte.

An jenem Abend letzten Herbst also erzählte mein Vater, wie kurz nach dem Ersten Weltkrieg der Großvater, Tierarzt von Beruf, aufs Münchhausensche Gut Sahlis gerufen worden war. Als er ankam, lag auf dem Hof ein totes Rind. Großvater untersuchte das Tier, es war an einer Viehseuche gestorben. Der Hausherr und Dichter trat in den Kreis der umstehenden Knechte, was machen wir mit dem Kadaver, fragte er. Sie können ihn draußen im Feld verscharren lassen. Da müssen wir aber tief graben, sagte Münchhausen, sonst kommen die Zigeuner und holen das Fleisch.

Er war als junger Mann mit Zigeunern gezogen und

glaubte Bescheid zu wissen, sagte mein Vater, ging ins Nebenzimmer zum Bücherschrank und kam mit einem der blauleinenen Bücher zurück, die ich kannte, er blätterte im Buch, fand die Seite, die er suchte, mit seiner schönen alten Stimme fing er an vorzulesen:

Als wir rasteten

Im Westen stieg eine Wolkenbank auf,
Als wir im Wirtshaus saßen
Und zu dem kleinen Fenster hinaussahen.
Da war ein Mann,
Der sprach von seinem Hofe und seiner Stube,
In der die Fliegen gegen die Scheiben am Fenster flogen,
Und seine Frau spann,
Und in dem Schaukelbett sein Knabe lag,
Und er sagte, er wäre zufrieden,
Denn das Getreide des Feldes wäre herein,
Der Winter käme bald und der knirschende Schnee,
Und er hätte die heiße Stube, und seine Tochter,
Die wollte ein anderer Bauer heimführen, –
Zwei Tage nach Weihnachten wollten sie backen.
Da war ein anderer Mann,
Der nicht so viel hatte,
Der sagte, er wäre auch zufrieden,
Denn die Weiden wären billig gewesen im Sommer,
Und die Körbe teuer,
Die Rosen hätten so schön in seinem Gärtchen geblüht,
Die er gepflanzt hätte,
Und Holz wäre in seinem Hofe, rechts von der Tür,
Für den ganzen Winter.
Und er sprach von seinen Kindern,
Er hatte sechs,

Und er war sehr, sehr zufrieden! --
Da schirrte Vater den Tivadar
An die alten schlechten Ziehstricke,
Und Mutter nahm Bruder und ihre Pfeife
Und setzte sich ins Wagenstroh.
Ich aber ging daneben
Und zählte immer, immer weiter
Die Bäume an der Straße.
Da war einer, der stand im Graben fast,
Und hatte zu viel Wasser und bloße Wurzeln,
Der ließ die roten und gelben Blätter hängen,
Weil er keinen Boden hatte.
Und ich dachte an die Dorfleute
Mit ihren Häusern,
Und als ich mich umdrehte nach der Schenke,
Glühte der Abend in den Fenstern,
Und blauer Rauch war über dem Schornstein.
Da fielen die ersten Gewittertropfen,
– Wir fuhren in das Gewitter hinein, –
Ich glaube, ich habe geweint.

Das Gedicht ist zusammen mit anderen *Zigeunerliedern* neunzehnhunderteins erstmals veröffentlicht worden, mit den Augen des heimatlosen Kindes werden die Seßhaften, die Dorfleute im Wirtshaus gesehen, die Menschen, Bäume, das Blut und der Boden, wir heute wissen, wohin das später gezielt hat.

Und doch ist das Gedicht nicht ohne Reiz für mich, weil der Vater es liebt vielleicht, ganz sicher aber, weil sich ihm ein anderes gegenüberstellen läßt, das nicht den Blick von draußen nach drinnen, von der Landstraße in die Stuben richtet, sondern das, nachdem das Vertraute mit tiefen poetischen Bildern beschrieben, ja eigentlich erst hergestellt worden ist, von der Erwartung eines Aufbruchs spricht, den, merkwürdigerweise, ein alter Zigeuner verkörpert.

Ich habe das Gedicht, nämlich *Caputher Heuweg* von Peter Huchel, einige Jahre nach meinem Weggang aus der DDR kennengelernt, als ich Heimschüler in Friedberg in Hessen war. Damals fing ich gerade zu ahnen an, daß die Geschichte eines jeden von uns auch die Geschichte seiner Lektüre ist, der Gänge und Streifzüge durch Bücher, in Wochen, Monaten, Jahren, der Antworten, die man auf Sätze, Bilder gegeben hat. Wege in die Literatur, Expeditionen nach eigener Karte, durch episch ruhige oder ausblickreiche aufregende Gegenden, auf große unvergeßliche Stationen und Landmarken zu.

Eine solche hervorragende Station, die selten sein muß, wenn sie wertvoll bleiben soll, befindet sich immer dort, wo Eigenart und Bedeutung des Buches und Bereitschaft des Lesers sich auf eigenartige Weise berühren, so daß es scheint, als sei das Buch für den, der es aufschlägt, geschrieben worden, als habe der Leser auf dieses Buch zugelebt, es ungeduldig erwartet.

Peter Huchels Gedichtband *Chausseen Chausseen* vom Anfang des Jahres dreiundsechzig ist für mich eines jener raren Bücher gewesen und bis heute geblieben.

Gleichweit von jedem modischen Gestus wie von jedem Spruchband entfernt, wirken Peter Huchels Gedichte wie Muster, wie Vorbilder einer Poesie, die das Hochartifizielle und das Einfache verbindet und so Texte hervorbringt, die von größerer sprachlicher, gedanklicher Eigenart und Besonderheit sind und die gleichzeitig allgemeine Dokumente unseres Jahrhunderts und unser aller Geschichte darstellen.

Damals wie heute steht mir, was atemloses, staunendes Zuhören angeht, das Huchelsche Gegenstück zum Zigeunerlied Münchhausens besonders nahe.

Caputher Heuweg

Wo bin ich? Hier lag einst die Schoberstange.
Und schüttelnd die Mähne auf Leine und Kummet
Graste die Stute am wiesigen Hange.
Denn Mittag wars. Bei Steintopf und Krug
Ruhten die Mäher müde im Grummet.
Am Waldrand, wo schackernd die Elstern schrien,
Stand halb in der Erde ein Mann und schlug
Mit Axt und Keil aus Stubben den Kien.
Wann war dieser Sommer? Ich weiß es nicht mehr.
Doch fahren sie Grummet, der Sommer weht her
Vom Heuweg der Kindheit, wo ich einst saß,
Das Schicksal erwartend im hohen Gras,
Den alten Zigeuner, um mit ihm zu ziehn.

Dieses ruhige, genaue und klare Gedicht, eine Jugendarbeit Peter Huchels, gibt den Blick auf ein brandenburgisches Arkadien des Alltags, wie Kinder und Dichter es sehen. In ihm wird vieles von dem vorgewiesen und miteinander verbunden, was uns von Anfang an beschäftigt hat, woran unser Herz hängengeblieben ist: die anderen; ihre einfache sinnvolle Arbeit; die Tiere; Natur überhaupt; Jahres- und Tageszeiten; Geruch; das Kind selber, seine Erwartung. Und, als Antrieb zu sprechen, das Bewußtsein vom Ablauf der Zeit. *Wann war dieser Sommer. Ich weiß es nicht mehr.*

Aber auch der den Kinderschuhen Entwachsene, der Ältergewordene hat das Bild noch vor sich oder findet es wieder, Heu wird gefahren, auch jetzt, vom Weg weht der Sommer, die Welt von gestern hat sich in innere Landschaft verwandelt und ist damit zum dauernden, überdauernden Traum geworden, von dem niemand genau weiß, womit er enger zusammenhängt, mit dem Vergangenen, wie wir es erlebt haben, oder mit dem Kommenden, wie unsere Wünsche es zeichnen.

Wir alle kennen diese Art Bilder, wir alle besitzen sie. Wir wissen, sie sterben mit uns, wenn wir sie nicht weitersagen. Indem jedoch der Schriftsteller seine ganz eigene innere Landschaft zusammenfaßt, sie verdichtet, ihr Bedeutung gibt, spricht er nicht allein für sich, sondern auch für die anderen. Denn es ist ein Kennzeichen der Literatur, daß im ausgeprägten Besonderen immer das Allgemeine bereitliegt, in dem der Leser sich finden kann.

Wer dieses Jahrhundert, wer unsere Welt in Worte zu fassen, zu begreifen versucht, hat es nicht allein mit Heuwegen, Erinnerungsfeldern, Bildern und Worten zu tun. Um uns gibt es Niedertracht, Gewalt, Entwürdigung. Die Furcht vor der Wahrheit, die die Mächtigen und ihre Handlanger beherrscht und die, je größer die Macht desto größer die Angst, in dem Bestreben gipfelt, den Reichtum an Gefühlen, Gedanken und Empfindungen auszulöschen, indem man, stellvertretend gleichsam, die Wortführerin Poesie erledigt oder zur hinfälligen Nebensache erklärt, hat auch Peter Huchel erfahren. Was von ihm im Oktober neunzehnhundertzweiundsechzig aufgeschrieben worden ist, liest sich wie die unerläßliche Nachschrift zum *Caputher Heuweg*.

Traum im Tellereisen

Gefangen bist du, Traum.
Dein Knöchel brennt,
Zerschlagen im Tellereisen.

Wind blättert
Ein Stück Rinde auf.
Eröffnet ist
Das Testament gestürzter Tannen,
Geschrieben
In regengrauer Geduld
Unauslöschlich
Ihr letztes Vermächtnis –
Das Schweigen.

Der Hagel meißelt
Die Grabschrift auf die schwarze Glätte
Der Wasserlache.

Der Traum also ein kleines ungezähmtes Tier, ein Bewohner der Weite. Man stellt ihm mit Schlagfallen nach. Die Jäger in ganz verschiedener Gestalt und Verkleidung, hüten wir uns.

Das Vorhandensein einer großen inneren Landschaft aber, einer Vielfalt von Empfindungen und Erinnerungen, das Bewußtsein der eigenen Unwiederholbarkeit und Einmaligkeit gibt dem Sprechen über öffentliche Zustände Berechtigung und Gewicht, macht es erst glaubhaft.

Einmal, und mit bestem Grund, hat es auch die Emphase und den Zorn gegeben, ich denke an Ferdinand Freiligrath und an sein Gedicht auf die abgewürgte und gescheiterte Achtundvierzigerrevolution.

Die Revolution

Und ob ihr sie, ein edel Wild, mit euren
Henkersknechten fingt;
Und ob ihr unterm Festungswall standrechten die
Gefangne gingt;
Und ob sie längst der Hügel deckt, auf dessen Grün ums
Morgenrot
Die junge Bäurin Kränze legt – doch sag' ich euch: sie ist
nicht tot!

Und ob ihr von der hohen Stirn das weh'nde
Lockenhaar ihr schort;
Und ob ihr zu Genossen ihr den Mörder und den Dieb
erkort;
Und ob sie Zuchthauskleider trägt, im Schoß den Napf
voll Erbsenbrei;
Und ob sie Werg und Wolle spinnt – doch sag' ich kühn
euch: sie ist frei!

Und ob ihr ins Exil sie jagt, von Lande sie zu Lande
hetzt;
Und ob sie fremde Herde sucht und stumm sich in die
Asche setzt;
Und ob sie wunde Sohlen taucht in ferner Wasserströme
Lauf –
Doch ihre Harfe nimmermehr an Babels Weiden hängt
sie auf!

O nein – sie stellt sie vor sich hin; sie schlägt sie trotzig,
euch zum Trotz!
Sie spottet lachend des Exils, wie sie gespottet des
Schafotts!
Sie singt ein Lied, daß ihr entsetzt von euren Sesseln
euch erhebt,

Daß euch das Herz – das feige Herz, das falsche Herz! – im Leibe bebt!

Kein Klagelied! kein Tränenlied! kein Lied um jeden, der schon fiel,
Noch minder gar ein Lied des Hohns auf das verworfne Zwischenspiel,
Die Betteloper, die zur Zeit ihr plump noch zu agieren wißt,
Wie mottig euer Hermelin, wie faul auch euer Purpur ist!

Der mitreißende Ton, der großartige Gestus Freiligraths, des Freundes von Marx und Engels, haben mich immer wieder begeistert. Aber es scheint mir auch kein Zufall zu sein, daß der gleiche Freiligrath nach dem Deutsch-Französischen Krieg von siebzig, einundsiebzig ähnlich meisterhaft zwar, aber weit weniger bedeutungsvoll und authentisch über die Kämpfe der preußischen Kavallerie gesprochen hat.

Die Trompete von Vionville

Sie haben Tod und Verderben gespieen;
Wir haben es nicht gelitten.
Zwei Kolonnen Fußvolk, zwei Batterien,
Wir haben sie niedergeritten.

Die Säbel geschwungen, die Zäume verhängt,
Tief die Lanzen und hoch die Fahnen,
So haben wir sie zusammengesprengt, –
Kürassiere wir und Ulanen.

Doch ein Blutritt war es, ein Todesritt;
Wohl wichen sie unseren Hieben;

Doch von zwei Regimentern, was ritt und was stritt,
Unser zweiter Mann ist geblieben.

Die Brust durchschossen, die Stirn zerklafft,
So lagen sie bleich auf dem Rasen,
In der Kraft, in der Jugend dahingerafft, –
Nun Trompeter, zum Sammeln geblasen!

Und er nahm die Trompet', und er hauchte hinein;
Da, – die mutig mit schmetterndem Grimme
Uns geführt in den herrlichen Kampf hinein,
Der Trompete versagte die Stimme!

Nur ein klanglos Wimmern, ein Schrei voll Schmerz
Entquoll dem metallenen Munde;
Eine Kugel hatte durchlöchert ihr Erz, –
Um die Toten klagte die wunde!

Um die Tapfern, die Treuen, die Wacht am Rhein,
Um die Brüder, die heut' gefallen, –
Um sie alle, es ging uns durch Mark und Bein,
Erhob sie gebrochenes Lallen.

Und nun kam die Nacht, und wir ritten hindann;
Rundum die Wachtfeuer lohten;
Die Rosse schnoben, der Regen rann –
Und wir dachten der Toten, der Toten!

Dieses Heldenlied erinnert mich an ein Gedicht Gottfried August Bürgers, des Stürmers und Drängers, des Duzbruders von Goethe. Auch Bürgers Gedicht hat, wie das Freiligrathsche, einen deutschen Feldzug nach Frankreich zum Anlaß, es handelt sich um den Kriegszug fürstlicher Heere gegen das revolutionäre Frankreich, um den Vormarsch auf Paris, der siebzehnhundertzweiundneunzig mit der Kanonade von Valmy zum Stillstand kam, Goethe war Augenzeuge und hat darüber geschrieben. Bürger nun verfaßt ein Gedicht, das den Charakter eines Aufrufs hat.

Für wen, du gutes deutsches Volk

Für wen, du gutes deutsches Volk,
Behängt man dich mit Waffen?
Für wen läßt du von Weib und Kind
Und Herd hinweg dich raffen?
Für Fürsten- und für Adelsbrut
Und fürs Geschmeiß der Pfaffen.

War's nicht genug, ihr Sklavenjoch
Mit stillem Sinn zu tragen?
Für sie im Schweiß des Angesichts
Mit Fronen dich zu plagen?
Für ihre Geißel sollst du nun
Auch Gut und Leben wagen?

Sie nennen's Streit fürs Vaterland,
In welchen sie dich treiben.
O Volk, wie lange wirst du blind
Beim Spiel der Gaukler bleiben?
Sie selber sind das Vaterland
Und wollen gern bekleiben.

Was ging uns Frankreichs Wesen an,
Die wir in Deutschland wohnen?
Es mochte dort nun ein Bourbon,
Ein Ohnehose thronen.

Das Gedicht als Flugblatt: Man könnte sich leicht vorstellen, es sei zu hunderten aus den Fenstern der Häuser, an denen die nach Frankreich ausrückenden deutschen Soldaten vorbeimarschierten, herausgeworfen worden. Daß Bürger in Wahrheit den Text nicht veröffentlicht, daß man ihn erst im Nachlaß gefunden hat, wirft nicht allein ein Licht auf den widersprüchlichen Dichter, es kennzeichnet auch das politische Klima im engen Kleinstaat Hannover.

Seit ich neunzehnhundertdreiundsechzig nach Göttingen gekommen bin, hat mich dieser Bürger interessiert, er hat seine letzten zehn Jahre in der Stadt verbracht, er ist hier begraben. Ich will daher ein Kapitel seines Lebens erzählen, in das sich eines der schönsten Liebesgedichte bettet.

Ich beginne mit dem Jahr siebzehnhundertzweiundachtzig. Im Mai macht der vierunddreißigjährige Gottfried August Bürger, als Verfasser der Ballade *Lenore* einer der bekanntesten Schriftsteller Deutschlands, von dem kleinen Pachtgut Appenrode aus eine Reise zu seiner Schwester nach Langendorf vor Weißenfels. Frau, Tochter und Schwägerin begleiten ihn.

Bürger ist seit zehn Jahren Amtmann des Feudalgerichts Altengleichen im Göttinger Umland, er wird schlecht oder gar nicht bezahlt, er fühlt sich von den adligen Dienstherren verfolgt und mit Arbeit überhäuft, die Verbindung zur Welt beschränkt sich auf Briefe: holt mich heraus.

Aber er bleibt. Kleinmut und Trägheit lassen ihn dulden, was fremde Mißgunst und eigene Schwäche erzeugt haben. Er flüchtet in Spekulationen, Projekte, Lotteriespiel bis zum Exzeß, in den Traum vom großen literarischen Wurf.

Und in die Liebe zu Auguste, der Schwester seiner Frau. Bürger hat das Verhältnis, das drei Menschen in der ländlichen Einöde des ausgehenden achtzehnten Jahrhunderts qualvoll aneinanderfesselt, später beschrieben.

Anfang siebzehnhundertzweiundachtzig fühlt Auguste sich schwanger. Sie ist dreiundzwanzig Jahre alt. Man bringt sie im Mai nach Langendorf zur geheimen Entbindung. Vierzehn Tage bleibt die Familie zusammen, dann muß Bürger die Geliebte, die Molly seiner Liebeslieder, zurücklassen.

Diese Station in der verworrenen und traurigen Lebensgeschichte des Dichters bildet den Hintergrund zu *Mollys Abschied*, einem der ergreifendsten unter Bürgers Gedichten.

Lebe wohl, du Mann der Lust und Schmerzen!
Mann der Liebe, meines Lebens Stab!
Gott mit dir, Geliebter! Tief zu Herzen
Halle dir mein Segensruf hinab!

Zum Gedächtnis biet' ich dir statt Goldes –
Was ist Gold und goldeswerter Tand? –
Biet' ich lieber, was dein Auge Holdes,
Was dein Herz an Molly Liebes fand.

Nimm, du süßer Schmeichler, von den Locken,
Die du oft zerwühltest und verschobst,
Wann du über Flachs an Pallas Rocken,
Über Gold und Seide sie erhobst!

Vom Gesicht, der Walstatt deiner Küsse,
Nimm, solang' ich ferne von dir bin,
Halb zum mindesten im Schattenrisse
Für die Phantasie die Abschrift hin!

Meiner Augen Denkmal sei dies blaue
Kränzchen flehender Vergißmeinnicht,
Oft beträufelt von der Wehmut Taue,
Der hervor durch sie vom Herzen bricht!

Diese Schleife, welche deinem Triebe
Oft des Busens Heiligtum verschloß,
Hegt die Kraft des Hauches meiner Liebe,
Der hinein mit tausend Küssen floß.

Mann der Liebe! Mann der Lust und Schmerzen!
Du, für den ich alles tat und litt,
Nimm von allem! Nimm von meinem Herzen –
Doch – du nimmst ja selbst das Ganze mit!

Dieses Gedicht, wir hören es deutlich, hat den Charakter einer Beschwörung. Denn indem Molly nacheinander die Erinnerungsstücke, nämlich Locke, Scherenschnitt, Kranz und Schleife, nennt und ihnen Bedeutung gibt, zeichnet sie ein Bild ihrer Liebe, das einen Versuch der Vergewisserung darstellt und auf die bedrängte Lage antwortet, unter beinahe fremden Menschen die nahe Niederkunft erwarten zu müssen. Und wohin dann mit dem Kind. Was wird aus der ledigen Mutter.

Die Last der ungewissen Zukunft macht das Bekenntnis nur um so bedingungsloser. *Nimm von allem, nimm von meinem Herzen.* Das könnte Bürgers Wunschtraum sein. Denn wenn das Gedicht auch Molly in den Mund gelegt wird, ist er doch der Verfasser. Eine Art Vorsagen wäre denkbar. Die spätere Beziehung der beiden indessen entkräftet eine solche Vermutung.

Die zwei Eingangsverse der letzten Strophe sind es, die dem Gedicht über die schöne Illusion hinaus eine tiefere Dimension der Wahrheit geben, die aus der engen

Berührung von Kunst und Leben kommt. Möglich, daß Bürger, von dem zahlreiche Arbeiten in Vergessenheit geraten, in Bedeutungslosigkeit versunken sind, nicht immer imstande gewesen ist, das Gewicht dieser Verbindung zu erkennen und entsprechend zu schreiben. Aber als Dichter der Lieder an Molly und insbesondere von *Mollys Abschied* hat er seine Grenze ganz gewiß überwunden. In der Tat, er ist der *Mann der Lust und Schmerzen*, um dessentwillen die Geliebte *alles tat und litt.*

Alles, dahinter steht, unaufdringlich und redlich zugleich, die ganze Geschichte. Dieses Wort erst gibt der Idylle Leben und macht das Gedicht für mich zu einem Text von unverwechselbarer Eigenart und bedrängender Nähe. Ist das Glück eine Ungeheuerlichkeit. Wird, wer es sucht, bestraft.

Bürgers Geschichte geht weiter. Siebzehnhundertvierundachtzig stirbt seine Frau, er heiratet Molly. Siebzehnhundertsechsundachtzig begräbt er auch sie. Eine dritte Ehe siebzehnhundertneunzig. Die Frau um die zwanzig betrügt ihn nach wenigen Wochen. Skandal. Trennung. Vier Jahre später wird Bürger verscharrt. Hinter dem Sarg des Verhungerten nur ein Arzt und Mollys Sohn, Lichtenberg hat es gesehen.

Galeere meiner Sklaverei

Zu Gottfried August Bürger in Göttingen

Spur eines Gedichts

Es gibt Gedichte, die leben und dokumentieren über viele Jahrzehnte hinweg. In der ersten, achtzehnhundertvierunddreißig herausgegebenen Botschaft des *Hessischen Landboten*, einer vom Pfarrer Weidig aus Butzbach und vom Dichter Georg Büchner geschriebenen revolutionären Flugschrift, findet sich folgendes Zitat:

»Gott hat eine Zeit lang den Satansengeln Gewalt gegeben, daß sie Deutschland mit Fäusten schlügen, er hat den Gewaltigen und Fürsten, die in der Finsternis herrschen, den bösen Geistern unter dem Himmel, Gewalt gegeben, daß sie Bürger und Bauern peinigten und ihr Blut aussaugten und ihren Mutwillen trieben mit allen, die Recht und Freiheit mehr lieben als Unrecht und Knechtschaft.

Aber ihr Maß ist voll!

Sehet an das von Gott gezeichnete Scheusal, den König Ludwig von Bayern, den Gotteslästerer, der redliche Männer vor seinem Bilde niederzuknien zwingt und die, welche die Wahrheit bezeugen, durch meineidige Richter zum Kerker verurteilen läßt; das Schwein, das sich in allen Lasterpfützen von Italien wälzte, den Wolf, der sich für seinen Baals-Hofstaat für immer jährlich fünf Millionen durch meineidige Landstände verwilligen läßt, und fragt dann: Ist das eine Obrigkeit von Gott zum Segen verordnet?

Ha! du wärst Obrigkeit von Gott?
Gott spendet Segen aus;
Du raubst, du schindest, kerkerst ein,
Du nicht von Gott, Tyrann!«

Die Verse am Ende des Zitats haben die beiden Verfasser des *Landboten* einem Gedicht entnommen, das lange Zeit vorher im *Göttinger Musenalmanach* zum ersten Mal gedruckt worden war.

Der Bauer. An seinen Durchlauchtigen Tyrannen

Wer bist du, Fürst, daß über mich
Herrollen darf dein Wagenrad,
Dein Roß mich schlagen kann?

Wer bist du, Fürst, daß in mein Fleisch
Dein Freund, dein Jagdhund, ungebleut
Darf Klau' und Rachen haun?

Wer bist du, daß durch Saat und Forst
Das Hurra deiner Jagd mich treibt,
Entatmet wie das Wild?

Die Saat, so deine Jagd zertritt,
Was Roß und Hund und du verschlingst,
Das Brot, du Fürst, ist mein.

Du Fürst hast nie, bei Egg' und Pflug,
Hast nicht den Erntetag durchschwitzt.
Mein, mein ist Fleiß und Brot! –

Ha! du wärst Obrigkeit von Gott?
Gott spendet Segen aus; du raubst!
Du nicht von Gott, Tyrann!

Das Gedicht, in mehreren Fassungen bekannt, ist zu Zeiten des *Landboten* schon sechzig Jahre alt gewesen und vor einiger Zeit noch einmal innerhalb eines politischen Kontextes veröffentlicht worden, im *Klassenbuch* Hans Magnus Enzensbergers, einem *Lesebuch zu den Klassenkämpfen in Deutschland*. Verfasser des Gedichtes war Gottfried August Bürger.

Wer einmal zum Heller geschlagen, kann kein Dukat mehr werden

Gottfried August Bürger wuchs im bäuerlichen Milieu auf. In der Silvesternacht des Jahres siebzehnhundertsiebenundvierzig im Vorharzdorf Molmerswende geboren, war er das zweite von drei Kindern eines protestantischen Landgeistlichen, des Pfarrers Johann Gottfried Bürger, und der Enkel von Landwirten, des Freibauern Johann Heinrich Bürger im benachbarten Pansfelde und des Pächters Jakob Philipp Bauer in Aschersleben. Molmerswende war ein armes Dorf an der Grenze zwischen Preußen, Anhalt und Sachsen. Seine Bewohner ernährten sich, zumindest zum Teil, vom Schmuggel. Die materielle Situation des Pfarrers, den weitgehend die Gemeinde mit Geld und Naturalien bezahlen mußte, war nicht günstig. Als aber Johann Gottfried Bürger ein Jahr nach der Geburt seines Sohnes die Pfarrstelle im reichen Westdorf bei Aschersleben zugesprochen erhielt, konnte er diese erst siebzehnhundertvierundsechzig antreten. Dieses Ämterverteilen, Pfründeverschieben wirft ein bezeichnendes Licht auf die ökonomische Abhängigkeit der protestantischen Geistlichen im siebzehnten, achtzehnten und neunzehnten Jahrhundert. Der Pfarrer einer wohlhabenden Gemeinde konnte bei weniger Arbeit ein bedeutendes Einkommen haben und verglich sich natürlich in nichts mit einem Amtsbruder, der etwa in einem armen übervölkerten Dorf wenig Geld für viel Mühe erhielt. Geistliche in der Situation von Bürgers Vater standen den kleinen Bauern näher, waren ihnen sozial ähnlicher als ihren eigenen wohldotierten Kollegen. Gottfried August Bürger entstammt somit, sieht man genau hin, einer Schicht, die weder dem Besitz noch dem Wissen noch der Macht nach sich zu den bevorzugten Bevölkerungsgruppen des achtzehnten Jahrhunderts zählen konnte. Die Großväter waren nicht reich und nicht gebildet; auch der Vater gehörte eher einer Art akademischen Proletariats an, was sich an seiner höchst unzulänglichen Besoldung und an seinen ungewissen Zukunftsaussichten ablesen läßt. Wenn der Vater nun auch als *eine schlichte gutmütige Durchschnittsnatur von geringen geistigen Bedürfnissen und einem unerschütterlichen Phlegma* geschildert wird, so kann doch in bezug auf Bürgers Kindheit von heiler Familienwelt, vom stillen Glück im Winkel keine Rede sein. Das lag vor allem an der Mutter, über die Arnold E. Berger, einer der Biografen Gottfried August Bürgers, schreibt, sie sei eine Frau von außerordentlichen Geistesanlagen gewesen und hätte nach ihres Sohnes Zeugnis die hervorragendste ihres Geschlechts werden können, wenn ihre Bildung nicht auf der niedrigsten Stufe haften geblieben wäre. Daß sie kaum leserlich zu schreiben wußte, fällt dabei nicht so schwer ins Gewicht wie die angebliche Unerzogenheit ihres moralischen Charakters: nicht nur derb und roh war ihre Weise, sie war auch boshaft, neidisch, unverträglich und jähzornig, ja sie konnte ihrem Mann in der Wut wiederholt davonlaufen, ins Elternhaus zurück, aus dem sie dann der geduldige Ehemann jedesmal sanftmütig wieder heimholte. Ein Lieblingsschlagwort der polternden Predigersfrau, die ihren Kindern immer nur als Furie vor Augen stand, ist uns aufbewahrt: die Hölle sei mit Pfaffenköpfen gepflastert, nur eine Stelle sei noch leer, und da werde der Kopf ihres Mannes hinkommen.

Nachdem anfänglich der Vater den Jungen nur sehr unzulänglich unterrichtet, ihm bis zum zwölften Lebensjahr allenfalls Lesen und Schreiben beigebracht hatte, darüber hinaus die Eltern aber kaum in der Lage waren, sich von hundertsechzig Talern Jahresgehalt zu erhalten und gleichzeitig Schulgeld für den Jungen zu zahlen, kam Bürger siebzehnhundertneunundfünfzig nach Aschersleben zum Großvater mütterlicherseits, der noch am ehesten einige Taler erübrigen konnte, allerdings selbst in seiner Familie als jähzornig, geizig, streitsüchtig und dickköpfig galt. Bürger besuchte die Stadtschule am Ort. Schon am fünfundzwanzigsten August des Jahres aber wurde er wieder von der Schule genommen, angeblich infolge der Veröffentlichung eines satirischen Gedichts, das ihm eine Züchtigung eingetragen haben soll. Er wurde nun in das von August Hermann Francke gegründete und von Johann Anton Niemeyer geleitete Pädagogium in Halle gegeben. Während der folgenden drei Jahre, die der körperlich zurückgebliebene Junge in der Schule des strengen Pietisten, der seinen Schülern selbst Brettspiele verbot, verbrachte, bekam Bürger Gelegenheit zu mehreren halböffentlichen Auftritten; so im Herbst siebzehnhundertdreiundsechzig, als er seine erste, später verlorengegangene Ode *Christus in Gethsemane* vortrug. Im gleichen Herbst nahm ihn der Großvater, der die Erziehung und Ausbildung

Bürgers damals schon völlig übernommen zu haben scheint, aus unbekannten Gründen von der Schule, hielt ihn den Winter über bei sich in Aschersleben und schickte ihn im Mai siebzehnhundertvierundsechzig auf die Universität Halle, wo er sich als Student der Theologie einschrieb. Bürger, den engen Verhältnissen seines Elternhauses, der dörflichen und ackerbürgerlichen Welt, der strengen Fuchtel des pedantischen Rektors in Aschersleben, der scharfen Zucht Niemeyers und vor allem dem unberechenbaren selbstherrlichen Großvater entkommen, lernte in Halle erstmals den Geist der Aufklärung kennen und begegnete den vernunftbedingten Grundsätzen für ein neues geistiges und gesellschaftliches Leben, die Friedrich Engels, hier als Historiker, folgendermaßen charakterisiert:

Alle altüberlieferten Vorstellungen wurden als unvernünftig in die Rumpelkammer geworfen; die Welt hatte sich bisher lediglich von Vorurteilen leiten lassen; alles Vergangene verdiente nur Mitleid und Verachtung. Jetzt erst brach das Tageslicht, das Reich der Vernunft an; von nun an sollte der Aberglaube, das Unrecht, das Privilegium und die Unterdrückung verdrängt werden durch die ewige Wahrheit, die ewige Gerechtigkeit, die in der Natur begründete Gleichheit und die unveräußerlichen Menschenrechte.

Die Universität Halle war, zu Bürgers Studienzeit, sowohl ein Zentrum der Aufklärung als auch des Pietismus. Aber während die Aufklärung das ausklingende Feudalsystem mit dem Maßstab menschlicher Vernunft beurteilte und verurteilte, verwies der einstmals oppositionelle Pietismus die Gläubigen auf ein jenseitiges Glück und vermied die Auseinandersetzung mit Staat und Gesellschaft. Bürger, im Elternhaus und im Pädagogium pietistischen Einflüssen zur Genüge, ja bis zum Übermaß ausgesetzt, wandte sich nicht nur dem aufklärerischen Jung-Professor Christian Adolf Klotz zu, dem Gegner Lessings und Herders, sondern brach zugleich auch das Studium der Theologie gegen den Willen und ohne Wissen des Großvaters ab und begann, sich mit antiken Sprachen, alten Literaturen, mit Geschichte und Jura zu beschäftigen, all dies übrigens Fächer, die für die Aufklärung von großer Bedeutung waren. Der gleiche Berger, in dessen biografischen Notizen wir eine Beschreibung der Mutter Bürgers gefunden haben, meldet über die Zeit in Halle reichlich dramatisch:

Bürger war eine stark sinnliche Natur, auch nach dieser Richtung wollte er die neu gewonnene Freiheit vollauf genießen, und der Verkehr in dem gastfreien, aber unsittlichen Klotzeschen Hause, in dem der Völlerei und Ausschweifung ziemlich schamlos gehuldigt wurde, ward ihm, der in seiner vernachlässigten Erziehung so wenig wie in seinem Temperament einen Gegenhalt fand, für sein ganzes Leben verderblich.

Leider ist heute nicht mehr in Erfahrung zu bringen, worin die genannten Ausschweifungen bestanden haben. Darunter läßt sich gewiß manches verstehen, und in bezug auf die Fürsten jener Zeit samt ihrer Maitressenwirtschaft sicher zu Recht. Dergleichen vage Anschuldigungen oder Verdächtigungen, denen Bürger bis zum Lebensende immer wieder ausgesetzt sein sollte, wirken gerade in ihrer Vagheit, weil sie beinahe jeder Vermutung Raum lassen. Einem Studenten wie Bürger jedenfalls, von der Familie knappgehalten, wird es gerade eben zu einigen Gelagen gereicht haben. Das rettet sich durch die Jahrhunderte als Mär vom sittenlosen

Leben, wobei die Kolporteure die sonst amüsiert belächelte Tradition dieser Gelage der Studenten ebenso außer acht lassen wie die Tatsache, daß auch andere Bevölkerungsgruppen zu feiern verstanden und bis heute zu feiern verstehen; man denke nur an die Dreitagekirmes auf dem Land und an die Schützenfestwochen der Kleinstädte. Wie gut aber doch, wenn man die Denker, Beschreiber neuer Ideen als Völler und Ausschweifer, als Wüstlinge denunzieren kann.

Ernster waren für Bürger die Folgen seiner Mitgliedschaft in einer Landsmannschaft der Niedersachsen. Dergleichen studentische Vereinigungen waren von der preußischen Regierung verboten worden, nicht wegen etwa zu befürchtender Völlerei und Trunksucht, die ließen die Regierung nicht unsicherer im Sattel sitzen; Gefährdung der öffentlichen Ordnung wurde viel eher in der bloßen Möglichkeit gesehen, politische Fragen im Freundeskreis zu erörtern. Als die Verbindung durch eine anonyme Denunziation den Universitätsbehörden bekannt und Bürger zu einer Karzerstrafe verurteilt wurde und der Großvater dies und den heimlichen Studienfachwechsel erfuhr, mußte Bürger den ganzen Winter siebzehnhundertsiebenundsechzig auf achtundsechzig in Aschersleben verbringen, was uns heute wie ein überdehnter Hausarrest vorkommt. Erst folgende Ostern erlaubte der großväterliche Geldgeber das Jurastudium an der Universität Göttingen. In den nächsten vier Jahren hört Bürger in Göttingen nicht nur sein Fach, er beschäftigt sich intensiv mit historischen Themen und macht ausgedehnte Sprach- und Literaturstudien. Er beherrscht damals die französische, englische, lateinische und griechische Sprache, lernt später Italienisch, Spanisch und sogar Schwedisch.

Dabei werden Bürgers Gegner, Verleumder und Feinde nicht müde, ein dunkles Bild von ihm zu zeichnen. Der Biograf Berger schreibt:

»Das Haus der Schwiegermutter Klotzens, der Witwe Sachse, und ihrer Töchter, in welchem auch Bürger neben andern Studenten sich einmietete, war ein berüchtigter Tummelplatz der Unsittlichkeit; die schlechte Gesellschaft zog auch ihn in Ausschweifungen mehr und mehr hinein; auch in der Kleidung, auf die er immer besondern Wert legte, scheint er kostspieligen Neigungen zuweilen nachgegeben zu haben, und das Haushalten hatte er nirgends gelernt.«

Scheint und *zuweilen*, das spricht für sich. In seiner Monographie über die Georg-August-Universität zu Göttingen berichtet uns der Historiker Götz v. Selle, als sei er dabeigewesen:

Mehr als einmal durchtobt Gottfried August Bürger mit seinen Kumpanen die Straßen und scheucht ehrsame Göttinger aus dem Schlaf.

Bürger wird in der Literatur beinahe durchgängig als völlig haltlos dargestellt, zumindest was die erste Hälfte der Göttinger Zeit betrifft. Daran mag mitschuldig sein, daß er, soeben aus Aschersleben gekommen, gleich bei der schon erwähnten Schwiegermutter des Professors Klotz Quartier nahm und bis Ostern siebzehnhunderteinundsiebzig dort wohnen blieb. Das Haus, ein Mittelding zwischen privatem Wohnheim und Studentenkaserne, wie es auch heute noch in dieser und jener Universitätsstadt und also auch in Göttingen zu finden ist, mit dreißig oder sechzig Zimmern zu dreihundert und mehr Mark Miete, dieses sogenannte Sachsesche Haus galt als verrufen, was seinen Grund nicht zuletzt darin gehabt haben wird, daß es zum überwiegenden

Teil von jungen Studenten aus Rußland bewohnt wurde, einer frühen Art von Gastarbeitern, freilich privilegierten Herkommens. Die Lebensart dieser weitgereisten Fremdlinge unterschied sich gewiß beträchtlich von derjenigen biederer Göttinger Handwerker. Ludwig Christoph Althof, der Verfasser der ersten Biografie Bürgers, behauptet in seiner Schrift *Von den vornehmsten Lebensumständen Gottfried August Bürgers:*

Er geriet in diesem Hause der Familie Sachse bald in noch engere Verbindungen, welche weder auf sein Studieren noch auf seine Sitten vorteilhaft wirken konnten, und verlor nun auch allmählich den Hauptzweck seines Aufenthaltes in Göttingen so sehr aus den Augen, daß der Großvater, der alles erfuhr, nach und nach seine Hand von ihm abzog und ihn, den er für einen ohne Rettung verlorenen Menschen ansah, ganz ohne Unterstützung ließ. Einer seiner nachherigen besten Freunde sagt, Bürger sei damals in einer Lage gewesen, daß man ihn habe kennen und schätzen müssen, um sich seinem Umgange nicht zu entziehen.

Es ist keineswegs ausgemacht, ob dem zweifellos verschrobenen Großvater erst Nachrichten über Bürgers angebliche Verwahrlosung zugetragen worden sind, ehe er *seine Hand* vom Enkel *abzog*, wie Althof behauptet. In der kleinen Schrift *Gottfried August Bürger in Göttingen und Gelliehausen* von Karl Goedeke klingt es zum gleichen Thema ganz anders:

»Was hatte denn die traurige Lage für Folgen für das wahre Wohl des Menschen und des Dichters? Der letztere ermattete und der erstere mußte, um nur zu existieren, Schulden machen, sich mit Korrekturen kümmerlich hinhalten und mit Gelegenheitsgedichten bei Hochzeiten, Kindtaufen und Begräbnissen des lieben

Brotes wegen dienstbar sein. Waren diese Beschäftigungen etwa die wohltätigen Folgen davon, daß der Großvater seine Hand von dem Enkel abgezogen, der studieren sollte und die Mittel nicht besaß, sich dem Studium ungestört von dem Besuche jener zehnten Muse hinzugeben, wenn er es je unterbrochen gehabt!«

Der Großvater blieb, selbst als aus Halberstadt Johann Ludwig Gleim sich über den Konrektor Ahrends in Aschersleben für Bürger verwendete und für ihn bürgte, unerbittlich bei seiner Weigerung, Geld nach Göttingen zu schicken. Bürger mußte also, wollte er sein Studium zu Ende führen, tatsächlich Schulden machen. Es scheint, wenn wir an die oben zitierten negativen Stimmen denken, denen sich beliebig viele anfügen ließen, als habe Mit- und Nachwelt sich den Standpunkt des mit Gerüchten aus zweiter und dritter Hand versorgten Großvaters Bauer zu eigen gemacht, ohne Bemühen, die Situation des *verlassenen* Studenten aus den Bedingungen heraus zu erklären und zu verstehen. Bürger war, darüber kann es kaum Zweifel geben, ein fleißiger Student. Die Ausleihbelege der Universitätsbibliothek zum Beispiel lassen ihn als einen der eifrigsten Entleiher erscheinen. Während unter den knapp siebenhundert Studenten der Göttinger Universität überhaupt nur ein kleiner Kreis von Benutzern der Bibliothek vorhanden war, dessen Mitglieder durchschnittlich pro Jahr zehn Bücher entliehen, wobei beispielsweise Knigge es bei einem Band Montaigne bewenden ließ, borgte Bürger siebzehnhundertneunundsechzig acht, siebzehnhundertsiebzig bereits siebenunddreißig und im Jahr darauf sogar siebenundvierzig Werke aus. Hätte jeder Student am Ort damals so viele Bücher wie er benutzt, dann müßten vierzehntausend Ausleihen verzeichnet sein; es sind aber nur dreitausend. Man könnte nun versuchen, die große Zahl ausgeliehener Bücher mit dem eminenten literarischen Interesse zu erklären und abzuschwächen. Tatsächlich entlieh Bürger aber fast ausnahmslos fachwissenschaftliche Arbeiten. Über dieses Indiz der Benutzung der Bibliothek hinaus gibt es weitere Anzeichen für ein intensives Studium; Goedeke, aufgrund seiner Kenntnis der Universitätsurkunden, sagt:

Bürger war einer der fleißigen Studenten, und auch seine Sitten schrien nicht gen Himmel. Sein juristisches Studium hat er fortdauernd gepflegt. Er hörte beim Hofrat Meister Institutionen, Pandekten und Kriminalrecht, *und zwar vollkommen fleißig*; in dem examinatorischen Kolleg, das Meister privatissime abhielt, überzeugte Bürger ihn *durch seine fertigen und richtigen Antworten auf die ihm vorgelegten Fragen von seiner ausgebreiteten, gründlichen und brauchbaren Rechtswissenschaft*. Auch rühmt Meister, es sei ihm *wohlbekannt, daß Bürger, unter Beobachtung einer vorzüglich guten Aufführung, dem Studium mit größtem Eifer und bestem Erfolg obgelegen* habe.

Ähnlich urteilt Professor v. Selchow über den Studenten Bürger. Die Erzählungen von Bürgers Ausschweifungen und Unsittlichkeiten müssen also dorthin gewiesen werden, wo sie ihrem Gehalt nach hingehören: ins Reich der unerwiesenen Fabel.

Im Frühjahr siebzehnhundertzweiundsiebzig, nach Abschluß des Jurastudiums und nach einem kurzen Zwischenspiel als Hilfskraft eines Göttinger Anwalts, stand Bürger vor der Notwendigkeit, möglichst bald eine Stellung zu finden, die geeignet war, ihn zu ernähren. Während seinen adeligen und gutbürgerlichen Kommilitonen die Welt offenstand, bot sich ihm nur eine Chance, und auch die ließ sich erst durch Vermittlung, durch Protektion zahlreicher Freunde und nach der Überwindung großer Widerstände wahrnehmen: die Gerichtshalter- oder Amtmannsstelle bei der feudaladeligen Sippe v. Uslar-Altengleichen.

Wer einmal zum Heller geschlagen, kann kein Dukat mehr werden. Das war das Motto der Ständegesellschaft. Dementsprechend mußte Bürger, aus dörflicher Umgebung stammend, nach dem Besuch der Universität in das ländlich-bäuerliche Milieu des Anfangs zurückkehren.

Nachtrag: der Dichter

Der Dichter Bürger war in Göttingen nicht weniger tätig als der Student. Die dauernden Kontakte und der Umgang zuerst mit Heinrich Christian Boie und dessen Freunden, später mit den Mitgliedern des Göttinger Hainbunds wirkten sich anregend aus. Die wohl schon in Halle begonnene Übersetzung von Homers *Ilias* wurde fortgesetzt, eine *Macbeth*-Übertragung begonnen. Daneben entstanden in der ersten Göttinger Zeit kleinere Gedichte wie *Trinklied* oder *Das Dörfchen*, dessen erster Teil folgendermaßen lautet:

Ich rühme mir
Mein Dörfchen hier!
Denn schönre Auen,
Als ringsumher
Die Blicke schauen,
Sind nirgends mehr!
Welch ein Gefilde!
Kein Dietrich fand

Zu einem Bilde
Den Gegenstand!
Hier Felsenwand,
Dort Ährenfelder
Und Wiesengrün,
Dem blaue Wälder
Die Grenze ziehn;
An jener Höhe
Die Schäferei
Und in der Nähe
Mein Sorgenfrei;
So nenn' ich meine
Geliebte kleine
Einsiedelei.

Gerade an diesem Gedicht wird deutlich, daß sein Verfasser eine spielerische Auffassung aufklärerischer Literatur vertrat und sich an den sogenannten anachreontischen Versen auch eines Goethe orientierte. Das Gedicht baut eine hermetisch abgeschlossene Idylle ohne alle Gesellschaftsbezogenheit auf, wirkt aber durchaus neu in seiner Natursicht und im volkstümlichen Ton. Es steht am Beginn eines Weges, der in die Nähe des eingangs zitierten antifeudalen Gedichtes *Der Bauer* führt.

Was Neues, allmählich

Die beiden Gedichte *Das Dörfchen* und *Der Bauer* und ihr Abstand voneinander legen Zeugnis ab von der dichterischen Umsetzung einer gesellschaftlich-wirtschaftlichen Entwicklung, die in der zweiten Hälfte des achtzehnten Jahrhunderts nicht nur in den westeuropäischen

Ländern, sondern auch in Deutschland vor sich ging. Nach siebzehnhundertsechzig etwa, mehr als hundert Jahre nach dem Ende des Dreißigjährigen Krieges, lief ein allmählicher Kapitalisierungsprozeß an; die Güterproduktion ehemals kleiner Handwerksbetriebe wurde in zunehmendem Maß von größeren Werkstätten und Manufakturen übernommen. Die Verstärkung des Handels, die wegen der Zollschranken allmählich, aber wegen immer besserer Arbeitsmethoden unaufhaltsam vor sich ging, hatte eine Geldanhäufung in den Händen von Großkaufleuten zur Folge, die als fortschrittlichster Teil des sich ausbildenden Bürgertums, als Träger seiner gesellschaftlichen Interessen darangingen, neue größere Manufakturen und Betriebe zur Erzeugung von Handelsgütern zu errichten. Diese Neugründungen und die damit verbundene Nachfrage nach Arbeitskräften richteten die Aufmerksamkeit auf die ländlichen Verhältnisse und auf die Feudalbindungen, in denen der größte Teil der Bevölkerung des Agrarlandes Deutschland noch lebte. Landwirtschaftliche Krisen, Mißernten, extensive Bewirtschaftungsmethoden und Hungerjahre verstärkten die Kritik an der weiterbestehenden, aber kaum noch funktionierenden Feudalordnung. Die bürgerlichen Schichten, die Sippen, Familien und einzelnen Kaufleute und Unternehmer verstanden freilich, abgesehen von den Forderungen nach Aufhebung der Leibeigenschaft, nach Reformierung der Dienstbarkeiten und Abgaben, ihre historische Rolle noch nicht, die in der völligen Aufhebung der feudalen Gesellschaftsverfassung und in der Beseitigung der territorialen Zersplitterung bestanden hätte. In den Verhältnissen stecken und den Gang der Ereignisse voraussehen können. Ein Widerspruch in sich. Freilich wurde mit dem Anwachsen des bürgerlichen Selbstbewußtseins doch deutlich, daß zwischen dem alten Feudaladel und der großen Menge der übrigen Bevölkerung, das Bürgertum an der Spitze, wachsende Differenzen und Widersprüche auftraten. Diese Gegensätze fanden in Deutschland ihren literarischen Ausdruck im aufrührerischen Ton der zeitgenössischen Dramatik, bei Klinger, Lenz, Goethe.

Bund ewiger Freundschaft

Die jungen Dichter jener Jahrzehnte vor Ausbruch der Französischen Revolution beharrten nicht auf der gesellschaftskritischen Position der frühen Aufklärung. Sie, die wir als Stürmer und Dränger kennen, kämpften, nach Georg Lukács, zwar »im Geiste ihrer Vorgänger gegen die feudalhöfische Kultur. Gleichzeitig lehnten sie aber auch deren einseitig-rationalistische Literaturtheorie ab. Frei vom Zwang starrer Regeln sollte das schöpferische Genie seine Kräfte entfalten und sein Wollen in Taten umsetzen können. Es mußte einfach rebellieren, als Dichter gegen jeden Regelzwang, als Mensch und Patriot gegen den kleinstaatlichen Absolutismus und die feudale Staatsordnung. Die Rebellion konnte sich jedoch nur literarisch-künstlerisch äußern; in der Wirklichkeit hatte sie keine Aussicht auf Erfolg.«

Einer der Kreise oder Bünde, in denen sich die Dichter des Sturm und Drang vorzugsweise zusammenschlossen, entstand um die Keimzelle des siebzehnhundertsiebzig von Boie erstmals herausgegebenen *Almanac des Muses*, sprich *Musenalmanachs*, in Göttingen. Dieser Kreis schreibender Freunde, den man Göttinger Hain oder auch Hainbund nannte, datiert vom zwölften September siebzehnhundertzweiundsiebzig. Johann Heinrich Voß, einer der Beteiligten, schrieb einem Freund nach außerhalb:

Ach, den zwölften September, mein liebster Freund, da hätten Sie hier sein sollen. Die beiden Millers, Hahn, Hölty, Wehrs und ich gingen noch des Abends nach einem nahegelegenen Dorfe. Der Abend war außerordentlich heiter und der Mond voll. Wir überließen uns ganz den Empfindungen der schönen Natur. Wir aßen in einer Bauernhütte eine Milch und begaben uns darauf ins freie Feld. Hier fanden wir einen kleinen Eichengrund, und sogleich fiel uns allen ein, den Bund der Freundschaft unter diesen heiligen Bäumen zu schwören. Wir umkränzten die Hüte mit Eichenlaub, legten sie unter den Baum, faßten uns alle bei den Händen, tanzten so um den eingeschlossenen Stamm herum, riefen den Mond und die Sterne zu Zeugen unseres Bundes an und versprachen uns eine ewige Freundschaft. Dann verbündeten wir uns, die größte Aufrichtigkeit in unseren Urteilen gegeneinander zu beobachten und zu diesem Endzwecke die schon gewöhnliche Versammlung noch genauer und feierlicher zu halten. Ich ward durch Los zum Ältesten gewählt. Jeder soll Gedichte auf diesen Abend machen und ihn jährlich begehen.

Heinrich Christian Boie, Ludwig Christian Heinrich Hölty, Johann Heinrich Voß, Friedrich Leopold und Christian zu Stolberg, Johann Martin Miller und Johann Friedrich Hahn, zwischen neunzehn und achtundzwanzig Jahre alt, kamen als Mitglieder des Bundes regelmäßig zusammen, beurteilten freundschaftlich ihre Gedichte und schrieben die allseits gebilligten Texte in das Bundesbuch ein.

Freilich, uns heute ist deutlich, daß diese jungen

Dichter, als Studenten in einer kleinen Universitäts-, aber auch Ackerbürgerstadt lebend, einen Bezug ihrer stürmenden und drängenden Texte zur Realität ihrer Umwelt nicht herzustellen vermochten. Was sie zu Papier brachten, rief vage aber heftig nach irgendwelchem Tyrannenblut und propagierte undeutliche Freiheitsideale. Gottfried August Bürger, der nie ausgesprochenes Mitglied des Bundes war, an der Arbeit jedoch intensiv teilnahm und die Mitglieder bestens kannte, verdankte dem Hain sicher zahlreiche Anregungen und Ermunterungen. Bei aller Kooperation aber hielt sich Bürger, im Gegensatz zu seinen Freunden bereits berufstätig und einige Reisestunden außerhalb Göttingens angesiedelt, in Distanz. Er bemühte sich gleichfalls um Volkstümlichkeit. Erfolgreicher. Denken wir nur an die Ballade *Lenore*, die *in den Spinnstuben gesungen* wurde. Seine Ansichten und Überzeugungen waren insgesamt konkreter und dadurch radikaler als die der Freunde. Erinnert sei an das Tyrannengedicht, in dem nicht proklamatorisch nach dem Blut eines anonymen und mit keiner Silbe bezeichneten Herrschers gerufen wird, in dem vielmehr ein Bauer seinen Tyrannenfürsten anklagt. Und dieser Fürst saß in Kassel, Hannover und Darmstadt, das war nahe genug.

Nebenberuf: Dichter

Nach dem Examen, es wurde schon erwähnt, war Bürger, mittellos und verschuldet, gezwungen, sich so schnell wie möglich eine Stellung zu suchen. Boie wies ihn auf die Amtmannsstelle der Familie v. Uslar hin, die auf den Dörfern südöstlich von Göttingen saß. Bürger bewarb sich um den Posten; eine erstaunliche Tatsache, wenn man weiß, welche Funktion ein Gerichtshalter im feudalen System hatte. Die Amtleute, meist vom Landesfürsten, in manchen Gegenden aber auch vom lokalen Adel eingesetzt, waren Justizbeamte im Auftrag der oder des Herren. Sie übten in den Dörfern und in bezug auf die Landbevölkerung die Gerichtsbarkeit aus und sorgten für die Abgabe von Geld und Naturalien an den Feudalherren sowie für die Erfüllung der Fronleistungen. Ihre Bezahlung bestand neben einem nicht sehr hohen festen Gehalt in der Teilhabe an Gerichts-, Straf- und Bußgeldern, was bedeutete, daß ihre Interessen mit denen ihrer Dienstherren gekoppelt waren.

Literatur und Volksmund haben sich gerade im achtzehnten Jahrhundert mit der Figur dieses akademisch ausgebildeten Büttels der Fürsten oder Grundherren beschäftigt. Zwei Sprichwörter als Beispiel. Ämter sind Gottes, die Amtleute des Teufels. Ein Amtmann auf dem Land, der hat das Geld der Bauern in der Hand.

Als Spezifikum dieser allgemeinen Rolle muß in Hinblick auf Niedersachsen noch bemerkt werden, daß im damaligen Kurfürstentum Hannover der Herrscher in Personalunion König von England war und dort auch residierte. Hannover wurde unmittelbar von einem bürokratisch-aristokratischen Geheimratskollegium regiert, dessen Mitglieder sich aus dem grundbesitzenden Adel rekrutierten; dies verhinderte, anders als in manchem deutschen Kleinstaat, eine Interessenkollision zwischen Herrscherhaus und Adel.

Wenn Bürger sich trotz allem und in ahnungsvoller Kenntnis dieser Umstände hartnäckig um die Stelle der Uslars bewarb, zeugt dies von der Perspektivlosigkeit seiner Zukunft ebenso wie von dem starken zeitlichen

Druck, unter dem der quasi arbeitslose Fünfundzwanzigjährige stand.

Das Amt war aber nicht leicht zu bekommen; Mitbewerber traten auf, und die desolate innere Verfassung der Familie Uslar tat ein übriges. Der Familienverband bestand nämlich aus zwei Linien, die beide einen Senior an der Spitze hatten. Der Senior der Ludolphschen Linie, Bürgers Feind durch zwölf Jahre Amtmannstätigkeit, ein Oberst Adam Heinrich v. Uslar, siebzehnhundertzweiundsiebzig schon dreiundsechzig Jahre alt, versuchte beharrlich, auch das Seniorat der Melchiorschen Linie zu bekommen oder doch mit ihrem Senior bei der Beherrschung der weitläufigen Familie zusammenzuarbeiten. So kam es, daß die beiden Senioren den Mitbewerber, die übrigen Familienmitglieder jedoch Bürger unterstützten. Bürger mußte nicht nur mit einer juristischen Probearbeit den favorisierten Konkurrenten ausstechen; der Oberst verlangte auch eine Kaution von sechshundert Reichstalern. Bürger fand nicht nur Bürgen, auch der Großvater Bauer besann sich, den Enkel auf dem Weg ins reputierliche Amt wissend, auf seine Verpflichtung und stellte die Kaution. So konnte der neue Amtmann am ersten Juli siebzehnhundertzweiundsiebzig vereidigt werden. Die Senioren freilich verlangten, nachdem er einmal installiert war, um so beharrlicher seine Absetzung. Jahrelang werden nun Eingaben, Beschwerden und Klagen an die Regierung in Hannover geschickt. Bürger hält aus, er klammert sich an das Amt, zwölf Jahre lang. Sein Brief an Gleim vom zwanzigsten September siebzehnhundertzweiundsiebzig wirft ein bezeichnendes Licht auf die Lage:

Ich wohne hier zu Gelliehausen gerade unter den alten Gleichen zwischen Göttingen und Duderstadt, ohnstreitig in der angenehmsten Gegend auf zwanzig Meilen in der Runde. Das schlimme, mein Allerliebster, ist wahrlich auch sehr schlimm. Alte, aufgesummte Arbeit genug, und beinahe allzuviel. Totale Unordnung, wo ich den Blick hinwende. Seit vielen Jahren her unbefriedigte Sollizitanten, die mich wie Mücken umschwärmen! Eine Familie von Gerichtsherren, die aus sieben Stimmen und Teilhabern an dem Gericht besteht, wovon jeder sein eigenes Interesse hat, welchen insgesamt es der hiesige Beamte nie recht machen kann.

In der Literatur zu Bürger findet sich durch die Zeiten die unausrottbare Behauptung, Bürger sei nicht nur als Student, sondern vor allem als Amtmann entweder faul oder unfähig oder gar beides zusammen gewesen. Davon ist kaum etwas wahr. Fest steht vielmehr: in Göttingen sowohl wie in Hannover hielt man seine juristischen Arbeiten für gut, wenn nicht für ausgezeichnet; mindestens eine der Untersuchungen ist seinerzeit in einem verbreiteten Lehrbuch für Jurastudenten abgedruckt worden. Wenn Bürger als Gerichtshalter oft höchst saumselig oder zurückhaltend agierte, so ist der Grund dafür nicht allein in der totalen Unordnung zu suchen, die sein Vorgänger hinterlassen hatte. Bürger ist sich auch seiner Funktion als verlängerter Arm der Uslarschen Familie bewußt gewesen. Dafür spricht manches Indiz. So der Streit mit dem Pastor Zuch in Gelliehausen. Der Pfarrer wollte die Bauern seines Kirchspiels widerrechtlich zum Neubau eines Pfarrhauses zwingen. Ein jahrelanger Aktenkrieg war die Folge. Bürger verweigerte die traditionelle Zusammenarbeit zwischen den Dorfhonoratioren Pfarrer und Amtmann. So kam es zu einer dauernden Feindschaft. Wobei man wissen muß, daß der Kontrahent Zuch über seine Frau, eine geborene v. Wurmb, mit den Uslars verschwägert war. Eine interessante Reaktion zeigte Bürger auch im April siebzehnhundertsechsundsiebzig anläßlich des Falles Krämer. Der Knecht Krämer hatte gegen seinen Herren aufbegehrt, einen v. Uslar, weil dieser das Versprechen, mit dem Beginn der Frühjahrsarbeit auf den Feldern ein Zubrot zu geben, nicht eingehalten hatte. Es war zu einer heftigen Auseinandersetzung gekommen. Solche Vorfälle regelte das Hannoversche Strafgesetzbuch, indem es den Knecht mit Zuchthaus- und Karrenstrafe bedrohte. Bürger verhängte jedoch ein Minimum, das ihn vor einer Ermittlung wegen Rechtsbeugung gerade noch schützte: eine Woche Gefängnis. Und von diesen sieben Tagen wurden dem Krämer auch noch vier erlassen.

Aus jener Zeit, da er als Beinahe-Bauer unter Bauern lebt, sogar eine eigene Landwirtschaft in Appenrode zu betreiben beginnt, stammt, aufgrund genauer Kenntnis des ländlichen Lebens, das Gedicht *Der Bauer.* Ein anderer Bürgerscher Text jener Jahre trägt die Überschrift *Das Magnetgebirge*:

Es lag oder liegt in großer schiffreicher See ein großer Magnetenberg, und viele kleinere Magnetenberge lagen oder liegen um ihn her. Das Magnetengebirge zog an sich weit und breit aus allen Schiffen alles Eisen und Stahl. Die Fugen der Schiffe zersprangen, und Trümmer bedeckten das Meer. Da rüstete man anstatt mit Eisen und Stahl die Schiffe mit Silber und Gold; und die neue Schiffart bestand.

Auch lag oder liegt in großer hüttenvoller Flur eine große Magnatenburg, und viele kleinere Magnatenburgen lagen oder liegen um sie her. Das Magnatengebürge zog an sich weit und breit aus allen Hütten alles Silber und Gold. Die Fugen der Hütten zersprangen, und Trümmer bedeckten das Land. Da rüstete man anstatt mit Silber und Gold die Hütten mit Eisen und Stahl; und die neue Bauart bestand.

Das Magnetengebirge lag oder liegt, ich weiß nicht wo; das Magnatengebürge, wo jedermann weiß.

Über die Tendenz dieser Allegorie oder Fabel muß weiter nichts gesagt werden. Möglich, daß ihr Verfasser, der wie die ihm unterstellten Bauern und Landbewohner in strohgedeckten Hütten und Katen lebte, die Aussage auch auf sich, seine Lebensumstände bezog; mit seinen Einkünften war nur schwer auszukommen. Siebzehnhundertfünfundsiebzig schreibt Bürger an Gleim: *Verdruß über Verdruß! Chikane über Chikane! Und doch seit zwei Jahren kein Gehalt!* Natürlich fühlte sich Bürger in erster Linie als Dichter, und selbstverständlich wußte er auch, daß alle Zeit, die er zur Ausübung seines Brotberufes aufwenden mußte, für das Schreiben verloren war. Das alte Problem, neigungsfremd arbeiten zu müssen, um leben zu können.

Den Sack geschlagen, den Esel gemeint

Neben die dauernden materiellen Schwierigkeiten, neben die Mühsal der erschwerten Amtsausübung und den Ärger mit den Brotherren traten für Bürger bald auch private, familiäre Komplikationen. Wenn sich zahlreiche Literaturhistoriker ausgiebig damit beschäftigt, sein verworrenes Ehe- und Liebesleben überbetont haben, so geschah dies sicher zum guten Teil einerseits aus kleinbürgerlicher Selbstgerechtigkeit, in Fortführung und Bekräftigung des Zeterns über den ausschweifenden Studenten und den faulen Amtmann, andererseits aus dem Bestreben heraus, den Privatmann zu schlagen, wo der volkstümliche aufklärerische Dichter gemeint war. Die Praxis, den Verfasser unliebsamer Schriften vor allem als Menschen zu diskreditieren, ist ja noch nicht vergessen und findet bis heute Anwendung.

Natürlich war die zeitweise Überwindung der bürgerlichen Institution Ehe für die drei Beteiligten aufreibend und besonders schmerzlich; dergleichen Freiheiten waren damals in Bürgers Gesellschaftsschicht und in seinem Existenzrahmen durchaus unüblich und tabuisiert, während sie sich an den Höfen und in adligen Familien beinahe von selbst verstanden. *Quod licet Jovi, non licet bovi*. Und gar die Einstellung des deutschen Bürgertums im neunzehnten Jahrhundert. Inmitten klassizistischen Meublements und hinter schweren Samtportieren mit der Illusion der eigenen gesellschaftlichen Reinheit und Auserwähltheit beschäftigt. Ihm mußte eine Gestalt wie Bürger, volksverbunden so gut wie in sinnliche Leidenschaft verstrickt, als personifizierte Untugend, als Gegenexistenz erscheinen. Konnte man doch schon Goethes Sesenheimer Episode nur mühsam und durch prüde Fälschung ertragen.

Gottfried August Bürger heiratete am zweiundzwanzigsten November siebzehnhundertvierundsiebzig die achtzehnjährige Tochter Dorette seines hannoverschen Amtskollegen Leonhardt aus Niedeck. Dorette war gebildet, belesen und von ruhigem Wesen. Sie erwartete ein Kind von Bürger. Entgegen späteren Bekundungen ist anzunehmen, daß er sie geliebt hat. Anfangs lebte das Paar beim Schwiegervater in Niedeck, später zog es nach Wöllmarshausen. Wahrscheinlich hat sich die Liebesbeziehung zwischen Bürger und der zwei Jahre jüngeren Schwester seiner Frau, Auguste Leonhardt, allgemein Gustchen und von ihm Molly genannt, schon im ersten Ehejahr angebahnt und siebzehnhundertfünfundsiebzig verwirklicht. Dieser Verbindung verdanken wir die Lieder an Molly.

Abendphantasie eines Liebenden

In weiche Ruh hinabgesunken,
Unaufgestört von Harm und Not;
Vom süßen Labebecher trunken,
Den ihr der Gott des Schlummers bot;
Wohl eingelullt vom Abendliede
Der wachen Freundin Nachtigall,
Schläft meines Herzens Adonide
Nun ihr behaglich Schläfchen all.

Wohlauf, mein liebender Gedanke,
Wohlauf, zu ihrem Lager hin!
Und webe gleich der Eppichranke
Dich um die traute Schläferin!
Genieß der übersüßen Fülle
Von aller Erdenseligkeit,
Wovon zu kosten noch ihr Wille,
Und ewig ach! vielleicht verbeut!

Als Molly, nach dem Tod des Vaters, zum jungen Ehepaar Bürger zog, begann für den Dichter und die beiden Frauen ein Leben, das Bürger, ein bekanntes Zitat, folgendermaßen andeutet:

»Was der Eigensinn weltlicher Gesetze nicht gestattet haben würde, das glaubten drei Personen sich zu ihrer allerseitigen Rettung vom Verderben selbst gestatten zu dürfen. Die Angetraute entschloß sich, mein Weib öffentlich und vor der Welt nur zu heißen, und die andere, insgeheim es wirklich zu sein.«

Die tiefe, dauernde Verstrickung in die Situation läßt sich an der Tatsache ablesen, daß Molly ihm siebzehnhundertzweiundachtzig bei seiner Schwester Friederike einen Sohn gebar (den er erst siebzehnhundertzweiundneunzig zu sich nach Göttingen nahm), während seine Frau Dorette zwei Jahre später eine Tochter zur Welt brachte.

Wenige Monate nach der letzten Geburt starb Dorette, und Bürger heiratete ein Jahr später Molly. Nach Mollys frühem Tod im Wochenbett verzweifelt Bürger: *Mein Herz ist so zerrissen und zerlumpt, und diese Lumpen sind so mürbe.*

In den steifen Armen der Alma mater

Nach beinahe zwölfjährigen aufreibenden Auseinandersetzungen gibt Gottfried August Bürger endlich sein Amt und das Landleben auf und zieht, nachdem er sich vergeblich an Goethe, an die hannoversche Regierung, selbst an Friedrich den Großen mit der Bitte um eine auskömmliche Anstellung gewandt hat, nach Göttingen, im Mai siebzehnhundertvierundachtzig erhält er die Venia legendi und hält Vorlesungen als Privatdozent. Nach fünf Jahren ernennt man ihn endlich zum Professor, freilich ohne Gehalt, was bedeutet, daß er allein von den Kolleggeldern leben muß.

War Bürger als Angehöriger des Lehrkörpers der Universität von seinen Kollegen allenfalls gelitten und als wissenschaftlicher Dilettant auch der gesellschaftlichen

Ächtung durch die dünkelhaften Provinz-Professoren und ihre Familien ausgesetzt, die einen unüberwindlichen Graben zwischen Wissenschaft und Kunst sahen, so machte der Skandal seiner dritten Ehe mit der zwanzigjährigen Elise Hahn aus Stuttgart die Isolation total. Die Frau betrog ihn schon nach einem Monat. Er ertappte sie und wies sie aus dem Haus, ganz Göttingen rieb sich hämisch die Hände. Zumal der Liebhaber ein Hardenberg war.

Ein letztes Mal erregte Bürger heftigen Unwillen bei Kollegen und Regierungsbeamten, als er, im Gegensatz etwa zu Lichtenberg, der seine diesbezüglichen Meinungen lieber für sich behielt, auch noch während der Jakobinerherrschaft für die Französische Revolution und ihre Ideale eintrat. Bürgers Äußerungen zur Umwälzung in Frankreich sind verstreut und nicht sehr ausführlich, aber ein Gedicht wie *Die Tode* aus dem Jahr siebzehnhundertdreiundneunzig führt eine klare Sprache:

Für Tugend, Menschenrecht und Menschenfreiheit
 sterben,
Ist höchst erhabner Mut, ist Welterlösertod:
Denn nur die göttlichsten der Heldenmenschen färben
Dafür den Panzerrock mit ihrem Herzblut rot.

Für blanke Majestät und weiter nichts verbluten,
Wer das für groß, für schön und rührend hält, der irrt.
Denn das ist Hundemut, der eingepeitscht mit Ruten
Und eingefuttert mit des Hofmahls Brocken wird.

Sich für Tyrannen gar hinab zur Hölle balgen,
Das ist ein Tod, der nur der Hölle wohl gefällt.
Wo solch ein Held erliegt, da werde Rad und Galgen
Für Straßenräuber und für Mörder aufgestellt!

Dem Verfasser solcher Lyrik wurde, war er auch todkrank, das Gesuch um ein kleines Gehalt von der Landesregierung abschlägig beschieden. Wen wundert das.

Bereits am siebzehnten Mai siebzehnhundertvierundneunzig schrieb Caroline Böhmer, die als Göttinger Professorentochter geborene spätere Frau von Schlegel und Schelling, an einen Freund: Weißt Du, daß Bürger sterben wird, in Elend, in Hunger und Kummer? Er hat die Auszehrung, wenn ihm der alte Dieterich nicht zu essen gäbe, er hätte nichts, und dazu Schulden und unversorgte Kinder.

Ein Ende

Am achten Juni siebzehnhundertvierundneunzig hat Bürger ausgelitten, einsam, verlassen und völlig verarmt ist er gestorben, keine fünfzig Jahre alt. Lichtenberg, sein Nachbar, der das Vorderhaus bewohnte, wo Bürger zehn Jahre im Hinterhaus lebte, hat uns eine Notiz hinterlassen:

Der gute Bürger ist mir in diesen Tagen wenig aus dem Sinn gekommen. Ich habe sein Begräbnis durch das Perspektiv mit angesehen. Als ich den Leichenwagen mit einer Art von Anlauf durch das Kirchhofstor rollen sah, so hätte nicht viel gefehlt, ich hätte laut aufgeweint. Das Abnehmen vom Wagen konnte ich unmöglich mit ansehen, und ich mußte mich entfernen. Es begleitete ihn niemand als Professor Althof mit farbigem Kleide, Dr. Jäger und des Verstorbenen armer Knabe.

So Lichtenberg. Am vierzehnten Juni siebzehnhundertvierundneunzig. Das war das Ende.

Nachwort

Abwechselnd ist er das Opfer falscher Sentimentalität oder rigoroser Sittenrichterei oder eines unerquicklichen Gemisches von beidem gewesen, weil man nie die Bedingungen zu verstehen gesucht hat, unter denen er wurde, was er in Wirklichkeit gewesen ist. Schreibt Franz Mehring. Hundert Jahre nach Bürgers Tod. Hundert Jahre vor uns. Uns hundert Jahre voraus.

Bürger, Lichtenberg und wir, die heute lebenden Figuren

I

Bürger, Lichtenberg und wir, die heute lebenden Figuren, das ist ein Bericht, der schreibt sich von weit her, das ist eine lange Geschiche, sie dauert schon fünfundzwanzig Jahre für mich, und immer noch werden neue Kapitel angehängt, kurze oder lange, ephemere oder wichtige, wie neulich, als ich auf der Suche nach der Promiesschen kritischen Ausgabe von Lichtenbergs Schriften die Stadt durchkämmte.

Ich besitze nämlich, muß ich zugeben, die Sudelhefte und Tagebücher nicht. Aus eigener Schuld. Da meine Bücher im gleichen Verlag in München erschienen, glaubte ich Anspruch auf die Ganzlederausgabe erheben zu können. Sollte der Verlag nicht gefälligst seine eigenen Autoren mit den allerersten und allerbesten Editionen des Hauses auszustatten bestrebt sein. Aber jedesmal, wenn ich anfragte, waren die wenigen Lederexemplare gerade ausverkauft, hatte man eine neue Bindequote nicht oder noch nicht wieder ins Auge gefaßt.

Das Spiel geht seit zwölf Jahren so. Und inzwischen, höre ich, ist auch die Leinenausgabe vergriffen, eine Neuauflage mit Bearbeitung scheint sich hinzuziehen, ich bin, fürs erste jedenfalls, restlos zu spät gekommen und bleibe auf die Bibliotheken angewiesen.

Der erste Weg in Sachen Lichtenberg führte mich also in die Göttinger Stadtbücherei. Kurzer Weg, Präsenzbibliothek, Griff ins Regal. Aber die Sudelhefte und Tagebücher waren ausgeliehen. Erfreulich, was sonst. Aber ich mußte vorbestellen. Eine Postkarte, deren Frankatur man im voraus bezahlt, wird bereitgelegt. Wenn der Computer die Rückgabe des vorbestellten Buches verzeichnet, wird man mit der Karte benachrichtigt. Als ich vierzehn Tage nichts hörte, ging ich noch einmal in die Stadtbücherei und trat wie nebenbei vor das Fach mit den Büchern der Aufklärung, dort hat man Lichtenberg nämlich untergebracht. Und siehe da: von den beiden Bänden fand ich Sudelbücher eins im Regal, ungeachtet meiner dringenden Vorbestellung.

Band zwei mit den mir so wichtigen Tagebüchern blieb verschwunden. Diebstahlsverlust vielleicht. Obwohl es keine borniertere Handlung gibt als die, Bücher aus öffentlichen Bibliotheken zu stehlen. Denn man bestiehlt nicht einen, sondern zehn oder hundert.

Jetzt wandte ich mich der höheren Instanz zu. Im Katalogsaal der Niedersächsischen Staats- und Universitätsbibliothek Göttingen füllte ich einen Leihschein auf Lichtenbergs Sudelbücher eins und zwei aus und fand mich nach einer Anstandsfrist von zwei Tagen auf der Ausleihe ein. Auch hier: Fehlanzeige, die Bücher lagen nicht bereit. Statt ihrer wurde mir mein Leihschein präsentiert, er trug einen Vermerk mit Bleistift: ADW Lichtenberg.

ADW Lichtenberg, was das heiße, fragte ich. Nun, die Bücher seien nicht im Haus, ich müsse sie im Register belegen. Im Register belegen, was war das nun wieder. Ich bin seit einem Vierteljahrhundert mal gelegentlicher, mal eifriger Benutzer der Bibliothek, aber *dieser* Formulierung war ich noch nicht begegnet. Nach schnellem Zugriff auf die Bücher klang der Vorschlag jedenfalls nicht, und von der Auskunft im Katalogsaal hörte ich: Was die auch immer hinschreiben, nie weiß man genau, worum es sich dreht.

Dann wurde telefoniert, ich saß am Katalogtisch und wartete. Zehn Minuten später eine junge Frau. Die Sudelbücher seien bei ihnen in der Lichtenberg-Arbeitsstelle, also besetzt, aber durch reinen Zufall wisse sie, daß in der Handschriftenabteilung die beiden Bücher noch einmal stünden.

Fünf Minuten später hielt ich die Bücher in der Hand, beglückt. Doch stellte sich schnell heraus: Ausleihe nicht möglich, Benutzung nur im Haus. Sollte ich abends spätestens ab acht aufhören, mich mit Lichtenberg zu beschäftigen, ihn zu lesen. Sollte ich meine altgewohnten Arbeits- und Lektürenächte abschreiben und mich statt dessen mit einer Flasche Bier vor den Fernseher hocken, sollte ich dazu noch tagsüber auf mein Zimmer, den Schreibtisch, die tausend Exzerpte und Notizen, auf meinen eigenen Kontext und mein ganzes Ambiente verzichten.

Es handelte sich bei den gesuchten Sudelbüchern um nichts irgendwie Besonderes oder Ausgefallenes, sondern um eine gängige Ausgabe, um *die* fundamentale kritische Edition der Schriften eines Mannes, der die wichtigsten Jahre und Jahrzehnte seines Lebens in Göttingen verbracht hat und dessen Name mit Göttingen in allerengstem Zusammenhang steht. Lichtenberg, die singuläre Erscheinung am Ort. Und dennoch halten die drei Millionen Bände der hiesigen Bibliothek seit Jahren eine Lücke bereit, dort haben einmal die Sudelbücher gestanden, bevor sie in die Arbeitsstelle gewandert und uns aus dem Zugriff geraten sind.

Leser, kommst du nach Göttingen, wisse, daß du Lichtenbergs Sudelbücher am Ort seines Wirkens, in einer der größten Büchersammlungen der Welt auch in den nächsten Jahren nicht wirst ausleihen können, daß man dort, wo sein schriftlicher Nachlaß verwaltet wird, die Handvoll Zehnmarkscheine für eine Dublette nicht gehabt hat und, antiquarische Anschaffung, auch nicht hat.

II

Mein erstes Zimmer in Göttingen war Ende der Adenauerzeit die Dachstube in Grone, draußen an der Autobahn. Der Zimmervermieter hieß Rosenplänter und wohnte im ersten Stock, parterre lebte die Tochter mit ihrer Familie. Manchmal, im Sommer, sah ich die junge Frau, wie sie im Badeanzug zwischen Garten und Haus unterwegs war.

Auf der anderen Seite der tapezierten Bretterwand, die den Dachboden unterteilte, hauste, damals noch pflichtschlagender Korporierter, der spätere SDS-Führer Hans-Jürgen Krahl, der eines Tages aus Göttingen verschwand und in Frankfurt auftauchte und dort sehr bekannt wurde, auf eisglatter Straße ist er achtundsechzig gar nicht weit vom Ort unserer Begegnung entfernt tödlich verunglückt, im Kasseler Bergland.

Es gibt ein Gedicht von mir auf jenes erste Jahr in der Stadt.

Ein Stich ins Herz

Es ist nicht nötig, Tatsachen zu wiederholen
die zur zeitgenössischen Geschichte gehören
andererseits

muß man wissen, daß ich
im Spätherbst dreiundsechzig nach
Göttingen gegangen bin
und die verwüstete Ebene gesehen habe
in deren Mittelpunkt
Bürgers Grab liegt, Lichtenbergs Gartenhaus
was ich erst Jahre später erfuhr.

Ich erinnere mich an eine unwohnliche Stube
ohne andere Aussicht als den Nußbaum, die Wolken
ein Klofenster und
die ganz verödete Straße
es war ein Zimmer wie
alle Zimmer in der Provinz
kahler kalter Raum mit feuchten Tapeten
in einem Land, das nie
eine fortschrittliche
Verschwörung, eine
große nützliche Intrige hervorbringen würde
dem der allgemeine Untergang drohte
und droht.

Schon bei der Ankunft in der Garbenstraße kam mir
mein Hauswirt eher
neugierig als
zärtlich entgegen und lachte mir in die Zähne:
der Herr Medizinstudent.

Gegen Morgen, mitten
in unser Gespräch über Darmbäder und Urinkuren
die Nachricht von Kennedys Tod
da sieht man jetzt wieder, sagte der neue Freund
daß jedes Leben vor allem
einen historischen
Verlauf hat.

Im Garten rauschte der Regen.

Dann küßte er mich auf den Mund
und zerbiß mir die Lippen, so
war das nämlich.

III

Bürgers Grab, Lichtenbergs Gartenhaus. *Was ich erst Jahre später erfuhr.* Das war dann siebenundsechzig, achtundsechzig, in der Zeit der großen Notstands- und Dutschkedemonstrationen, der Nächte im Audimax voller Reden, Gegenreden und Abstimmungen. Tagsüber saß ich unter den Linden auf dem Wall oder im Botanischen Garten am Teich und las Klopstock, den Hainbund, zum ersten Mal, als Ausgleich wahrscheinlich.

Wie meist, gingen mir Anrührungen durch die Arbeiten, durch die Texte eines Autors und durch Momente seines Lebens zusammen und verstärkten einander, der lungenkranke Hölty, sein früher Tod und die posthum herausgegebenen Gedichte, Bürger auch und vor allem, seine lebenslangen Liebes- und Leidensgeschichten, die Lieder an Molly und besonders *Lenore*, die große Ballade.

Zwei erzählende Texte entstanden damals, *Heimat Göttingen I* und *Heimat Göttingen II* betitelt. Mit einer Art Montagetechnik, die schon das Prosabuch *Kriegerdenkmal ganz hinten* von neunzehnhundertsiebzig ankündigt, wird zum ersten Mal der Versuch einer Ansiedlung unternommen, im Spiel mit örtlichem Material.

Heimat Göttingen I

Vielleicht, daß wir tatsächlich eine jahrelange alles umfassende Diskussion wünschen. Aber die Reise ins polnische Gouvernement hätte er machen sollen. In Fällen wie dem seinen hat kontinentales Klima geholfen. Wir sehen die Kutsche bergab rasen: am Fensterrahmen liegen drei gekrümmte Finger. Mehr nicht. Ein unscharfes Bild, das letzte, bevor uns der Freund genommen wurde. Eine alles umfassende Diskussion. Denken wir an die schlechten Wege, die Schlaglöcher, die unfreundlichen Gastwirte, die schmutzigen Betten. Irgendwann müssen wir uns doch entscheiden, muß deutlich werden, von wo die benutzbaren Möglichkeiten ausgehen und wohin sie führen. Heimat. Hier haben wir es mit Heimat zu tun, das ist schon viel. An sich machen vier weiße Wände einen neutralen Eindruck. Vorher: ganz hinten im Raum agiert Hölty sich die Schwindsucht an. Hölty adieu. Alles muß auf einem Kirchhof in Hannover enden. Eines Tages fuhr er in einer Kutsche nach Warschau. Nie wieder haben wir etwas von ihm gehört. Das wäre möglich gewesen, aber dann endet er doch auf einem Kirchhof in Hannover. Auch Briefe werden in jenem Raum geschrieben. Die Farbe der Wände regt den Schreiber nicht gerade an, aber sie stört ihn auch nicht. Das Überhandnehmen der Kettenbriefe veranlaßt den Oberstadtdirektor von Göttingen zu einem Mahnruf, in dem er ausführt, daß diese Briefe, welche Rot auf Weiß geschrieben würden, von Schwachköpfen und Stadtstreichern verfaßt wären und die Göttinger Bevölkerung wichtigere Aufgaben habe, als sich mit solchem Machwerk zu befassen. Wenn dieser Unfug nicht bald aufhört, werde ich die Verbreiter der Handschreiben durch

Veröffentlichung ihrer Namen an den Pranger stellen. Vielleicht heißt der Oberstadtdirektor Busch. Sagen wir es ruhig: unser Freund hieß Hölty und floh nach Osten. Zwischen Neiße und Weichsel brach der Winter herein, er schrieb von meterhohen Schneewehen und von Wölfen. Diese Ebenen vor den Toren von Warschau, hat er die wirklich gesehen.

Später kamen die Verwandlungen. Frag mich besser nicht. Unter die Dinge, die nicht mehr sind, gehört die sogenannte alte Garde von hundertfünfzig Mann, die ich neunzehnhundertfünfundsechzig noch im Kenter sah und die mir so burlesk vorgekommen ist: in blau und gelb besetzter Livree, grellroten Westen, Hosen, Strümpfen. Sie glich einem Haufen Bedienter, denen man zum Spaß Bratenspieße gegeben hatte und die man einen Exhibitionisten braten ließ. Heißenbüttel las manchmal. Es wurde gesagt: machen wir einen Bobrowski-Gedächtnis-Abend, veranstalten wir eine Wiener-Lieder-Stunde. Zu Christoph sagte ich, was nützt es, wenn ein Bauer sagt, ich weiß mir nichts Besseres als pflügen, säen, ernten, und er sitzt im Gasthaus, während der Ostwind sein Korn beutelt. Ulrike ist die einzige, die ja gesagt hat. Christoph sagte, wir hatten einen, der sang mit besonders heller Stimme Vaterlandslieder, aber als er Soldat werden sollte, schlich er sich über die nächste Grenze davon. Gernot, sagte ich, das muß Gernot gewesen sein. Was soll man sagen, wenn man sich klargemacht hat, daß er, verfolgt wie er war, wegen Mangel an Freunden oder Schlafgeld nächtelang im Freien übernachten mußte und dann die vier weißen Wände fand. Das waren *meine* Wände. Armut lehrt geigen, aber trotzdem verdirbt viel Witz in eines armen Mannes Beutel. Man kann allerhand auf vier weiße Wände projizieren. Sogar die Dinger von Ludwig Richter sind ja irgendwo schön. In jener Nacht sah ich Hölty erstmals an Land kommen. Der Tag danach so ziemlich verloren. Es wurde nicht richtig hell. Das sind die Schatten großer Ereignisse, sagte Heidrun, als sie mir die Zeitungen aufs Bett legte. Dabei ist es geblieben. Warum auch nicht.

Heimat Göttingen II

Schon bei Windstärke acht wache ich auf und habe Angst um die Scheiben in der Balkontür. Die Watte im Ohr, irgend jemand drückt sie tiefer. Seit Mitternacht schaufelt der Heizer im Keller Koks ein. Das dreißigpfündige Plumeau nagelt dich aufs Laken. Mai dreiundsiebzig: Ich möchte gern, daß mein Gedicht in den Spinnstuben gesungen wird. Juni dreiundsiebzig: *Lenore* tut solche Wirkung, daß die Dorfbewohner in den Betten auffahren. August dreiundsiebzig: Gottlob, nun bin ich mit meiner unsterblichen *Lenore* fertig. Der Heizer schaufelt wie wild. Er will das Plumeau überflüssig machen. Wer treibt mir die Watte ins Ohr. Als Bürger Ende August siebzehnhundertdreiundsiebzig im Gutshaus zu Sennickerode das Gedicht vor geladenen Gästen bei Kerzenschein las und an der Stelle *mit schwanker Gert ein Schlag davor* die Reitpeitsche gegen den eisernen Ofenschirm schlug, erregte er unter seinen Zuhörern abergläubische Furcht. Ja wenn Niedersachsen Cuba wäre. Ich läge bärtig im zehnten Stock des Libre. Der Gegner finge an, den Vertrieb von Coca-Cola zu organisieren. Noch immer beginnt aber vor den Toren Göttingens das schöne Gartetal mit seinen Fachwerkhäusern, in denen zahlreiche Müller wohnen. Seitdem hat die Industrie das Handwerk verdrängt. Einige Großmühlen decken den Bedarf. Linkerhand, gleich am Eingang des Tales, lassen wir das Gasthaus Waterloo des Veteranen von achtzehnhundertfünfzehn zurück. Neuerdings hat es den Namen Pigalle bekommen. Manches ist mit der Zeit verschwommen. Nachdem Bürger in den Jahren siebzehnhundertvierundsiebzig bis siebzehnhundertvierundachtzig in Niedeck, Wöllmarshausen und Appenrode gewohnt hatte, verlebte er die letzten sechs oder sieben Monate seiner Amtszeit wieder in Gelliehausen, in einem elenden Bauernhause. War es etwa das Haus an der Ostseite des Uslarschen Hofes. Oder das Haus Nummer einunddreißig. Wir gehen vorwärts zurück. Einige Diapositive werden projiziert. Guck mal, noch vor sechzig Jahren standen in den Winternächten die Knechte gegen zwei auf, um zu dreschen. Gut, sage ich, lassen wir sie auch heute wieder um zwei aufstehen. Die Häuser des Dorfes sind strohgedeckt. In einem elenden Bauernhause. Bleiben wir dabei. Die Wege, auf denen Frachtwagen und Diligencen durch das Land passieren, entsprechen im Zustand der herrschenden Jahreszeit. In den Tannen am Hohlweg stehen zwei Männer. Wenn das Gespann bergauf geht, schnallen sie unbemerkt den Geldkasten ab. Elektrizität ist vergessen. Die Reihe Hanser kam bis zur Nummer zweitausendundeins. Nachts sucht man sich mit Laternen den Weg. Es gibt wieder Fliegende Boten. Irgendwo sitzt der Landesherr. Er allein weiß, was in der Türkei vor sich geht. In den Böhmischen Wäldern wohnt eine Familie namens Hiedler. Der Scheffel Korn wird acht Mariengroschen teurer. Wenn einem Einwohner unseres Dorfes das Haus abbrennt oder abgebrannt wird, was öfter geschieht, erhält er vom Schulzen einen Brandbrief, mit dem er im benachbarten Ausland betteln darf, drüben in Hessen, im nächsten Dorf. Schon haben wir wieder ein Ohr für den Klang geprägten Silbers. Die Frauen tragen keine Schlüpfer mehr. Marx ist nur noch der Name eines israelitischen Pferdehändlers. Selten kommt jemand von uns in die Stadt. Der Fußmarsch dauert einen halben Tag, und alles verwirrt nur. Der Nachbar gibt in Göttingen eine Gedenktafel in Auftrag und bringt sie kurz vor Weihnachten an seinem Haus an: Hier dichtete Gottfried August Bürger im Jahre siebzehnhundertdreiundsiebzig *Lenore*. Schon halb entkleidet, begebe ich mich am Abend in ein unbewohntes Zimmer des väterlichen Hauses und suche mich durch Flötenspiel zu zerstreuen. Nach wenigen Minuten tritt Brand hinzu und begleitet mein Spiel. Gegen sieben gehe ich zu Bett. Eine Stunde später legen sich auch der Kandidat Rohde und mein jüngerer Bruder nieder. Obwohl wir die Mühle erst spät an jenem Winterabend erreichten, brannte noch Licht in der Wohnstube, die zugleich Schlafraum der gesamten Familie war. Wir wurden freundlich aufgenommen, erhielten Bier, Tabak und eine Einladung, über Nacht zu bleiben. Das Schneewasser tropfte aus unseren Pelzen. Es wurde ein langer Abend. Erst kurz vor zehn kamen wir zur Ruhe. Nur der Knecht und der Hütejunge gingen in die Kammer. Die beiden Frauen waren in ihr Bett gestiegen. Wir anderen nahmen das Bett von Bau. Bau als Gastgeber begnügte sich mit der Mitte. Brand lag an der Wand, ich nahm die Kante. Nach einer Viertelstunde erschlug ich Bau. Die Alte war gleich tot. Ihre Tochter sprach mich noch an. Brand ging in die Knechtekammer. Das Öffnen der Kästen war leicht, aber wir fanden nur wenig. Dann brachen wir ein Loch in die nördliche Lehmwand der Mühle, um den Verdacht fehlzuleiten, und bahnten uns durch den hohen Schnee einen Weg zum Wald. Dort blieben wir, bis die Flammen aus dem Wohnhaus schlugen. Später ließ Brand mich nicht aus dem Stall. Wochen danach gingen Gerüchte unter der Bewohnerschaft des Tales um. Man habe Bau, eines Auges beraubt, am Morgen nach dem Brand im Wald gefunden. Er habe sich an nichts erinnern können. Er habe diesen und jenen bezichtigt. Am ersten März war Brand verschwunden. Drei Tage später, mittags, aus dem Wald kommend, traf ich in der Wohnstube den Amtmann Bürger an, er saß in der Zimmermitte auf dem einzigen Stuhl und reichte mir die Hand. *Mit schwanker Gert ein Schlag davor.* Da waren einige Bilder, die uns beeindruckt haben. Nach Mitternacht auf eine weiße Wand geworfen, hindern sie uns am Schlafen. Wenn mehrere Bilder aufeinander projiziert werden, verwirrt uns das. Wir bedecken die Augen und rufen: leichter. Kann man uns das nicht leichter machen.

IV

Dann setzte sich die nähere Beschäftigung mit Bürgers Werk und mit seinem Leben fort. Die vielen Jahre in der Abgeschiedenheit des flachen Landes, die lange währende Unfähigkeit zum schnellen Veränderungsschritt traten mir immer deutlicher vor Augen und faszinierten mich immer mehr. In zahlreichen Variationen schrieb ich ein Gedicht, das den Prospekt der Bürgerschen Biografie zu zeichnen versuchte.

Die Leuchtfeuer auf dem Festland

Bürger, der Verfasser der Lenore
führte in den Dörfern um Göttingen
ein erbärmliches Leben
nie war Geld im Haus
die Gerichtsbücher verkamen ihm
über den Liedern an Molly, das
war die minderjährige Schwägerin
unter dem zernagten Dach aus Stroh
die uneheliche Mutter
seines Sohnes, den er sich
aus den müde gewordenen Augen schaffte.
Bienenzucht, Ackerbau, Landhandel
die Sackgassen wurden zu Schluchten.
Ich trage
ein großes Buch in mir herum
viel schwerer als alles von Goethe
aber was auf dem Papier steht
sind Krümel.
Einen November, Dezember lang
las er mit Lichtenberg
die Berichte der Nordmeerfahrer.
Mich friert so sehr
sagte er jedesmal
nach einer Stunde, weshalb denn.
Der Dienstherr verfolgte ihn
und auch die Bauern hatten keinen Sinn
für Gedichte
Empörung allein, um zu plündern.
Nur der verschlagene Hofrat
und die alternde Hofrätin in Gelliehausen
im Haus am Teich

hörten das Kauderwelsch
des überflüssigen Schriftstellers
irgendwo auf der Welt.
Seine Freunde erzählten sich von
den endlosen Gängen, rastlosen Märschen
über die Felder.
Manchmal, von Zeit zu Zeit
traf in den Städten ein Brief ein:
holt mich heraus.

Mit dem Einbruch der Dunkelheit
kommen die Vögel vom Meer
und kreisen in taumelnden Schwärmen
um die Leuchttürme auf dem Festland
sie halten sich
so lange in der Luft, wie sie nicht
zu sterben glauben.

Aber das Leben Bürgers lieferte nicht allein Material für die Poesie, es war an sich sammelwürdig. Ich arbeitete den Wurzbach durch, die Biografie, mehrmals, und grub die Strothmannsche Ausgabe der Briefe um, ich exzerpierte, akzentuierte und arrangierte, alles übrigens ohne Computer. Und ebenso verfuhr ich mit den Briefen und vor allem mit den Tagebüchern Lichtenbergs.

Diese Tagebücher, als ich sie zum ersten Mal las, versetzten mir im wahrsten Sinn des Wortes eine Kette von Schlägen. Dergleichen direkte Offenheit, solches präzises Beim-Namen-Nennen waren mir gänzlich neu. Das gibt es in Goethes Notaten nicht, das sucht man bei Hebbel vergeblich. Erst bei Benjamin Constant habe ich zehn Jahre später im Ansatz Vergleichbares gefunden. Und merkwürdig übrigens, auch dessen Tagebücher haben mit Göttingen zu tun, auch er hat, vorübergehend allerdings nur, in Göttingen gelebt, als er, nach der überlangen Beziehung zu Madame de Staël, eine Gräfin Hardenberg heiratete. Die Göttinger Wohnung des Ehepaars lag am Leinekanal, gegenüber der Marienkirche. Im Januar achtzehnhundertzwölf notiert Constant: Mit meiner Frau über das Wohnen in Göttingen gestritten. Schreckliches Leben. Einen Monat später: Neuer Streit. Wie langweilig hier. Und im Oktober: Zu wenig geschlafen, weil Charlotte nicht ins Bett gehen wollte. Unter anderem habe ich geheiratet, um oft mit meiner Frau zu schlafen und früh ins Bett zu gehen. Nun schlafe ich fast nie mit ihr, und wir bleiben auf bis vier Uhr morgens.

Solch schonungslosen Umgang mit sich selbst, bewirkt den der Genius loci. Nach über fünfundzwanzig Jahren am Ort bin ich geneigt, die Frage zu verneinen. Immerhin, auch Bürger, der in seinen Briefen bis zuletzt die Sprachgebärden des alternden Stürmers und Drängers nicht ablegt und möglicherweise auch nicht ablegen will, hat einmal deutlich, deutlich wie Lichtenberg, gesprochen, ohne Schnörkel und Posen und allein zur Sache, auf den sechzig Seiten des Schwiegermutter-Briefs von siebzehnhundertzweiundneunzig, in dem die Geschichte der dritten Ehe und ihr Scheitern erzählt werden. Was man dort lesen kann: wie der berühmte Dichter ein Loch in seine Wohnzimmertür bohrt, wie er vorzeitig aus der Mittagsvorlesung nach Hause kommt und, auf dem Flur kniend, durch das Loch guckt, um seine Frau in flagranti zu ertappen.

Die einen nennen es Unterwäschegeschichten, die anderen haben *Madame Bovary* und die *Kreutzersonate* daraus gemacht, Stoff für Literatur sind diese Irrungen und Wirrungen meiner Meinung nach allemal, sie sind es nicht zuletzt, die mich über einige Gedichte und Schriften hinaus an Bürger und Lichtenberg fesseln und mich vermuten lassen, daß der literarische Umgang mit ihnen keineswegs am Ende angekommen ist.

In jener zurückliegenden Zeit der ersten Erkundung baute ich aus den exzerpierten Daten, Fakten und Details biografische Gerüste, die immer umfangreicher wurden. Unter anderem entstand ein Leporello, Bürgers Lebensgeschichte betreffend, das in seiner unhandlichen Form über zwei Meter lang ist.

V

Hinter dergleichen Zeitvertreib und Dauerbeschäftigung stand der Plan eines Bürger-Romans. In dem Lichtenberg eine wichtige Rolle zugefallen wäre, weil er neben dem Verleger Dieterich der Partner Bürgers war und weil mir überhaupt ein Rahmen des Buches vorschwebte, der weiter gesteckt sein sollte, als es das hintereinanderweg erzählte Leben Bürgers erfordert hätte. Stadt, Universität, ausgehendes achtzehntes Jahrhundert und Zeit der Revolution in Frankreich sollten sich durchaus auch in Richtung Hier und Heute öffnen. Keine Nacherzählung also, sondern Ausweitung, Bezug, Vergleich. Denn lebte ich nicht, zweihundert Jahre später, am gleichen Ort. Was weiß ich von den Problemen des Schreibens, von der eigenen Labilität und Verstörung. Fragen also, auch an mich selber.

Der Roman ist nicht, noch nicht zu Ende geschrieben, Bürgers Traum vom großen Wurf als Parallele. Es gibt die Stoffpläne, Kapitelverzeichnisse, Materialkonvolute und achtzig, neunzig druckreife Seiten, irgendwann stockte die Arbeit, vielleicht ein Echo auf Klagenfurt, nun liegt der Stoß Papiere im Regal, für irgendwann später. Hier der Beginn, der Motive aus den Texten Heimat Göttingen aufgreift und variiert, von manchen Bildern kommt man nicht los.

Niemands Land

Auf einem langen Heimweg voller Gedanken, beim Gang durch die alten Wälder am Hainberg, die unserem Haß auf alles Lebendige entgangen sind, fallen mir der Herbst und der Winter ein, die ich in Gelliehausen verbracht habe, als das Glück darin zu bestehen schien, in einem abgelegenen Dorf ein kleines Haus mit weißen Gardinen zu bewohnen, zwischen alltäglichen Nachbarn und mit Büchern. Wir sahen die Kirche, den Bach und den Wald. Nebenan hatte Bürger vor zweihundert Jahren die *Lenore* geschrieben, dann war er in Elend und Ehrgeiz verkommen, das wußten wir doch.

Wenn wir uns stritten, um Geld, um Briefe, die sie geschrieben oder bekommen hatte, um die Größe unserer Opfer füreinander, dann saßen wir nachts in der großen kalten Küche, sprachlos und frierend. Nach den ersten Gläsern die Anklagen, sie eine Minute, ich eine Minute. Was du auch sagst oder hörst, du lernst nur dich selber kennen. Später ging sie nach draußen und holte das Auto vor die Tür.

Auf Nebenstraßen, an Häusern, Feldstücken und Wäldern vorbei fuhren wir langsam geradeaus oder im Kreis. Irgendwann, an einem Halteschild, nachdem ich die Handbremse gezogen hatte, sprang ich auf die Straße und lief davon. Ich wußte, daß sie gleich wenden und mit heruntergelassener Scheibe neben mir herfahren würde: komm. Stieg ich ein, griffen wir uns zwischen die Beine.

Meist ging ich weiter. Dann hielt sie nach einer Viertelstunde gewöhnlich an, und bis zur nächsten Kurve, zum nächsten Tal konnte ich den Motor hinter mir hören, meinen langen Schatten im Fernlicht sehen. Größere Bedeutung würde ich niemals haben.

Nach einem Marsch über schlammige Feldwege und Verbindungsstraßen kam ich gegen Morgen zu Hause an. Alle Türen offen, Tabletten auf dem Boden verstreut, sie angezogen auf dem Bett, im Tiefschlaf. Im Hinterzimmer am Tisch stehend, noch im Mantel, schlage ich mein Notizbuch auf und finde Eintragungen von fremder Hand. Mai dreiundsiebzig: ich wünsche so sehr, daß mein Gedicht in allen Köpfen bleibt. Juni: was ich schreibe, hat solche Wirkung, nachts werden die Leute hier in den Betten auffahren. August: jetzt bin ich bereit, übermorgen das erste Publikum.

Als ich an einem Abend Ende August mit staubbedeckten Stiefeln vor dem Gutshaus in Sennickerode eintraf, schlief man in den Hütten längst. Alles leblos und still, nur aus den weiten Bachwiesen wehte Kühle auf den Hof, zwischen die Mauern. Mit jenen Schatten aus Kälte und Weiß im Gesicht, die das Mondlicht erzeugt, stieg ich die Freitreppe hinauf und wurde in den Saal geführt, das Manuskript der *Lenore* schon in der Hand. Verbeugung, irgendwie, der Landadel drehte die Köpfe. Und offene Fenster, Kerzen, das Rascheln von brüchigem Taft und ausgeblichener Seide. Man schleppte mich vor die alte Baronin, die Herrin des Kreises, die steif auf ihrem Stuhl saß, fünf Dörfer höher als der Rest der Versammlung. Sein Name, wenns recht ist. Soundso.

Haha, ist der nicht gedruckt. Urteilen Sie nicht danach, ich habe Fortschritte gemacht.

Ist er das gewesen, bin ich es.

Endlich, kurz nach Mitternacht, stand er in der Tiefe des Zimmers neben dem Ofen. Gegenüber ein hoher Spiegel, in dem er sich sehen konnte. *Mit schwanker Gert ein Schlag davor.* Bei diesen Worten, herausgeschrien gegen Gewohnheit und Überlegung, schlug er mit der Reitpeitsche auf den eisernen Ofenschirm. Die Zuhörer in abergläubischer Furcht, in atemlosem Entsetzen.

Später allgemeine Beruhigung. Von dem, von denen zu uns kein Band. Das alles, der ganze Abend, die lange Nacht vor den Kulissen des bevorzugten Stumpfsinns, der abgegriffenen Eleganz und totgeborener Wünsche, wann denn.

Noch immer beginnt dicht bei Göttingen das schöne Gartetal mit seinen sauberen Dörfern seitwärts der Straße und den vielen einzelnen Mühlen am Bach. In jeder Biegung des Weges ein neuer erstaunlicher Ausblick, sanftgeschwungene Hügel voll Wald, vereinzelte Sandsteinfelsen, die Kirchtürme, rote Dächer, wirklich ich kannte anfangs kein Bild, das schöner war. Nach einem Jahr kam mir der Himmel nah und flach vor, dauernd voll unbeweglicher Wolken. Alles schien sich auszubreiten und zu zerstreuen, die Dörfer, die Häuser entfernten sich von Monat zu Monat mehr voneinander und umgaben sich mit Einsamkeit. Immer deutlicher das Ende der Welt. Auf einer Wiese liegen, damals. Meine Angst, über mir könnte Gras wachsen.

Sie liebte die langen Sonntage auf dem Land und merkte nicht, daß sie die Zeit auslöschten. Anfangs in monatelangen Abständen, dann immer öfter sprach sie vom schlimmen häßlichen Leben. Du hast seit zehn Jahren in einem anderen Land gelebt. Oder in einem Hotel, in dem man oben im Bett liegt und schöne Bücher liest, während man sich unten die Schädel einschlägt. Das letztemal hob sie beim Essen plötzlich den Kopf und fing an zu reden, bis in den Nachmittag hinein erzählte sie von einer nächtlichen Bahnfahrt, die sie im eisigen Winter dreiundsechzig als Studentin von Göttingen aus zu ihren Eltern ins Grabfeld gemacht hatte. Mit dem letzten Zug sei sie fast hundert Kilometer durch beinahe menschenleeres Gebiet längs der Grenze gefahren, nur schneeverwehte Wälder und eingeschneite Einödhöfe hätten an der Strecke gelegen.

Die Soldaten auf Wochenendurlaub und die Schichtarbeiter stiegen an den Haltestellen aus, schließlich war sie mit dem Schaffner allein. Nach zwei Stunden Fahrt sei im Waggon, dem einzigen hinter der großen Lokomotive, das Licht ausgefallen, so daß es drinnen viel dunkler als draußen war. Der Schaffner kam, ohne ein Wort zu sagen, aus seiner Ecke, setzte sich auf die Lattenbank und faßte sie an.

Sie wehrte sich nicht. Warum nicht. Seit dem Morgen hatte sie nur eine Tafel Schokolade und eine Packung Kekse gegessen. Der Wagen war überheizt. Außerdem hat jedes Gesicht ein Geheimnis, das man erst entdecken muß.

Manchmal hielt der Zug mit einem Ruck an, tief in der ungeheuren Wüste der Finsternis. Der Schaffner blieb sitzen, aber sie fühlte seinen Atem nicht mehr im Gesicht. Erst wenn sie weiterfuhren, wurde er wieder lebendig. Die Berührungen machten aus ihrem Körper Brücke und Abgrund zugleich, Kehrseite der Einsamkeit in dem möblierten Zimmer am Stadtrand. Sie hätte wie mit offenem Mund gelauscht, in sich hinein und zu ihm hinüber.

Obwohl der Mann die letzte Grenze nicht überschritt, hätte er alles verlangen können, sie war bereit. Rätsel der Gewohnheit, die uns Gesellschaft leistet, in ähnlichen Nächten. Auf seine Hand antwortete sie wie früher den Katzen, die sich in unbeleuchteten Höfen an sie gedrückt, sie erst erschreckt und dann gewärmt hatten, mit der undeutlichen Erinnerung an etwas lange Zurückliegendes.

Deshalb hätte er beim Abschied auch nicht lächeln dürfen.

Zu Hause fand sie ein verlassenes Wohnzimmer mit leeren Bierflaschen, auseinandergerissenen Zeitungen und übervollen Aschenbechern vor. Die Mutter, die endlich erwachte, sagte, es sei drei vorbei. Schwindelgefühl, Schüttelfrost, Schmerzen im Kopf. Von der Tür aus warf sie einen Blick in das Schlafzimmer der Eltern. Ganz hinten in der halbdunklen Höhle lag ihr Vater auf dem Rücken und atmete schwer. Unter den Mißbildungen von Jahrzehnten konnte sie undeutlich sein Kindergesicht erkennen.

Sie dachte an die unruhigen sprunghaften Gespräche, die sie kurz nach der Konfirmandenzeit geführt hatten, ihr Drängen nach Erklärung, sein Beharren auf eindrucksvollen schwer wiederzugebenden Erlebnissen mit anhaltendem Echo. Im Sommer vierundvierzig, nach dem Zusammenbruch der Mittelfront, war er mit fünfhunderttausend Gefangenen durch Moskau geführt worden. Barfuß, zerlumpt, halbverhungert und krank sind wir, die Generäle an der Spitze, in Sechzehnerreihen mit erhobenen Köpfen unter einer heißen Sonne über breite Straßen gewandert. Die ganze Stadt hat zugesehen. Man hörte nur das Geräusch unserer Füße, sonst war es still. Keine Drohungen, keine Fäuste. Viele Tränen. Der Durchzug dauerte vom Morgen bis zum Abend, danach kamen, als es zu dämmern anfing, die Sprengwagen und säuberten das Pflaster. Was man aus Menschen alles machen kann, hatte ihr Vater im Zimmer ohne Licht nach einer Pause gesagt. Weinst du. Wegen der Leute. Ja.

Meine Beschreibungsversuche bleiben an solchen Stellen stecken, sagte sie und sah mich groß an.

Gegen Abend, noch bevor sie mich in der folgenden Nacht oder am Vormittag verließ, entdeckte ich am Haus hinter dem Dorfteich die Tafel: ein Datum, seinen Namen, das Wort *Lenore*. Hier. Nach zehn Jahren im Tal das elende Bauernhaus, die Zeit stand still. Nur seine Wahnsinnsgedanken rollten umher, das sah wie Bewegung aus. Die Freunde hörten das ferne Poltern: Professor in Göttingen sein. Oder Goethe in Weimar. Einer Verehrerin, die seinetwegen von der Küste gekommen war, schlug er die Tür vor der Nase zu. Und dem Pfarrer, nachdem er ihn nachts aus dem Schlaf geklopft hatte, sagte er: Für mich bedeutet schreiben immer noch handeln. Nicht mitteilen.

Die minderjährige Schwägerin zur Mutter gemacht, Frau verloren, ein Kind verloren, ich bin meiner Zeit so verbunden, daß ich nichts mehr über sie sagen kann.

Letzter Tag im Oktober. Überraschend kalt. Schnee den ganzen Tag. Schon halb entkleidet gehe ich nach Einbruch der Dunkelheit in ein unbewohntes Zimmer des Hauses und nehme die Flöte mit. Nach wenigen Minuten kommt sie mir nach und begleitet mein Spiel. Gegen sieben lege ich mich hin. Eine Stunde später zieht sie sich auch aus, ich stelle mich schlafend. Langes Wälzen von der einen auf die andere Seite, dann ihre tiefen Atemzüge.

Hatte mich das Geräusch von Schüssen oben aus dem Wald oder von der nahen Grenze geweckt. Schlief ich weiter.

Ich schlich aus dem Zimmer und aus dem Haus. Das helle Licht der klaren Mondnacht machte alle Umrisse, Dächer, Astwerk, Zäune, zu schwarzen Scherenschnitten mit tiefen Schatten dazwischen. Obwohl ich die Mühle erst spät am Abend erreichte, brannte noch eine Lampe in der Wohnstube, die zugleich Schlafraum der beiden Frauen war. Bier kam auf den Tisch. Ich sollte bis zum Morgen bleiben.

Schon im Frühherbst hatte ich die beiden besuchen wollen. Nachbarn sagten mir, sie seien auf dem Feld. Ich folge ihnen und höre, bei den Kartoffeläckern angekommen, von den anderen Landarbeitern, daß sie zurückgegangen sind, um die vergessenen Hacken zu holen. Ich wieder zur Mühle. Der Hof leer, die Hacken verschwunden. Was ich ihnen sagen will, ist wichtig, also folge ich ihnen zum zweitenmal. Nach langem Suchen finde ich die Frauen endlich am Waldrand, sie liegen im hohen Gras und schlafen. Wegen des kühlen Wetters haben sie Trainingshosen unter die Röcke gezogen.

Ich verstecke mich im Unterholz und schlafe ebenfalls ein. Als nächstes höre ich die lauten Stimmen der Männer, die mit dem großen Feld neben dem Steinbruch fertig sind und der Mutter Gesellschaft leisten. Die Tochter geht zum Bach hinunter und wartet. Ich bleibe oben am Hang stehen. Begleitest du mich, ruft sie mir zu. Hinter einem Weißdorngestrüpp springt sie in eine flache Sandgrube. Wir setzen uns. Und jetzt.

Kurz nach zehn kamen wir zur Ruhe. Die Frauen nahmen das eine und überließen mir das andere Bett. Bevor sie das Licht löschten, sah ich, daß die Tochter vorn an der Kante, die Mutter an der Wand lag.

Im Wald wachte ich auf, wie im September, aber indem ich den Kopf hob, erschreckte mich der Widerschein des Feuers auf dem Schnee. Das Haus brannte stundenlang.

Mittags fand ich den Weg nach Hause. Sie war schon fort. In der Wohnstube hinter der Tür saß ein Besucher. Der Amtmann Bürger. Er stand auf, gab mir die Hand und sagte: Ich kenne die Grenze nicht mehr, an der die Wirklichkeit anfängt, hier, an der Zimmertür, unten im Hof oder draußen vor dem Dorf.

Nach einiger Zeit verschwindet er wieder. Im Fernrohr sehe ich ihn nahe und deutlich über die Brücke bei der Kirche gehen. Ein gebeugter Rücken, ein gesenkter Kopf, der unsichere Gang. Das könnte ich sein.

Der Amtmann Bürger, das Gartetal, da sind einige Bilder, die uns beeindruckt haben, bis heute bin ich gefesselt.

Warum aber die Arbeit an einem Roman dann steckenbleibt, aus welchen Gründen beispielsweise mein Bürger-Roman vorerst versandet ist, das ist eine der Fragen, auf die sich nur mit Vermutungen antworten läßt. Gedichte standen mir damals näher. Das biografische Material erdrückte mich noch. Einige Probleme der Hauptfiguren waren zu sehr meine eigenen Probleme.

Jedenfalls klingt das Thema des Romans bis heute in mir nach. Anfangs so stark, daß ein Gedicht entstand, in dem ich den Versuch machte, eine Szene von damals, nämlich Bürgers ersten Vortrag der *Lenore*, mit einer Szene von heute zu verbinden, einer nächtlichen Festnahme in der Stadt.

Siebente Nacht

Die Kutsche rollt
in die Stadt zurück, hörst du
das Rasseln den Berg hinunter
wir gehen nach oben, zuerst
ins Zimmer der Kinder.
Bürger und die *Lenore*
wie er dastand beim Aufsagen heute abend
eine Statue, die sich einmal
bewegt hat
sein Gesicht ein Massengrab
totgeschlagener Wünsche.
Die Fensterläden im Sturm, Zweige gegen die Scheiben
und in den Pausen
das Knistern der flackernden Kerze
komm.
Um drei stand ich auf, weil die Uhr
mich störte
als sie still war, sofort
das Kleinkindergefühl aufsteigender Tränen, hilf mir
aus meinem Traum
sie sind
vor uns auf die Fahrbahn gesprungen
und nach vorn gelaufen
ich sah ihre Mützen, die Koppel
der fremde Fahrer wurde herausgezerrt
Schlag auf Schlag
mit den biegsamen Knüppeln
im roten Licht einer Ampel
die Schreie hätten
meine Welt
aus den Angeln gehoben.

Wirklich, sagst du,
es gibt sie.

VI

Am Ende der siebziger Jahre schrieb ich als Darstellung meiner Themen, Fragen und Probleme der letzten zehn Jahre den Roman *Nördlich der Liebe und südlich des Hasses*. Das gesellschaftliche Panorama nicht ausgebreitet, mit Figuren belebt und zu Szenen angeordnet, wie etwa im realistischen Roman des neunzehnten Jahrhunderts, sondern in Stücke und Bruchstücke zerfallen, in ein Kaleidoskop zersprungen. Bezugspunkte mein Geburts- und Kindheitsort Frohburg in Sachsen, die historische und zeitgeschichtliche Station, und dazu das Dorf Steinheim in Oberhessen, aus dem meine Frau kommt und in dem wir eine zweite Wohnung haben, und last not least Göttingen als Hauptort meiner Erfahrungen. Im Kapitel, das die Szene der Stadt ausbreitet und aufbaut, werden Bürger und Lichtenberg genannt, wie könnte es anders sein:

Steht man auf den Hügeln im Westen, liegt die Stadt unten im Tal und am jenseitigen Hang. Eduard, als er die Topographie zum erstenmal sah, vermutete gleich, das müsse die nördlichste Föhnlage Deutschlands sein. Sind deshalb deine Briefe manchmal so konfus. Oder liegt es mehr an dir und den Menschen, die um dich sind. Wer das wüßte, wüßte viel von dir.

Die hundertdreißigtausend Einwohner leben in der engen Altstadt, im benachbarten großzügigen Ostviertel, seitab in den Siedlungen des sozialen Wohnungsbaus, in umgrünten Reihenhausvierteln oder in Dörfern, zehn Kilometer draußen im Land. Zu den zwei Warenhäusern, den beiden Theatern, der ausufernden Fußgängerzone und den achtzehn Kriegerdenkmälern, versteinerten Nebeln auf deutscher Geschichte von Langensalza bis Stalingrad, kommt das neue Rathaus mit zwanzig Stockwerken, das seinen Schatten in die Einkaufsstraßen, über die Türken- und Studentenquartiere wirft.

Es gibt noch Gerüchte. Wenn ich auch die Persönlichkeiten, die sie betreffen, nicht in jedem Fall kenne. Die Prominentenzirkel, Cliquen, Klüngel durchdringen einander. In ihnen werden Geschäfte, Karrieren vereinbart. Wer baut das neue Schulzentrum, wer wird Kulturdezernent. Kriegt die Partei eine Spende, wenn die Verwaltung das durchgehen läßt. Wie können wir dem Kämmerer aus städtischem Besitz einen Bauplatz von doppelter Größe zum halben Preis verschaffen. Der Oberstadtdirektor spielt in der Kellerbar mit dem Chef der Lokalredaktion Karten, der Oberbürgermeister macht seine Sonntagsmärsche zum Hainberg in Gesellschaft mehrerer Bauunternehmer. Also gut, die Gewerbesteuer wird nicht erhöht, dafür bekommt unser Freund aber den Ausschußvorsitz.

Heine hat über die Stadt und ihre Bewohner einmal knappe und böse Worte gesagt, in der Harzreise. Weil die Zeiten, die Fassaden gewechselt haben, ist das Zitat ein Bonmot in aller Munde geworden. Und Bürger, Lichtenberg, die hier gelebt, gearbeitet und den Namen der Stadt in die Literaturgeschichten geschrieben haben. Auch ein Beitrag zum Thema Provinz und Talent. Über den buckligen Lichtenberg haben die Spießer gelacht, Bürger wurde von der besseren Gesellschaft in

Acht und Bann getan. Das alles soll lange her und längst vergessen sein.

Von den zwei Zeitungen aus dem Anfang der sechziger Jahre ist nur die Stadtredaktion der einen übriggeblieben. Zehn Jahre ist es her, daß ich vor der Eingangstür des Verlages in der Prinzenstraße gestanden habe. Vom Nabel bis zu Wiederholdt war alles voller Studenten. Wir kannten die Schlagzeilen auswendig, mit denen das *Tageblatt* nach dem Dritten Reich gerufen hatte. Schon neunzehnhundertvierundzwanzig ganz schrill. Eine Abordnung verlangte von den Besitzern eine Seite je Ausgabe nur für uns. Angenommen, riefen die drei Delegierten vom Balkon herunter. Der Jubel. Wie stark man war, einfach dadurch, daß man mit tausend anderen dastand. Gleichzeitig halb unterdrückte Ahnungen, die Vollversammlungen, in die wir gingen wie ins Kino, könnten auch von den fünf, sechs Dauerrednern nur einberufen werden, um eine Arena zum Kampf um den längsten Beifall zu haben.

Morgens zwischen vier und fünf kamen wir nach Hause, brieten in der Gemeinschaftsküche Eier mit Speck und vergegenwärtigten uns, auf den harten Hokkern vor Riesenportionen sitzend, mit heiseren Stimmen die Höhepunkte der Nacht. Das Haus schlief noch, aber wir waren hellwach. Wir sahen die Sonne über Nikolausberg aufgehen und hörten den besonders eindrucksvollen Frühgesang der Vögel. Die ersten Leute ließen ihre Autos an und fuhren zur Arbeit. So aufgekratzt, so ausgelassen waren wir. Alles klar. Dagegen das Zwielicht heute.

Die beschreibenden Sätze fallen mir noch am leichtesten. Dem Stadtkern werden die schönen Fachwerkhäuser ausgebrochen wie einem alten Gebiß die mürben

Zähne. Jenseits der Wälle soll der Gürtel der vierspurigen Schnellstraße, ein Halbkreis, endlich geschlossen werden, während drinnen ganze Straßenzüge der sogenannten Flächensanierung anheimfallen. Anderswo hat die Flächenbombardierung ähnliches vollbracht. Zum ersten Mal seit Wochen nimmst du den Weg wieder durch die enge wohnliche Straße, und plötzlich sind um dich Weite und Licht. Aber was für eine Weite, was für Licht. Die Weite der Leere, das Licht der Fremde. Man muß sich nicht daran gewöhnen. Die Baubuden stehen schon; Umsatz und Rendite des Kommenden waren längst berechnet, da tapezierten die ahnungslosen Bewohner noch ihre Zimmer neu.

Zwar haben vor einigen Jahren, als aus Bonn Gelder zur Altbausanierung kamen, fast alle Gebäude der Hauptgeschäftsstraße einen Anstrich in leuchtender Farbe erhalten, zwar renoviert die Stadt jetzt drei Häuser hinter dem Markt, in denen Mieter noch voriges Jahr ohne Bad und mit Hofklo gewohnt haben, aber was sind solche Unternehmungen, ein Platz begrünt, zwei Häuser hergerichtet, die Ladenfronten angestrichen, gegen die lange Liste der Verluste. Und keine Anzeichen dafür, daß diese Liste demnächst geschlossen wird. Parkhaus, Warenhaus, Ärztehaus, Apartmenthaus sind zeitgemäßere Nutzungsformen zentraler Grundstücke.

Wer heute in den alten Häusern lebt, tut es auf Abruf: Ausländer, Studenten, Greise. Innenstadt als Durchgangslager. Zwischenstation auf dem Weg zum Holtenser Berg. Und die beiden Hauptstraßen haben sich in Haupteinkaufsstraßen verwandelt, so wie überhaupt aus der Stadt etwas ganz anderes, nämlich eine Einkaufsstadt, geworden ist. Kronzeuge August, ohne Wohnung und mit ausgebeulten Taschen. Alles nur Bonbons, sagt er zu Wölfchen und steckt ihm eins zu. Oft finde ich ihn im Lesesaal, eingenickt über dem Großen Brockhaus, Stichwort Alter. Er sagt auch, die Stadt, seine Stadt, habe sich in den letzten dreißig Jahren stärker verändert als in den dreihundert Jahren davor. Dabei sind nicht mehr als fünf Bomben gefallen. Und wir, fragt er dann mit erhobener Stimme, was wird aus uns. Ja was.

VII

Heute so gut wie vor hundert Jahren gilt am Ort Bismarck als der berühmteste Göttinger Student. Als wären Bürger, Lichtenberg hier nicht immatrikuliert gewesen. Als hätte Heinrich Heine in Göttingen nicht promoviert. Anderthalb Jahre Georgia Augusta des späteren Eisernen Kanzlers und Sozialistenfeindes genügten, und schon gab es Bismarckstein, Bismarckturm und Bismarckhäuschen, wir wissen, warum und wohin.

Ein Semester, nicht mehr, hat der Ehrenbürger von achtzehnhundertsiebenundsiebzig als Student in der Wallbastion gewohnt, in der heute eine Art fiktives Gedenkzimmer vorgezeigt wird, mit Möbeln der Zeit, ließe sich bestenfalls sagen.

Dergleichen, Lichtenberg oder Bürger betreffend, kann man in der Stadt lange suchen. Immerhin aber hat man vor einigen fünfzehn Jahren das seinerzeitige Haus des Verlegers Dieterich nach Lichtenberg benannt und eine Galerie hineingelegt. Mehr nicht. Aber das ist, nach Göttinger Maßstäben, auch schon viel.

Denn Bürgers Sterbehaus, in dem der Dichter die letzten zehn Jahre seines Lebens zugebracht, in dem sich die Geschichte der dritten Ehe ereignet hat, ist sang-

und klanglos schon neunzehnhundertzwölf abgerissen worden, merkwürdigerweise für einen Magazinbau der Universitätsbibliothek, die den schriftlichen Nachlaß Bürgers hütet.

Als ich Ende der siebziger Jahre die Stelle hinter der Gothmarstraße suchte, an der das Haus gestanden hat, mußte ich die Hilfe der örtlichen Zeitung in Anspruch nehmen, damit sich wenigstens ein altes Bild des niedergerissenen Fachwerkgebäudes fand. In einer Schrift über die Göttinger Gedenktafeln sind keine Angaben über das Sterbehaus zu finden. Dazu paßt dann auch, daß die Stadt und ihre Bewohner die Stelle vergessen haben, an der Bürger auf dem Bartholomäusfriedhof begraben liegt, bis heute ein einsamer Fall.

Das sind, wer wollte es leugnen, die Sünden der Vergangenheit. Aber wenn man auf die Gegenwart zugeht, wird das Licht nicht heller.

Seit einigen Jahren gibt es in Göttingen-Geismar, eingerichtet höchstwahrscheinlich mit Unterstützung der drei Ratsparteien SPD, CDU und FDP und todsicher mit öffentlichen Geldern finanziert, ein Moritz-Jahn-Haus. Mit Gedenkstätte. Moritz Jahn war schreibender Rektor der Volksschule in Geismar, und er wurde Ehrendoktor der erlauchten Georgia Augusta, freilich in einer Zeit, in der die Georgia Augusta wie alle deutschen Universitäten einen Teil ihrer Erlauchtheit vorübergehend abgelegt hatte, neunzehnhundertvierundvierzig nämlich, ich muß vielleicht nicht an die Art und Weise erinnern, wie in den braunen Jahren die Ehrendoktorate nicht nur *zu*-, sondern auch *ab*erkannt wurden.

Auch bei Jahn kam die Ehrung nicht von ungefähr. Als Goebbels im Sommer einundvierzig, kurz nach dem Überfall auf die Sowjetunion, eine sogenannte Europäische Schriftstellertagung zusammenrief, in Weimar, bei Buchenwald, und dazu die wenigen mit den Nazis sympathisierenden Autoren der überrollten und vereinnahmten Länder Europas einlud, war Moritz Jahn es, der eines der Hauptreferate hielt, fünfzehn engbedruckte Seiten, und folgendes sagte: »Den Verlust, den die deutsche Literatur mit dem Auszug (!) der Emigranten erlitten haben soll, vermag sie zu tragen. Wir spüren nichts von ihm. Sie haben nirgendwo bei uns einen leeren Raum hinterlassen. Diese Leute haben nie zu dem wirklichen Deutschland gesprochen.«

Diese Leute. Muß ich daran erinnern, von wem Jahn hier spricht. Doch lesen wir weiter: »Der bestimmende und richtunggebende Anteil des Judentums an diesen Verhältnissen (Literatur als Krankes, Verletzendes und Erregendes) liegt in allen Ländern klar zutage. In Deutschland konnte neunzehnhundertzwölf ein Jude in der damals vielleicht angesehensten Zeitschrift erklären, Juden hätten die Verwaltung der geistigen Kultur Deutschlands in die Hand genommen. Der Mann hatte durchaus recht. Der Zustand bestand schon seit mehreren Jahrzehnten; das gesunde Urteil des deutschen Volkes korrigierte ihn allerdings dergestalt, daß es die genialen Begabungen, die ihm jeden Tag und jede Stunde mit allen Mitteln der Reklame angepriesen wurden, nach überaus kurzer Zeit wieder vergaß. Es ließ dauern, auch in seiner Literaturgeschichte dauern nur das Werthaltige. Und das war immer das Deutsche.«

Wie gesagt, neunzehnhunderteinundvierzig. Im Jahr meiner Geburt. Nur ein paar Kilometer von Buchenwald entfernt. Und nun das Haus in Geismar.

Damit ich an dieser Stelle nicht mißverstanden werde: Es geht mir nur bedingt um Moritz Jahn, den späten Propagandisten Börries v. Münchhausens, der nach dem Krieg, als sein adliger Mentor sich längst von der Welt verabschiedet hatte, unverdrossen zu Hans Grimms höchst rückwärtsgewandten Dichtertagen nach Lippoldsberg eilte, wie weiland die hiesige Studenten-SA. Ende der sechziger Jahre wurde ihm der Austritt aus dem niedersächsischen Schriftstellerverband dringend nahegelegt, wegen der Mitgliedschaft im rechtsextremen Deutschen Kulturwerk Europäischen Geistes. Doch das nur nebenbei. Ich will vor allem belegen, wie informiert und sensibel man am Ort, in dieser Universitätsstadt ist, quer durch alle politischen Parteien, wenn es um Gedenkstätten und Ehrungen geht. Bevor man alte Schulden begleicht, lädt man sich unbedenklich neue Gewichte auf.

Zu all dem scheint eine Szene zu passen, die sich vor einem Jahr in Göttingen abgespielt hat. Es war am vierundzwanzigsten Februar, Lichtenbergs Todestag. Mildes Wetter, bedeckter Himmel, ruhige Luft. Am Grab Lichtenbergs auf dem Bartholomäusfriedhof hatten sich gegen Mittag einige Besucher eingefunden.

Wir legten Blumen auf den Grabhügel, neben den Kranz mit der Schleife, der nicht, wieder einmal nicht von der Stadt Göttingen, sondern aus Ober-Ramstadt gekommen war. Dann stellten sich Kinder aus der Schule, die Lichtenbergs Namen trägt, am Grab auf und lasen dem Toten einige seiner unvergeßlichen Aphorismen nach.

Helle Kinderstimmen. Der authentische Ort. Der kunstvolle Witz.

Genau in diesen Sekunden tauchte, wie aus dem Nichts, ein Göttinger Straßenköter auf, umkreiste suchend zwei Mal, drei Mal das Grab und pißte endlich an Lichtenbergs Stein.

Fremde Gegend, schwere Stille

Drei Männer treten finster durch das Tor
Mit Sensen, die im Feld zerbrochen sind.
Trakl

I

Rolf Bossert ist seit sechs Monaten tot, man kann es schwer begreifen. Ein Blick auf sein Foto, in das Gesicht mit dem Lächeln aus Nähe und Ferne, aus Zuwendung und Absperrung, und mir ist so, als müßte gleich eine Tür aufgehen, als würde er gleich ins Zimmer kommen, ein gerade entstandenes Gedicht in der Hand.

Dabei denke ich jedesmal, wenn ich von Göttingen aus mit der Eisenbahn nach Süden fahre, wenn sich der Zug Frankfurt nähert und ich hinter den Häusern von Oberrad die alten Bäume sehe, an das Grab auf dem Waldfriedhof, an den Vormittag Ende Februar, mit Sonne, Schneeresten in den Schattenwinkeln, mit dem dünnen Wintergesang der Meisen. Fassungslos umstanden wir Gudrun Bossert, die beiden Jungen und die kleine dünne Mutter, die zur Beerdigung aus Rumänien hatte kommen dürfen und die dorthin auch wieder zurückreisen mußte, wir sahen die erschrockenen Gesichter und waren selber erschrocken, lange brachte niemand ein Wort heraus. Fremde Gegend, schwere Stille. Aber dann traten doch nacheinander fünf von uns nach vorn und an jene unscheinbare Kante der Grube, die uns längst von ihm trennte, jeder der fünf las eines seiner Gedichte vor, es war, als wollten wir ihn festhalten, als würde er, wenn wir ihm nachsprachen, was er einmal geschrieben hatte, an uns gefesselt bleiben.

II

Ich weiß nicht, wie er gelebt hat, dreiunddreißig Jahre lang, da unten in Rumänien. Ich kenne die Stadt nicht, in der er heranwuchs, nicht die Orte, an denen er sich aufhielt und aufhalten mußte, ich bin nicht in seiner Wohnung gewesen und habe auch nicht den Tisch gesehen, an dem er schrieb.

Als wir uns begegneten, im Oktober vergangenen Jahres in Bukarest, drohte den Bewohnern eines ganzen Landes hinter dem Herbst schon ein zweiter schrecklicher Winter mit Hunger und Kälte. Am Abend gingen wir, eine Gruppe deutschsprachiger Schriftsteller aus Rumänien und aus der Bundesrepublik, durch schwachbeleuchtete ausgestorbene Straßen zum letzten Restaurant der Hauptstadt, das seinen Gästen Essen nach der Karte anbieten konnte. An der Musikkapelle, an Runden von Ausländern, einheimischen Schiebern und hohen Funktionären vorbei wurden wir in den hinteren Teil des Saales geführt, der lange Tisch, an den wir uns setzten, stand bald voller Bierflaschen, es lagen Zigarettenpackungen, Feuerzeuge, Gedichtbücher da, ein kleiner Haufen aus Geldscheinen entstand, das war unser Viertagegeld vom rumänischen Autorenverband, das wir verpraßten. Und bei aller Zurückhaltung im Fragen und Urteilen, die uns gerade Angekommenen in diesen ersten Stunden gut anstand, gab es, was es beinahe immer gibt, wenn Schriftsteller unter gegenseitiger Achtung des literarischen Handwerks zusammensitzen: das aufmerksame freundschaftliche Gespräch.

An jenem Abend im Restaurant Bucureşti habe ich Rolf Bossert kennengelernt, aus allem, was er sagte, hörte ich die starke Anspannung heraus, unter der er stand. Vor eineinhalb Jahren hatte er einen Antrag auf Auswanderung gestellt. Seitdem war ihm jede Veröffentlichung im Land verwehrt. Schon einmal hatte der Sicherheitsdienst Schläger auf ihn losgelassen, jetzt sprach er von seiner Angst, eines Morgens tot im Tümpel vor dem Haus zu liegen. Wie unter solchen Bedingungen leben, schreiben vor allem.

Damals kannte ich seine Gedichte noch nicht. Aber auf dem Rückflug gab mir einer der Mitreisenden den im Vorjahr erschienenen Band, auf den Vorsatz hatte Rolf Bossert eine Widmung geschrieben. Ich las die Gedichte im Flugzeug. Unter uns die Karpaten, die Donau. Während wir uns weiter und weiter von Rumänien entfernten und dabei die trostlosen Bilder des Mangels und der Überwachung mitnahmen, hörte ich einem Dichter zu, der immer deutlicher und eindringlicher zu mir redete und mich immer mehr erstaunte und faszinierte.

Dann, zwischen den Jahren, ein Anruf aus Berlin, von gemeinsamen Freunden. Rolf Bossert war mit seiner Familie einen Tag vor Weihnachten in Nürnberg eingetroffen. Im Gepäck hatte er, als er bei uns ankam, die Gedichtbände *Siebensachen* und *Neuntöter*, neunzehnhundertneunundsiebzig und neunzehnhundertvierundachtzig in Rumänien auf Deutsch erschienen, sowie zwei Kinderbücher. Vor allem gab es die neuen unveröffentlichten Gedichte und, aus dem Bewußtsein heraus, endlich im zentralen Gebiet seiner Sprache zu sein, eine Zuversicht auf künftiges Schreiben. Es sah so aus, als habe er sich in Sicherheit gebracht, als sei ihm die Flucht von einer sich durch Auswanderung rasch verkleinernden deutschen Sprachinsel gelungen, die Rettung aus drükkendsten materiellen Verhältnissen, als habe er sich einem Regime entziehen können, das ihm kurz vor der Abreise noch einmal fünf Mann zur Haussuchung auf den Hals schickte, und als sei er dabei, sich in einer Zone normaler Mühen des Alltags am Schreibtisch niederzulassen.

Diesen Eindruck jedenfalls hatte ich bei unserer zweiten Begegnung, Anfang Februar diesen Jahres in Berlin. Ich saß neben ihm in der Gesprächsrunde der Schriftsteller, während des Treffens im Literarischen Colloquium, ich hörte abends zu, wie er dem übervollen Saal seine Verse vorlas. Dann haben wir bis in den Morgen hinein in der Küche des Hauses am Wannsee gestanden und miteinander geredet, über seine Kinder, den kommenden Gedichtband, die Pläne der Familie, sich das Leben in der Bundesrepublik einzurichten.

Eine Woche später war Rolf Bossert tot. In einer kalten Winternacht hat man ihn vor dem Haus in Frankfurt gefunden, in dem er mit seiner Familie fürs erste untergekommen war. Er lag unter einem Fenster, das offenstand. Mit dem, was er jahrelang an Druck und Menschenverachtung in Rumänien erlebt, was er acht Wochen hindurch bei uns als Mischung aus Rasanz und Unverbindlichkeit gesehen hat, mit der gewalttätigen Aufforderung auch, die unsere Art zu leben für jemanden in seiner Lage darstellt, ist er nicht fertiggeworden, zwischen Aufbruch und Ankunft der Absturz, unsere Kraft wäre nicht größer gewesen.

III

Mit diesem Tod hat sich der vorschnelle gnadenlose Schlußpunkt unter sein Werk gezwängt. Es wird keine neuen Sätze, keine anderen Gedichte mehr geben. Ein Sprechen, ein Schreiben ist abgebrochen, mitten in der Zeile, im Wort, hier die Bücher, dort der Nachlaß, wir blättern und lesen und lesen uns fest und hören die unverwechselbare Stimme wieder, voll Trauer über den Abbruch und dankbar für das, was wir in Händen haben.

IV

Vom geographischen Rand aus hat Rolf Bossert, der wie alle rumäniendeutschen Schriftsteller dem Zentrum seiner Sprache und Literatur nur auf langen Wegen, nur durch verletzliche Fäden verbunden war, unsere Poesie um einen eigenartigen wichtigen Beitrag bereichert. Dieser Beitrag besteht aus drei Teilen, nämlich den Gedichten des Bandes *Siebensachen*, den Gedichten *Neuntöter* und den anschließend entstandenen Texten. An ihnen lassen sich Stufen einer Entwicklung des lyrischen Sprechens, der Bilder, der Formen ablesen, die für mich nicht nur Ergebnisse von mehr als zehn Jahren Arbeit am Schreibtisch, sondern auch Folgen von Veränderungen der Lebenssituation, Auswirkungen einer weitergegangenen Biografie sind.

Die Gedichte *Siebensachen* hat Rolf Bossert im Alter zwischen zwanzig und sechsundzwanzig Jahren geschrieben. Sie heißen *aus meinem leben*, *wochenendreinemachen*, *hinterhof im januar*, *hühnerküche* und *zugfahrt durchs prahovatal*. Schon die Titel reißen das Thema Alltag an und deuten auf Bruchstücke aus der Geschichte eines jungen Mannes und Schriftstellers, der in den siebziger Jahren einen Platz im Land Rumänien, in der Gesellschaft des Landes zu finden versucht, auf dem sich leben und von dem aus sich sprechen ließe.

Beispielhaft in dieser Richtung ist das Prosagedicht *aus meinem leben*, das siebenundsiebzig entstanden ist, zu einer Zeit, in der Gudrun und Rolf Bossert Deutschlehrer in Buşteni waren. Erzählt wird von den wahrhaft kafkaesken Verhältnissen in der Gemeinschaftswohnung, in der dem Ehepaar, das damals bereits zwei Kinder hatte, zwei Räume zur Verfügung standen; *das kleine zimmer ist sieben komma siebenundachtzig quadratmeter groß das große zimmer ist neun komma achtundachtzig quadratmeter groß*, können wir lesen. Die übersteigernde Bekräftigung der niederdrückenden Situation aber liegt in der Tatsache, daß ein weiteres Zimmer der Wohnung, das größte, aus völlig unerfindlichen Gründen die meiste Zeit des Jahres leersteht und nur einige Wintermonate lang von zwei fremden alten Leuten bewohnt wird, zu denen laut Bossert *an wochenenden unbekannte familien mit kindern* kommen. Und dabei hat gerade dieses Zimmer einen Balkon, auf dem der Schriftsteller, der atemberaubenden Enge seiner Kammern entwischt, zumindest im Sommer arbeiten könnte. Das Gedicht als Momentaufnahme also, als literarisches Dokument.

Rolf Bossert beschränkt sich freilich nicht auf exemplarische Notate. Im Gedicht *hühnerküche* finden wir ein *stilleben* behauptet, *das große messer unter dem tisch*, in dem sich *der ängstliche blick* eines Huhnes spiegelt. Dann ist das Tier geschlachtet, das Stilleben zerstört, wir bekommen gezeigt, was hinter ihm versteckt war: *der mord bringt leben ins bild.* Das ist nicht die Abbildung des Alltags, das ist seine eindringliche Befragung.

Fünf Jahre nach *Siebensachen* erscheint ein weiterer Band, er trägt den Titel *Neuntöter.* Aus der Einleitung, die Rolf Bossert den mehr als achtzig Gedichten mitgibt, erfahren wir, daß *Neuntöter,* der *muntere und singfähige Vogel*, für einen *Spottvogel* gehalten wird, daß Brehm und andere Fachmänner ihm manch Schlechtes nachgesagt haben und daß der Autor das nach langer Verfolgung selten gewordene Wesen Neuntöter in Schutz nimmt, als Verwandten.

Richtig enthält das Buch Stücke, die mir in ihrer Mischung aus Hohngelächter, Zähneknirschen und Schluchzen wie die Lieder eines sehr bedrängten Spottvogels vorkommen. Ich denke an *Gartenlokal*, *Ballade vom guten Verlierer* und an das *Lied für Frank*, in dem es heißt:

> Siehst du, Kind, den tiefen Schacht?
> Der ist für die Tage.
> Uns bleibt eine lange Nacht
> Ohne Lot und Waage.

Darüber hinaus habe ich in Rolf Bosserts zweitem Lyrikband einige der strengsten und genauesten Verse gefunden, die ich kenne, *Hälfte des Tages*, *Mein schönstes Ferienerlebnis*, *Neuneinhalb viertel nach zehn*, *Heimweg Rosettiplatz siebzehn Uhr.*

Es sind Gedichte der Konzentration, der Anspannung, in ihnen werden die Details und ihre Bedeutung, Wirklichkeit und Wahrheit mit derart panischer Energie aufeinanderzugetrieben, daß man den Eindruck bekommt, hier habe jemand um sein Leben geschrieben. Das Ergebnis ist, wie im Gedicht *Vierzeiler*, das in vier knappen Versen die Lügen einer ganzen Despotie abtut, von erbarmungsloser harter Schönheit.

Vierzeiler

Auf hellem Feld ein Gartenzwerg.
Daneben stampft die Industrie.
Ein Kunststoffgalgen auf dem Berg.
Ein Land geht langsam in die Knie.

Dann war der Band *Neuntöter* endlich erschienen, Rolf Bossert stellte einen Antrag auf Übersiedlung in die Bundesrepublik, er verlor die Anstellung als Verlagslektor und durfte keine Texte mehr veröffentlichen, seiner Frau, Kustodin am Literaturmuseum, wurde das Gehalt gekürzt, eine von oben verordnete Zeit des elenden Alltags und des freien Sprechens bricht an. Rücksichten beim Schreiben muß er nicht mehr nehmen. Denn was jetzt noch aufs Papier kommt, in Bukarest, wird in Rumänien für den Druck nicht mehr geprüft, wird in Rumänien nicht mehr veröffentlicht werden.

Auch unter den Texten des Nachlasses gibt es die klaren durchgearbeiteten Gedichte, die mir *Neuntöter* so wertvoll machen. Sie heißen hier *Karpaten gekrümmt*, *Gespräch mit einem toten Dichter*, *Elegie*, ich halte sie für vollendet.

Aber es kommt mir so vor, als sei es Rolf Bossert in den vielen Monaten des Wartens nicht in erster Linie um solche Endfassungen, sondern vor allem um eine literarische Entfesselung gegangen. Die Mittel der Verdichtung, der Verschlüsselung, das Muster aus Bild und Gegenbild sind kühner eingesetzt, wie *Liebesgedicht in eklektischer Landschaft*, *Monolog eines Whiskyglases in arktischem Umfeld* und *Nostalgie* zeigen.

Rolf Bosserts eindrucksvolles Bemühen, eine andere zusätzliche Art lyrischer Sprache zu entwickeln, hängt für mich aufs engste mit der überdehnten Lage zusammen, das eine Land verlassen, das andere noch nicht gefunden zu haben. Sein Tod hat die doppelte Suche, den zweifachen Versuch abgebrochen und damit die Selbstbeschreibung aus *Neuntöter* schrecklich bestätigt:

Selbstporträt

Ich schreib mir das Leben
her, schreib mir das Leben weg.

IV

Der Lichtblick im Dunkel

Die Kleinstadt meiner Kindheit im westlichen Sachsen. Vier Dörfer weiter, in Tautenhain, lebte damals, ohne daß ich es wußte, der Maler Conrad Felixmüller.

Als ich letzten Winter auf seine Bilder und Holzschnitte aus jenen Jahren stieß, war ich stark angerührt, denn ich erkannte Tautenhain, Poschwitz, Neukirchen, Espenhain und andere Plätze der Gegend auf ihnen wieder, dazu die Menschen aus meiner Kinderzeit, ihre hageren Gesichter des Nachkriegs, die schäbige Kleidung.

Felixmüller hatte sich, nachdem seine bedeutenden expressionistischen Bilder schon zu Beginn der Nazizeit in Ausstellungen entarteter Kunst aufgetaucht waren, aus Dresden ins große Berlin gerettet, er ernährte sich durch Porträtaufträge des Landadels, die ihm der Kunstsammler Hanns-Conon v. d. Gabelentz auf Poschwitz bei Altenburg verschaffte, ein Nachfahre berühmter Sprachforscher und der Cousin des Balladendichters Börries v. Münchhausen.

Nach dem Verlust der Berliner Wohnung vierundvierzig vermittelte v. d. Gabelentz dem Maler ein bescheidenes Anwesen oberhalb des Dorfes Tautenhain, keine fünfundzwanzig Kilometer östlich von Altenburg. Dort haben Conrad Felixmüller und seine Frau Londa siebzehn Jahre gewohnt. Es war, besonders in der ersten Zeit nach dem Zusammenbruch des Dritten Reiches, eine mühevolle Idylle, mit Dachdecken, Jaucheschöpfen, Holzlesen. Man hielt Vieh, bestellte das Gartenland und verkaufte Honig. Einmal malte Felixmüller dem sowjetischen Generaldirektor das nahe Kombinat Espenhain, für hundertzwanzig Zentner Briketts.

Dann kam ein Lehrauftrag in Halle, er brachte neunhundertfünfzig Mark Gehalt und zwang zum Pendeln. Eisenbahnfahrten. Möblierte Zimmer.

Felixmüller *sah und schnitt in Holz*, was ihn umgab, was er erlebte, Ruinenstädte, Trümmerfrauen, Kartoffelstoppler, Schwarzhändler und immer wieder häusliche und dörfliche Szenen vor Tautenhainer Hintergrund. Außerdem entstanden, nach Studien in der Brikettfabrik Neukirchen bei Frohburg, drei Industriebilder, *Der Maschinist* ist das wichtigste. *Mitgefühl und Mitwissen* waren der Antrieb. Aber die Arbeiten wurden in Berlin und Leipzig zurückgewiesen, er bekam keine Druckerlaubnis für die Holzschnitte und zwölf Jahre keine eigene Ausstellung, *nur Niederdrückendes*, kann man in den Bescheiden nachlesen, *zu pessimistisch*, brauchbar sei nur, *was unseren Menschen hilft*. So hat die Stalinzeit zur Kunst gesprochen.

Der alternde Maler, halbvergessen, arbeitet weiter, *ohne Aussicht auf Resonanz*, wie er schreibt, für mich ein großartiger Beleg seiner Kraft und seiner Begabung. Um die Jahreswende siebenundfünfzig auf achtundfünfzig, zwei Monate nach meinem Weggang aus Frohburg, beginnt er das große Winterbild *Arbeiterzug mit Postfrau*.

Dunkle Farben, Gegenlicht, der Schnee blau, mit rötlichen Flecken und dem Widerschein des Abendhimmels. In der frühen Dämmerung des Wintertages kehren die Arbeiter der ersten Schicht aus den Braunkohlengruben in ihr Heimatdorf zurück. Der Zug, der sie gebracht hat, fährt bei geschlossenen Schranken, hinter denen ein Fuhrwerk wartet, gerade wieder an. Er ist aus Richtung Norden gekommen, aus Lausick. Von dort aus gab es eine Nebenbahn über Flößberg und Schönau zur Brikettfabrik Neukirchen und zur Wyhraer Grube. Überfüllte Waggons, Holzbänke, trübe Beleuchtung.

Die Männer und Frauen haben Tautenhain vor Tagesanbruch verlassen, und nun dämmert es schon wieder. Schnee liegt, es ist kalt, mit langen Schritten überqueren die Ankömmlinge, Köpfe eingezogen, Arme an den Körper gedrückt, in langer auseinandergezogener Reihe den Bahnhofsvorplatz und wenden sich zum Dorf, stumm, obwohl alle sich kennen. Denn man ist müde und hat es eilig, in den kurzen Feierabend, in die warmen Wohnküchen zu kommen.

Den Arbeitern entgegen, vornübergebeugt, schiebt eine ältere Frau in Stiefeln und mit Kopftuch einen zweirädrigen Karren durch den hohen Schnee, die Postfrau bringt Briefe und zwei, drei Pakete zum Abendzug nach Leipzig, eine armselige Ladung.

Einer der Männer geht langsamer, er nimmt sich die Zeit, guckt zur Postfrau hinüber, und zwischen den beiden wird ein Gruß oder ein Wort gewechselt.

Diese Begegnung im Vorübergehen, durch Licht auf den Gesichtern betont, löst die zwei Figuren im Vordergrund von der dunklen trostlosen Wirklichkeit des Bildes, von der Erzählung einer tagtäglichen Heimkehr aus Anstrengung und Fremde, es sind einzelne Menschen, wertvoll in ihrer Eigenart, heißt das für mich, und wer über sie Macht und Gewalt hat, ist zur Behutsamkeit verpflichtet.

Vergangenen Mai bin ich in Tautenhain gewesen und habe vor dem Bahnhof gestanden. Ich erkannte alles wieder, die beiden Häuser, den Zaun, den Bahnübergang. Leer lag der Vorplatz in der Mittagssonne. Aber ich sah den *Arbeiterzug mit Postfrau*.

Eine Anmerkung zum Schluß. Der Maler verließ neunzehnhunderteinundsechzig Tautenhain und zog über Köpenick nach Westberlin, wo er siebenundsiebzig starb, wiederentdeckt und hochgeehrt. Und die Postfrau hat ihren Ruhestand in Düsseldorf verbracht. Selbst das Bild hängt in einer Privatsammlung im Westen. Nur die Arbeiter, scheint es, blieben am Ort. Aber schon bei ihren Kindern konnte man nicht sicher sein.

Ein deutsch-deutsches Bild also. Vom Sujet und vom Schicksal her.

Ins Freie stürzen

Die letzten Zahlen von der ungarischen Grenze, aus Warschau und Prag noch im Kopf, komme ich in Hannover an. Ich durchquere die sinnlose Innenstadt und wandere zum Maschsee, verbringe drei Stunden im Sprengelmuseum und will schon wieder gehen, da stoße ich auf ein Bild, das seit meinem letzten Besuch angeschafft worden ist. Wolfgang Mattheuer, *Geh aus deinem Kasten*.

Drei Würfel am Boden. Maske vorm Gesicht. Arm und Kopf, bröckelnd. Eine Hand mit Meißel oder Messer. Mehr leuchtet nicht in der Dunkelkammer. Welchen Mond spiegelt das herausgebrochene Fenster, im Hintergrund an die Wand gelehnt. Und was nährt die lichtlosen Flammen. Ins Freie stürzen, vielleicht.

Einmal schrieb ich dem Maler einen Brief nach Leipzig, einmal schrieb der Maler aus Leipzig zurück. Als ich letzten Mai in der Stadt war und zwei Nächte im Astoria neben dem Hauptbahnhof verbrachte, woran dachte ich. Nicht an die Wandbilder von Tübke im Frühstückssaal unten. An Hans Mayer. Wo gewohnt. Tschaikowskistraße wahrscheinlich. An Bloch, an Zwerenz und an Erich Loest. An das zerfallende Parkhotel auf der anderen Seite des Bahnhofsvorplatzes, hinter Büschen. Dort hatte Mutter im Sommer dreiundfünfzig bei einer Tasse Kaffee Station gemacht, auf dem Weg von der Bahn nach Lindenau zu Tante Nettchen, die an jenem siebzehnten Juni sechzig wurde. Plötzlich kamen Leute von der Straße herein, erklärten den Laden für geschlossen und zogen die Gäste nach draußen, ins Freie. Die ganze Stadt war auf den Beinen, wurde einem später noch oft erzählt, Arm in Arm sind wir mit tausend und abertausend durchs Zentrum gezogen, singend und überglücklich.

Jeden Morgen halb sechs fing in Leipzig das Tosen unter meinem Fenster an. Donnernde Brandung im Rhythmus der Ampeln, Eisen auf Eisen, Eisen gegen Stein, die Straße hinauf und wieder herunter, Laster, Straßenbahnen, in braunen, in graugelben und graugrünen Farben, blau überhaucht. Fußgänger weit weg und tief unten. Lautlos.

Vor dem Frühstück machte ich eine Runde durchs Hotel, um drei oder vier Innenhöfe, ganze Korridore konnten von zwei Seiten abgesperrt werden, riesige Suiten. Wo eine Zimmertür offenstand: röhrender Hirsch. Im Fahrstuhl drei junge Männer, karierte Hemden und militärische Gesichter. Drängten mich wortlos gegen die Wand. Dann der Tag in Frohburg. Frag nicht. Dann die Nacht in der Hotelbar. Halbdunkle Höhle, Hauskapelle. Junge Frau mit älterem Begleiter an jedem zweiten Tisch. Tanzfläche aus Glas, von unten beleuchtet, Kellner wie Spitzelfische.

Gegen Morgen ein Traum. Ich bin mit Bruder Ulrich in Frohburg und warte im Auto, während Ulrich sich eine Portion Eis besorgt. Das Auto steht am Eingang der Thälmannstraße vor unserer alten Wohnung in der Post. Ulrich ist die Straße hinuntergegangen, stadtauswärts, Richtung Bahnhof, er will zur Konditorei Döhler im Waldschlößchen, vorher muß er noch kurz in die Buchbinderei Berthold, die am Weg liegt. Während ich auf seine Rückkehr warte, bemerke ich mit einem Mal eine überraschende Lücke in der Bebauung, anscheinend ist ein Haus abgerissen worden. Aus dem spitzen Winkel heraus kann ich nicht genau erkennen, um welches Gebäude es sich handelt. Es könnte das Haus sein, in dem ich vor langer Zeit an einem Winterabend mit den Konfirmanden Volkslieder gesungen habe. Wir standen im schmalen Flur der Wohnung im zweiten Stock und wußten, hinter der Tür am Ende des Ganges liegt eine langsam sterbende Frau in der Kammer und hört jedes Wort. Das Quietschen der Dielen, das Scharren der Füße und mein Atmen kamen mir viel lauter vor als unser Gesang.

Als Ulrich immer länger wegbleibt, steige ich aus dem Auto und schlendere auf die andere Straßenseite. Erst jetzt wird mir klar, daß man nicht ein einzelnes Haus, sondern beinahe die halbe Ostseite der inneren Thälmannstraße abgerissen hat, auch der Nordflügel der Post ist verschwunden, mit unserer Wohnung, mit den Hotelzimmern im nächsten Stockwerk und mit dem Torweg, ein wüstes Gelände erstreckt sich über die volle Tiefe des abgeräumten Posthofs bis zu den Gärten der Webergasse.

Ich erschrecke und bin doch nicht überrascht. Als hätte ich schon immer etwas Derartiges erwartet oder zumindest befürchtet.

Dann ist Ulrich wieder da, mit leeren Händen. Die Eisdiele war verrammelt, und den Eingang zur Buchbinderei hat er nicht finden können. *Fern von Moskau*, das Buch, das seit fünfunddreißig Jahren bei Bertholds zum Einbinden liegt, werden wir wohl nicht wiedersehen. Aber Ulrich ist deshalb kein bißchen traurig, er lächelt sogar. Denn er freut sich über meine Entdeckung. Wie gut, sagt er, daß man den alten Kasten mit den eiskalten zugigen Hallen und Treppenhäusern und mit den engen stickigen Zimmern endlich abgerissen hat. Haus, das ist nicht nur Dach über dem Kopf, das heißt für mich auch vier Mauern. Außerdem sind ihm, seit er alle möglichen

Bewahranstalten in der Tarnung von Wohnhäusern gesehen hat, die unbebauten Landschaften überhaupt viel lieber.

Um deutlich zu machen, was er meint, erzählt er mir, während wir weiter in der Frohburger Thälmannstraße im Auto sitzen, die Geschichte der neunzehnjährigen Bauerntochter Magdalene Gronbach aus einem Dorf in Schwaben. Das kräftige Mädchen, von einem herzensguten aber strengen Vater kurzgehalten, hatte vom Februar achtzehnhunderteinunddreißig bis zum März des folgenden Jahres Erscheinungen, zuerst eine weiße Frau, die gut ist und dem Mädchen helfen will, dann einen schwarzen Dämon, der immerzu Befehle schnarrt und ab August jeweils für Stunden in Magdalene schlüpft und mit schriller Stimme aus ihr spricht, hochtrabende Sätze, und sie mit Zuckungen und Krämpfen malträtiert.

Begonnen aber hat alles damit, daß den Kühen im Stall immer wieder die Schwänze kunstvoll ineinandergeflochten waren und daß an vier aufeinanderfolgenden Tagen Feuer im Haus gelegt wurde. Anschließend erschien dem jungen Mädchen erstmals die weiße Frau und verlangte dringend: weg mit dem Kasten. Das Mädchen verstand nicht. Das Haus, rief die weiße Frau, das Haus hinweg, bis fünften März kommenden Jahres. Es muß abgebrochen werden, sonst geschieht euch allen ein schreckliches Unglück.

Immer aufs neue diese Forderung, von Mal zu Mal nachdrücklicher. Dazu trieb es der schwarze Dämon immer toller. Das Mädchen kam nicht mehr zur Ruhe und war bald nur noch ein Strich. Bis der Vater endlich kurzentschlossen das Dorf zusammenrief und mit Hilfe der Nachbarn und Freunde das eigene Haus tatsächlich abriß, eine riesige Staubwolke stand über der Gasse. Als die letzte Mauer fiel, stürzte Magdalene hin, zuckte kurz mit den Beinen und war befreit.

Später bauten Magdalenes Eltern sich ein neues Haus, sagt Ulrich, man kann es heute noch sehen, in Orlach bei Schwäbisch Hall. Wichtige Begebenheiten gaben Veranlassung zur Erbauung dieses Hauses, steht auf einer eingemauerten Tafel. Wichtige Begebenheiten. Die Vision der Tochter. Unglaublich.

So Bruder Ulrich, im Leipziger Traum. Dieser Traum ist der erste in einer ganze Kette gewesen, die sich bis heute fortgesetzt hat, zweimal, dreimal die Woche. Ich komme an Kindergärten, Schulen, Fabriksälen, an Krankenhäusern und Erziehungsanstalten, an Gefängnissen, an Arbeitslagern, an Kasernen, Altersheimen und Leichenhallen vorbei, vor mir Gedränge, hinter mir Gedränge, und am Ende wartet jedesmal mein Zimmer auf mich, mit der Balkontür, mit dem alten Ledersessel, mit den Bildern und Büchern. Kaum habe ich mich hineingerettet, kaum fällt die Tür hinter mir ins Schloß, möchte ich ins Freie stürzen, jawohl, ins Freie.

An der Oder

Vergangenen Sommer habe ich zum ersten Mal an der Oder gestanden. Ich war von Berlin gekommen, auf der alten Fernstraße eins, die einmal von Aachen nach Königsberg das Reich verband und die seit den ersten Nachkriegsjahren vier Länder durchkreuzte, ich guckte über den Strom, Buhnen, Sandbänke und die versperrte Brücke, hoher Augusthimmel, schnellfließendes dunkles Wasser. Auf dem anderen Ufer Gestrüpp, Buschwerk, wüstes Gelände, dort stand einmal Küstrin, die Katte-Stadt, bis Hitler ganz zuletzt eine Festung draus machte, achtmal ging Anfang fünfundvierzig die Front durch Küstrin hindurch und über Küstrin hinweg und löschte die Stadt aus, was heute ein Stück landeinwärts mit Wohnblocks und Fabriken eine ganz andere Stadt bildet, heißt Kostrzyn.

Ein paar Kilometer flußabwärts stieß ich in Höhe des Dorfes Kienitz auf eine Stele aus Edelstahl, sie markierte die Stelle auf dem Winterdeich, an der im Januar fünfundvierzig, in jenem Januar, in dem Ostpreußen, Danzig überrollt wurden, die Rote Armee nach Überwindung des Hochwassers führenden Flusses einen ersten Brückenkopf auf dem westlichen Ufer gebildet hatte.

Hier, an der Oderfront, standen sich damals, kurz vor der apokalyptischen Schlacht um Berlin, um den Bunker der Reichskanzlei, auf beiden Seiten der Front zwei Männer gegenüber, in Deutschland geboren und auch, viel später, in Deutschland gestorben. Der eine von ihnen war in Moskau als Sohn eines deutschen Emigranten nach Hitlers Überfall auf die Sowjetunion in die Rote Armee eingetreten und kam nun als sowjetischer Leutnant der vordersten Kampftruppen in die Heimat zurück, der andere war Maler mit frühem Erfolg und früher Anerkennung in der Weimarer Republik und mit zunehmender Ächtung während des Dritten Reiches. Nach Zerstörung seiner Berliner Wohnung und seines Ateliers durch Bomben hatte man den Siebenundvierzigjährigen im Spätherbst vierundvierzig eingezogen und mit den letzten Aufgeboten an der Oder stationiert.

Der Leutnant hieß Konrad Wolf und war der Sohn des Dramatikers und Arztes Friedrich Wolf, und bei dem Maler handelte es sich um Conrad Felixmüller.

Felixmüller hatte in der aufregenden Nachkriegszeit neunzehnhundertneunzehn in Dresden das erste Stück Friedrich Wolfs für die Bühne eingerichtet und damit einen Freund fürs Leben gewonnen. Nun standen sich Felixmüller und der jüngere der beiden Wolfschen Söhne an der Oder gegenüber und warteten, der eine ungeduldig, um, nach seinen Worten, das faschistische Untier zu zerschmettern, der andere gewiß nicht frei von Angst um sein Leben, um die Malerhände vielleicht. Sie warteten auf den Beginn der allerletzten Offensive dieses Krieges, den gewaltigen Feuerschlag aus vierzigtausend Geschützen.

Im Gefolge dieses Hauptangriffs rückte Konrad Wolf in der zweiten Hälfte April fünfundvierzig mit den sowjetischen Stoßarmeen in der Reichshauptstadt ein und wurde Stadtkommandant eines Berliner Vororts, während Conrad Felixmüller in Gefangenschaft geriet und im Lager Küstrin landete. Der Ruhr, dem Typhus, dem Abtransport Richtung Osten auf Jahre oder auf Nimmerwiedersehen entging er nur, weil er zeichnen konnte und verfolgter Künstler gewesen war.

Er nahm die trostlosen Bilder auf, das Lagerleben, den Abmarsch der Gefangenen, eine der Kohleskizzen hat sich ungeachtet der Umstände ihrer Entstehung erhalten, geknittert, mit Einrissen am Rand, halbverwischt. Sie zeigt den Strom der zerlumpten gebückten Gestalten, Sechserreihen, dicht auf dicht. Keine Soldaten mehr und noch lange keine Zivilisten. Die Waffen schweigen, totale Kapitulation, der erste Sommer ohne Front in Europa, aber man wird manche der Männer elf Jahre festhalten, aus unerfindlichen Gründen oft, und viele sehen Deutschland nicht wieder. Seuchen. Hunger. Selbstmorde.

Das hat der Maler mit schnellen Strichen und Schraffuren aufs Papier gebracht, ein Augenzeuge, der auch die wenigen Bewacher des Zuges nicht vergißt, Rotarmisten, die im Schneidersitz auf kleinen behenden Pferden hocken, den Karabiner auf die Schenkel gestützt, sie kommen der Heimat näher, indem sie die Gefangenen von der Heimat fortführen.

Im Sommer fünfundvierzig wurde Felixmüller aus der Gefangenschaft entlassen, entkräftet und erschöpft wanderte er zu Fuß auf der Reichsstraße eins die hundert Kilometer nach Berlin. Von da mit der Bahn Richtung Sachsen, dort wartete in Tautenhain bei Frohburg in einer Dorfscheune Felixmüllers Frau mit dem geretteten Hausrat und mit seinen davongekommenen Bildern, man baute die Scheune aus. Friedrich Wolf, aus Moskau gekommen, den Säuberungen entwischt, lebte in Berlin, schon neunzehnhundertsiebenundvierzig entwarf Felixmüller wieder ein Bühnenbild für Wolf.

Weitere Jahre, ganze Jahrzehnte verstrichen, Konrad

Wolf, der Leutnant, wurde Filmregisseur, *Sonnensucher*, seinen Defa-Film über die sowjetische Wismut, verbot man, der Bruder Markus etablierte sich in der Spitze der Staatssicherheit. Neunzehnhundertdreiundfünfzig war Friedrich Wolf gestorben, Selbstmord, geht heute ein Gerücht. Neunzehnhundertsiebenundsiebzig starb auch Conrad Felixmüller. Zehn Jahre vor seinem Tod war er, geachtet, geehrt, wiederentdeckt, noch nach West-Berlin umgezogen. Wenn Ende der siebziger Jahre Felixmüllers allmählich alternde Söhne, der Architekt und der Professor für Tierheilkunde, nach Ostberlin fuhren, um sich mit den Wolf-Söhnen zu treffen, die ihrerseits die fünfzig deutlich hinter sich hatten, dann wurden sie im Bahnhof Friedrichstraße schon erwartet und abseits der Schlangen durch die Sperren gelotst, zu einem Abendessen im Kellerrestaurant des Brecht-Hauses vielleicht.

Seitdem: Konrad Wolf tot, Markus erst nach Moskau geflüchtet, dann wieder zurückgekehrt. Und im Westen. Das Leben geht weiter.

Verlorene Scherben, die man wiederfindet. Unser Interesse beschreibt uns, wir sind, was uns anstößt.

V

Vorgeschichte und Aufklärung eines Abends in Kreuztal

Ich war ins Feuerwehrhaus in Kreuztal eingeladen und sollte aus meinen Büchern vorlesen. Am Vortag hatte ich mich von einem Freund aus der Redaktion des *Eichsfelder Tageblattes* durch die grenznahe niedersächsische Kleinstadt Duderstadt führen und auf die vielen Tagesbesucher aus der DDR hinweisen lassen, wie sie ab Mittag mit ihren Tüten und Taschen auf die Busse Richtung Heimat warteten. Wir zahlen das Begrüßungsgeld inzwischen schon auf einem Gasthaussaal aus, sagte der Bürgermeister. Sein Rathaus war gerade für sieben Millionen Mark renoviert worden. Im Untergeschoß eine Ausstellung zur Stadtgeschichte. Folterkammer. Ratsakten. Erst am Abend stieß ich im Lexikon, dem altmodischen Gedächtnis, auf die hundert Juden, die dreiunddreißig noch in Duderstadt gelebt hatten. Am Ort keine Spur.

Auf unserem Stadtgang hatten wir ein Schuhgeschäft voller Sonderangebote gefunden, inmitten der Kunden mitteldeutschen Zungenschlags konnte ich nicht widerstehen und kaufte ein Paar schwarze Halbschuhe aus gutem Leder für siebzig Mark, die feste Machart gefiel mir besonders. Ich hatte die Schuhe an, als ich am nächsten Tag mit dem Auto von Göttingen nach Siegen fuhr, in die Dunkelheit hinein, hinter Gießen begann es zu regnen. Nach der Abfahrt Siegen Umgehungen, Ausfallstraßen und ein endloses Tal, die Reifen zischten auf dem nassen Asphalt. Endlich der Parkplatz. Ich watete durch Pfützen. Das Feuerwehrhaus dann ein Refugium, in dem ich eine Viertelstunde später, mit übereinandergeschlagenen Beinen entspannt im Sessel sitzend, meine Erzählung *Laterna magica* vorlas. Ich war gerade zum ersten der beiden Morde gekommen, die einmal meinen Geburtsort in Aufregung versetzt hatten, als sich an meinem wippenden rechten Fuß plötzlich Sohle und Absatz vom Schuh lösten und polternd zu Boden fielen. Im Publikum Lachen, ich guckte verdutzt. Dann setzte ich mich wieder im Sessel zurecht und las weiter, mit arglos wippendem linken Fuß. Freilich, beim zweiten meiner Morde verlor auch dieser Schuh Sohle und Absatz. Mit Mühe nur kam ich gegen Mitternacht durch die Pfützen zum Auto, eine Art sohlenloser Mokassins an den Füßen und zwei Sohlen in der Hand. Auch die Rückfahrt war schwierig durch die Klebstoffreste an den Schuhfragmenten.

Am nächsten Tag schickte ich der Schuhfabrik einen Brief. Unter Angabe der Nummern auf dem Karton erzählte ich von meinem Mißgeschick. Drei Tage später hatte ich die Antwort. Jede Haftung ausgeschlossen. Schuhe haben unsere Fabrik vor zwölf Jahren verlassen.

Eingeladen, meiner Hinrichtung beizuwohnen

Eines alltäglichen Junimorgens liegt ein Brief im Kasten, aus Berlin oder München: Hans Werner Richter hat dir geschrieben. Du liest die zehn, allenfalls fünfzehn handschriftlichen Worte: Wenn Sie lesen wollen, hier die Einladung. Schreiben Sie, ob Sie wollen oder nicht. Du greifst zur Zeitung und willst deinen Morgenkaffee fortsetzen, aber du kommst nicht recht zur Ruhe, untersuchst das Kuvert und findest einen bunten Prospekt: Gasthof und Pension Pulvermühle, Waischenfeld, Fränkische Schweiz. Du schaust dir auch das Foto an: solide Gebäude aus deutscher Feudalzeit, in denen wirst du also drei Tage zubringen, wie. Aber als du auf der Rückseite des Zettels Verse findest, wächst deine Zuversicht, auch der Wirt ist ein Dichter: hast du satt das Weltgewühle, / dann reise in die Pulvermühle / hier kann der Gast in frohen Stunden, / als Mensch in der Natur gesunden, schreibt da der Kaspar Bezold. Die Interpunktion will dir altfränkisch erscheinen. Du ziehst die Hülle von der Olivetti und bittest gruppenerfahrene Bekannte um Rat und Tat. Innerhalb einer Woche weißt du dann, daß du Prosatexte, besser Gedichte, am besten beides oder am allerbesten gar nichts vorliest, daß du zurückhaltend auftreten sollst, nein auf den Putz hauen, am besten gar nicht hinfahren. Und du fragst dich: bei welcher Gruppe war denn der, und wo hat eigentlich der vorgelesen. Alle dagegen sagen dir: die Kosten trägt jeder selbst. Und gleich machst du dich auf den Weg, willst hundert Mark borgen, so viel, schätzt du, wird ein Debüt kosten. Und es stimmt.

Dann ist es soweit, der fünfte Oktober ist angebrochen: ein windiger Donnerstag, weiß Gott. Ich habe lange geschlafen, jetzt stopfe ich den Schlafanzug in die neue Reisetasche, Wildbison, sagte der Verkäufer, das hält ein Leben lang; seis drum, in Waischenfeld beginnt die Amortisation. Ich nehme die Manuskripte vom Schreibtisch, ich habe mich nun doch für Gedichte entschieden, habe in zwei Tagen fünfzehn gruppenfeste Stücke geschrieben, wie immer wars fünf vor zwölf, als ich anfing. Nach dem Mittagessen eile ich im geborgten Opel Rekord Baujahr dreiundsechzig der Autobahn zu, biege mit quietschenden Reifen in die Auffahrt ein und fange auch schon an, die Lastwagen nach rechts zu pflügen: eine Wohltat die Lichthupe. Ich durchmesse germanische und andere Kernlande, herbstliche Wälder, Spessart und was weiß ich; von hier ist mancher aufgebrochen: Ostland, Westmark, Nordmark, Tripolis, jetzt bin ich an der Reihe und am Drücker. In der Raststätte Würzburg einen Kaffee, schnell schnell, es dämmert, und Grass ist vielleicht vor mir da. Später dann ist für mich die Autobahn zu Ende, Forchheim kommt in Sicht, wird umfahren; überall gleich, diese Stadtränder, mittelgroße Betriebe, Hitler-Siedlungen, Tanklager, Gasometer, hier hat die Zivilisation sich übergeben. Ich säge mich in Täler, weiß die Straßen von Bächen begleitet, von überhängenden Felsen bedroht: vorwärts vorwärts, Goethe jedenfalls war langsamer gen Italien. Anscheinend komme ich dem Ziel näher; vor mir fährt ein Ford aus München, hält an jedem Einzelgehöft, sucht auch die Pulvermühle. Endlich hängt eine Leuchtreklame in den Bäumen, führt eine Bohlenbrücke nach rechts und ins wahrhaft Ungewisse, drauf ein breitschultriger Mann, in der Hand ein Schild: Gaststättenbetrieb geschlossen. Er will mich nicht passieren lassen, Soldat an der Wisent; durchs aufgekurbelte Fenster wird er besiegt, mit stählernem Blick und schnarrender Stimme kommst du auch in der Provinz voran. Ich rangiere zwischen einen Citroën aus Frankfurt, Unseld von Suhrkamp, wie ich später erfahren werde, und einen R 4, Rolf Haufs aus Berlin. Ich komme in die Pulvermühle, rechts steht die Theke, im Hintergrund tut sich ein weiter Raum auf; Grass, das erkenne ich bald, war nun doch vor mir da, er ißt schon Abendbrot; Härtling trinkt Bier, Walser gestikuliert, Lettau schweigt, noch. Hinter einem Tisch hat sich Hans Werner Richter, aus Bansin auf Usedom gebürtig, wo ich mal sechs Wochen im Zeltlager gewesen bin, verschanzt; er trägt braune Haut aus Samarkand und Freundlichkeit unter die Leute, nebenbei verteilt er die Zimmer. Ich stelle mich vor, aha der, wird er denken, so sieht der also aus, naja. Mit Auto, fragt er. Ja, sage ich. Einzelzimmer, fragt er weiter. Ja. Nachts, denke ich, löst sich die Gruppe wohl auf, da will auch ich meine Ruhe haben. Dann also Gasthof Sonne unten im Ort. Prima, sage ich und fädle mich gleich drauf aus der Lücke zwischen Unseld und Haufs. Die Sonne ist alt, so alt müßte eigentlich verboten sein: aber dann doch wieder recht gemütlich das Zimmer Nummer eins, die Bauernstube, die ich beziehe.

Abendessen in der Pulvermühle: setzen Sie sich hin, wo Platz ist, sagt Hans Werner Richter und gibt mir einen aufmunternden Stoß. Blindlings gerate ich an den Tisch mit dem gewesenen Preisträger vom letzten Mal, bacchantisch Peter Bichsel, und dem kommenden von diesem Mal, Jürgen Becker; aber der weiß noch nichts von seinem Glück. Ich esse gekochten Schinken und trinke Bier, bitter bitter, und alles dann: teuer teuer. Bekannte Gesichter heben sich ab: Hans Bender lächelt, Karsunke vom *kürbiskern* aus München begrüßt mich, ich sprech mit Tsakiridis. Es wird spät. Nachts schrecke ich aus dem Schlaf, ich habe geträumt, der Gang sei nicht drin gewesen und das Auto vom Parkplatz in die Wisent gerollt. Ich träume sonst nie.

Freitag morgen gegen zehn versammelt sich alles im großen Saal: Schriftsteller, Dichterfrauen, Journalisten und Hunde. Nur die Leute vom Fernsehen müssen auf dem Hof bleiben. Richter sitzt unter Girlanden und bunten Glühbirnen vom letzten Tanzabend vor dem Podium; zu seiner Rechten schweigt der sogenannte elektrische Stuhl, er wird auch später nie knarren. Dann hebt das Ballett der Debütanten, Arrivierten, Geheimtips, der Verlegerschaustücke und Streber an, wird mittags kurz unterbrochen, setzt sich bis zum Abend fort; viel wird einem zugemutet, man nimmt es hin, und gerne. In der Magengegend ein flaues Gefühl: vegetatives Nervensystem, die massenhaften Zigaretten. Du weißt nicht, wann du aufgerufen wirst, du wartest, es bekommt dir nicht, aber du hast es so gewollt, hast hundert Mark angelegt, also bleib sitzen.

Anderntags konzentrierst du dich am besten auf die Texte. Die Namen sind bekannter, die Texte farbiger, die Lesungen geschulter geworden. Zwischendurch wird die Resolution gegen Springer diskutiert. Hundert Schriftsteller verderben den Text, achtzig unterschreiben. Als der Schwede Gustafsson in seiner Erzählung gerade den Falken loslassen will, wem ist Bakunin wohl im Zug begegnet, ich werde es nie erfahren, denn zur gleichen Zeit drängen sich Marschmusik, Lautsprecherworte in jedermanns Ohren: Unruhe im Saal. Man dreht den Kopf zur Tür, auf geht sie, herein tritt der große kleine Augstein. Lachen, Entspannung, Augstein setzt sich, Gustafsson will fortfahren. Auf geht die Tür ein zweites Mal. Ein Fremder. Einer, der nicht dazugehört, jung, dick. Mit ernstem Gesicht geht er durch den Mittelgang, um den Hals ein Schild: hier tagt die Familie Saubermann. Richter geleitet ihn hinaus, Luftballons platzen. Die Gruppe tröpfelt auf den Hof. Wir sehen uns dem SDS gegenüber, kubanische Konfrontation, aber wer ist wer. Die fremden Freunde fordern: Preis der Gruppe für Hans Günter Wallraff, verkünden: lieber tot als Höllerer, verlangen: Resolution gegen Springer. Lettau verliest vor dem Mikro unseren Text: Genossen! Der SDS zeigt sich betroffen, faßt sich dann, einer ruft durchs Megafon: so ganz befriedigt uns das doch nicht. Aber die Dichter haben ihre Arbeit getan. Mögen jene sie fortsetzen. Rückzug ins Haus, allgemeines Kaffeetrinken im Wintergarten, wer Lust hat, kann sehen, wie im Garten Bild-Zeitungen verbrannt werden.

Das Fest zum zwanzigsten Jahrestag der Gruppenbildung findet uns vier Stunden später alle wieder im Saal; eine Beat-Band macht aus uns etwas, das könnte auch ein Kegel-, Schützen-, Taubenzüchterverein sein. Augstein trinkt viel Bier, Walser ist von der Politik noch nicht losgekommen, wieso auch. Grass hat seinen Ärger über Lettau vergessen und tanzt Shake, Hans Werner Richter ist auch hier die Seele vonnet Jantse, Erich Fried eilt, Papier unter dem Arm, von Tisch zu Tisch, und Reich-Ranicki lacht diabolisch. Es dauert dies bis zum Morgen; man hat sich privatisiert, Literatur ist erst anderntags, sonntags, wieder gefragt.

Du hast verschlafen und hastig gefrühstückt und wärst beinahe im Auto geblieben, weils keinen Parkplatz mehr gab und: heute passiert *es*. Aber dann sitzt du doch auf dem harten Stuhl in der Reihe, schon wieder eine Zigarette in der Hand, warum auch nicht, hast doch Quadronal genommen. Und Hans Werner Richter nickt lächelnd in deine Richtung, du denkst, er meint Walser schräg hinter dir, aber nein: dich.

Also doch. Ich stehe auf und gehe die Gasse lang, in der Jackentasche die Gedichte; sechs zu lesen, ist mir gesagt worden, sei vornehm. Ich lese fünf. Das erste Stück schließt mit der Zeile: hier lebte Marx für Historiker und Biografen; die Weiche muß eingangs gestellt werden, finde ich. Einmal glaube ich, eine Zeile ausgelassen zu haben. Schließlich bin ich am Ende. Hans Werner Richter fordert zur Diskussion auf. Schweigen. Das, denke ich, kann mir als Schlimmstes begegnen. Vorgekommen ist es auf dieser Tagung öfter. Fried bittet um nochmaliges Lesen. Ich lese. Fried lobt. Rühmkorf lobt, Höllerer lobt, Karsunke lobt: kluge Sachen werden gesagt, die ich, dort vorn neben Richter sitzend, nicht verstehe und auch nicht behalten habe. Aber schon meldet sich Grass und findet schlecht, daß ich vorher wisse, was ich schreiben wolle; Reich-Ranicki, mir direkt gegenüber, meldet sich ebenfalls, steht auf, legt los: der frühe Erich Weinert, entsetzlich, ganz schrecklich. Und auch sonst, sagt er, hat er Ähnliches schon hundert Mal in der DDR-Lyrik gelesen. In der Pause will Höllerer meine Gedichte geschrieben sehen, Rühmkorf rät, die Texte an *konkret* zu schicken, Unseld begrüßt mich, mit Piper ergibt sich ein Gespräch. Jetzt könnte ich abfahren. Aber erst bekommt Becker noch den Preis und Glückwünsche, dann hebt die Verabschiedung an, endlich gehts in Richtung Forchheim durch die Täler, ade Kaspar Bezold, ich begegnete dir nachts auf dem Hof und hielt dich für einen Schriftsteller und fragte nach dem Klo, lebe wohl, und vielleicht sehen wir uns wieder, dann ohne Gruppe. Abends bin ich wieder zu Hause. Wie, fragt mein Diener, ists gewesen. Ach wissen Sie, sage ich, es war menschlich, ja das, menschlich wars.

Kleiner Nachtrag zwanzig Jahre später. Im Reprint *Sinn und Form* finde ich im zweiten Heft dreiundfünfzig eine Eloge auf den frühen Weinert. Er wird mit Heine verglichen und als einer der hervorragendsten deutschen Dichter des letzten Vierteljahrhunderts bezeichnet. Verfasser des Loblieds: Marceli Ranicki.

Stomps in Gießen

Es ist zwanzig Jahre her. Im Frühsommer dreiundsechzig machte ich den Versuch, in Gießen zu studieren. Wer die Stadt von damals kennt, weiß, daß der einzige erträgliche Ort das bis spät in die Nacht geöffnete Café Deibel hinter dem Theater war. Die ramponierten Möbel, die fleckigen braunen Tapeten, die löchrigen Lampenschirme stammten aus einer anderen Zeit und gehörten ihr weiter an, während das alte enge Gießen mit der Wohnung Büchners und dem Laboratorium Liebigs im Bombenkrieg beinahe restlos in Schutt und Asche gesunken war, nur der scheußliche Bahnhof blieb stehen.

Draußen wurde eine Stadt der späten fünfziger Jahre aus dem zitternden Boden gestampft, und das Deibel bot seinen Gästen alle Zeitungen der Welt, den *Gießener Anzeiger* gab es in fünf Exemplaren. Durch die dämmrigen Höhlen tappte ein betagter Ober in Schwarz und servierte das Leitungswasser umsonst. Ich glaube an den Menschen, wenn er allein ist. Mehr hörte man selten von ihm. Die passende Geschichte hatte er immer am Vortag erlebt.

Das Café war die Zufluchtsstätte von alternden Schauspielern, von ausgedienten alleingelassenen Kommunisten in der Wüste des Verbots, von Studenten ohne Stipendium und Wechsel und von vier, fünf Zeichenlehrern und Redakteuren, die an mehr gedacht hatten und dachten; Refugium, über dessen Schwelle das monotone Rasseln des Landes, der trostlose Anhauch der öden Provinz nicht kamen.

Nachmittags ruhten sich an den Tischen gleich neben

dem Eingang Frauen aus den Dörfern des Umlands vor dem langen Weg zum Bahnhof aus. Die schweren Taschen und Netze mit den Kleidern und Schuhen für ein Jahr verstellten den Durchgang. Kopftücher, schrille Stimmen, dicke Kinder mit großen Augen. Manchmal saß auch ein Buchhändler da. Sein Laden lag gleich um die Ecke. Gehörte zu den Leuten, von denen man wenig weiß. Aber ein Namensvetter, Buchhändler wie er, war Teilnehmer an Weidigs und Büchners verschworenem Treffen auf der Badenburg über der Lahn gewesen. Das gab ihm Bedeutung.

Hin und wieder lud er Schriftsteller ein. Nach Gießen. Was das heißt, ahnt man erst, wenn man dort gelebt hat. Die Leseabende fanden im Café Deibel statt. Einmal wurde Victor Otto Stomps angekündigt.

Ich kam, um Stomps zu hören, am Abend mit dem Schienenbus vom Land, wo meine Eltern wohnten. Bis auf den Fahrer war der Wagen leer. Niemand wollte nach Gießen. Das Zittern des halbdunklen Fahrzeugs, das an jeder Haltestelle mit laufendem Motor stehenblieb.

Als ich die Halle des Bahnhofs durchquerte, fiel mir die Nacht vor sechs Jahren ein. Wir waren aus Westberlin gekommen und mußten ins Lager am Stadtrand. Es war bis zum Morgen geschlossen. Von elf bis sieben saßen wir im Wartesaal, der große Koffer lag unter der Bank. Bleiche Gesichter von Vater, Mutter und Bruder. Fremder Boden. Zugluft. Schmutz.

Im ersten Stock des Cafés wartete der Buchhändler schon neben der Tür. Schnell, schnell. Im Raum Stille. An den kleinen runden Tischen ältere Frauen, fünf Studenten, ein Studienrat der besseren unsicheren Sorte und die drei alten Schauspieler, die frei hatten wie meist und mit ihren Kaffeetassen nach oben gekommen waren. Ganz hinten sah ich Stomps, auf dem Sofa. Gläser, Bücher, Hefte vor sich. Er schrieb auf ein Blatt. Dann stand er auf und guckte zum Eingang. Ein großer leicht vornübergebeugter Mann. Längeres Haar als am Ort üblich. Machte auf mich einen alltäglichen Eindruck. Man konnte nicht erkennen, was für eine Art Leben er führte.

Ich meine, wir sollten jetzt anfangen, sagte der Buchhändler und schloß die Tür. Stomps las vor, aus Büchern, von Zetteln. Das war so oder so, ich sah den Zuhörern nichts an. Ihr Kommen, ihre Anwesenheit drückten schon das ganze Einverständnis, alle Zustimmung aus.

Nachdem er das letzte Stück Papier weggelegt hatte, ging das Kaffeehausleben seinen nächtlichen Gang. Unter den schweren Schritten des Obers knarrten die Dielen, Gläser klirrten, man hörte das Klimpern von Münzen. Die Frauen brachen auf, Hüte wurden gerückt. Jemand blätterte in der Zeitung.

Ich dachte mir eine Frage aus. So kamen wir ins Gespräch. Er redete langsam, mit Pausen, mit Blicken in den Raum. Über die Eremiten-Presse, das kleine Haus in Stierstadt. Die neuen Autoren, die niemand kannte, interessierten ihn am meisten, sie verlegte er am liebsten. Jede Seite wurde mit der Hand gesetzt. Wenn das Papier ausgegangen und kein Geld da war, suchten seine Helfer und er Reste und Abfälle zusammen.

Dann erzählte er von einem Steuerberater oder Wirtschaftsprüfer aus dem Rheinland, der morgens halb fünf, als man sich gerade hingelegt hatte, vor der Baracke in Stierstadt aufgetreten war, ein dickes Bündel Verse unter dem Arm, und alle halben Stunden an den zugeklappten Fensterladen getrommelt hatte. Das war doch ein Beleg für die Macht der Poesie.

Ich mußte zum letzten Zug. Der Buchhändler führte seinen Gast in Richtung Laden. Vielleicht stand im Hinterzimmer ein Bett.

Am nächsten Tag schickte ich Gedichte nach Stierstadt. Ein Zettel mit vier handschriftlichen Zeilen kam zurück, sein Vorschlag, ein Buch zu machen. Im folgenden Herbst oder Winter hat er die Auswahl besorgt, es gibt einen Brief, in dem er die einzelnen Gedichte aufzählt und sie schon angeordnet hat.

Monate später borgte ich mir ein Auto. Das war im Frühjahr. Ein Sonntag vormittag, und die Straßen leer. Nur an der Auffahrt Gießen standen drei Studenten aus Norwegen mit großem Gepäck. Ich lud sie ein. Sie wollten in den Süden. Und, fragten sie, wohin fährst du. Zu meinem Verleger.

Ich saß an seinem Matratzenlager. Er kroch immer tiefer unter die Decken. Das Raucherbein. Er sprach vom Krieg, von den ersten Jahren der Rabenpresse in Berlin, den Zugriffen der Nazis, von den Anfängen in Stierstadt. Die Gedichte hatte er viele Male gelesen. Notizen gab es nicht. Wir arbeiteten den ganzen Band durch. Alles, was er vorschlug, endete mit einem Fragezeichen. Der Zweiundzwanzigjährige, der neben ihm auf einer Kiste hockte, hörte das genau.

Als ich ging, nahm ich das Bild eines alten kranken Mannes, die Erinnerung an seine Freundlichkeit und die Last der versteckten Begeisterung mit. *Fahrplan* erschien im Herbst vierundsechzig als vierter Band der Reihe *Paßgänge*, wurde nicht besprochen und brachte Stomps nichts ein. Er hatte hundertfünfzig Exemplare gedruckt, irgendwo sind sie geblieben.

Das Café Deibel ist längst abgerissen. Der Buchhändler, vor Zeiten schon pleite gegangen, hat in Gießen die

Frau und im Solling sich selber erschossen, seine Leiche zerfiel, bevor man die Reste im Unterholz fand.

Stomps war seit zehn Jahren tot.

September neunundachtzig
Tagebuch

Mittwoch, sechster September neunundachtzig. Mit dem Taxi zum Bahnhof. Zug nach Hannover und weiter nach Berlin. Magdeburg. Bild-Druck, seit zehn Jahren. Gespräch im Speisewagen. Ehepaar in mittlerem Alter, aus Ostberlin. Der Mann zum ersten Mal im Westen. Schluckt. Hotel Ambassador in der Bayreuther Straße. Ich stelle die Reisetasche aufs Zimmer und fahre mit dem Bus durch den Tiergarten zur Kongreßhalle. Die große geschwungene Austernschale aus Beton vor einigen Jahren zersprungen und eingestürzt. Neu gegossen. Am Eingang eine Tafel. Erinnert an den Rundfunkredakteur, der beim Einsturz erschlagen wurde. Wenn der Mann Monteur oder Garderobenaufseher gewesen wäre, würde man keine Tafel angebracht haben. Weiter zu Fuß. In der Abendsonne eines Hochsommertages zum Reichstag. Junge Männer, fünf oder sechs komplette Fußballmannschaften, auf der großen Wiese, Platz der Republik genannt. Grillrunden, auf Campingstühlen, um Klapptische. Die öde leere Gegend am Kronprinzenufer. Auf der anderen Seite der Spree die Mauer und das bereinigte Gelände der innerstädtischen Grenzzone. Gemauerter Kai am westlichen Ufer. Ich beuge mich nach vorn und entdecke das Seil an der Kante, das schwimmenden Flüchtlingen das Herausklettern aus dem Wasser erleichtern soll. Todeskreuze. Drüben Grenzwächter. Mir von allen Uniformen die unangenehmste. Ein Schnellboot, grau angestrichen und mit einer unfreundlichen Silhouette, wie ich sie von der

Elbe bei Dömitz kenne. Verfilztes Buschwerk. Kaninchen. Früher vornehmes Alsenviertel und Generalstab. Moltke-Brücke. List-Ufer. Lehrter Stadtbahnhof. Blicke immer wieder zum toten Humboldthafen. Vielleicht Entwurf Lenné. Die Charité mit dem massigen Neubau. Sandkrugbrücke in der Invalidenstraße. Hamburger Bahnhof. Zugesperrt. Versinkt nach der ersten flüchtigen Renovierung wieder im zugewucherten Steppenland zwischen Ost und West. Heidestraße. Lagerhallen, Containergebirge, tote Gleise. Sellerstraße. Schering. Von hier kamen vor fünfundzwanzig, dreißig Jahren die ersten Antibabypillen. Das Wort. Ich kann mich noch gut erinnern, wie Vater in seiner Reiskirchener Praxis mit Mustern überschwemmt wurde, die er an die Frauen aus dem Dorf weitergeben sollte. Chausseestraße. Übergang. Blick von der hölzernen Plattform aus in die jenseitige Straße. Immer neue Sperranlagen und Schleusen. Liesenstraße. Dorotheenstädtischer Friedhof zwei, achtzehnhundertzweiundvierzig. Die endlos lange Gartenstraße. Hinter der Klinkermauer und hinter der Betonwand der Nordend-Güterbahnhof und der Nordbahnhof. Bernauer Straße. Die Bilder August einundsechzig. Häuserzeile inzwischen abgerissen. Krankenhaus Lazarus. Ackerstraße gekreuzt. Die ins Scheunenviertel hinuntergeht. Brunnenstraße. Dahinter Gesundbrunnen. Jahre nach dem Krieg hörte ich den Namen des Viertels von den Eltern, die dort Zigaretten, Schokolade, Schuhe kauften, möglichst billig, wenn sie aus Frohburg gekommen waren, für einen Tag, und in einer der schmierigen Wechselstuben ihr Ostgeld umgetauscht hatten, eins zu sechs und eins zu sieben. Ruppiner und Swinemünder Straße von der Mauer abgesperrt. Straßenstern am östlichen Ende der Bernauer Straße, südlich des Güterbahnhofs der Nordbahn. Hier münden hinter der Mauer Eberswalder, Schwedter und Oderberger Straße. Zwei Steinwürfe weit im Osten die Bücherwohnung von Pietraß. Der Güterbahnhof wüstes Gelände. Kläffende Hunde im Halbdunkel hinter Zäunen und Toren. Angst, mich zu verlaufen. Also weg vom Verlauf der Mauer. Wolliner Straße. Frage nach dem Weg. Zwei Männer in meinem Alter, einer davon Südländer, der andere mit einem Dialekt, wie ich ihn weiter drinnen in der Stadt nicht oft gehört habe. Vielleicht hat sich der Wedding in der Art zu sprechen erhalten, wenn schon die Häuser im Bombenkrieg in Schutt und Asche gefallen sind. Swinemünder Brücke. Jülicher Straße. Bornholmer Straße. Übergang. Eine alte Frau, zwei Plastiktüten tragend, taucht aus der Dunkelheit der Grenzbrücke auf. Sonst Bewegungslosigkeit, Stille. In der Ferne das Tosen der beiden Hälften Berlins. Lange auf der Brücke. Blick auf das Gewirr aus Wohnvierteln, Gleisanlagen, Brücken, Ödflächen.

Donnerstag, siebenter September. Am Vormittag die Antiquariate hinter dem Nollendorfplatz, in der Motzstraße und in der Winterfeldt-Straße. Seit Anfang der siebziger Jahre kenne ich Theodor Henning und Kohls. Wahrscheinlich von der ersten PEN-Tagung her, die ich als Mitglied erlebte. Dreiundsiebzig vielleicht. Ich flog mit einem Karton voller Bücher nach Hannover zurück. Die drei Bände Bülau waren dabei, *Geheime Geschichten*. Heute finde ich Kellermanns *Totentanz*, den er auf Anregung Bechers schrieb, als Gründungsmitglied des Kulturbunds, und seinen frühen Roman *Der neunte November*. Zum Kaufhaus des Westens. Auf der Suche nach einer Kaffeetasse mit Aurikelbemalung für H. Durch den Mittagstrubel auf Tauentzien und Kudamm zum Literaturhaus in der Fasanenstraße. Zu Hause liegen die Tagebuchkopien des Erbauers der Villa. Oder besser des Ehemanns der Erbauerin, einer Erbin Gruson aus Magdeburg. Der Mann Nordpolarforscher. Mit den Skandinaviern an Bekanntheit nicht zu vergleichen. Auf dem Balkon im ersten Stock Althof vom DAAD und Ernest Wichner, der schwermütige Schalk, dessen rumäniendeutsche Anglergeschichten Wolfram so fasziniert haben. Später Lodemann, Jürgen Becker und Katja Lange-Müller. Lesung vor der internationalen Germanistenrunde. Leichte Skepsis, wenn ich an den Weltkongreß des Faches in Göttingen denke. Der jüngste Autor, für den sich zwölfhundert Wissenschaftler damals interessierten, hatte gerade das Rentenalter erreicht. Erzählung *Dunkelkammer.* Kommt mir als Text so fest vor, daß ich auf keinerlei Reaktion oder Antwort warte. Mit Lodemann, der mich vor vier Jahren zwischen Weihnachten und Neujahr so überraschend anrief, zum Abendessen an den Lehniner Platz. Unser halbherziger Versuch, Karten für die Schaubühne zu bekommen, hat Erfolg. *Die Zeit und das Zimmer* von Botho Strauß. Unterhaltsame Revue. Für die Provinz unspielbar, durch die zahlreichen eindrucksvollen optischen und akustischen Effekte. Carmerstraße, Autorenbuchhandlung. Rolf Haufs. Als ich um Mitternacht gehe, bringt er mich an die Tür, den Arm um meine Schulter gelegt.

Freitag, achter September. Stadtbahn bis Lehrter. Versuch, in der Invalidenstraße zu Fuß über die Sandkrugbrücke nach Ostberlin zu kommen. Zurückweisung. Nur für Westberliner. Friedrichstraße. Schlange, die in sechzig Minuten keinen Meter vorrückt. Schulklassen.

Reisegruppen. Wechsel in eine andere Halle, vor einen anderen Schalter. Gespräche in der Schlange. Jemanden für diese Art der Abfertigung und für alles, was dahinter steht, zu begeistern oder zu gewinnen, spielt schon lange keine Rolle mehr. Friedrichstraße nach links. Weidendammer Brücke. Admiralspalast. Letzter Ausbruchsversuch der Nazis aus dem Führerbunker Anfang Mai fünfundvierzig, mit Bormann und mit Baur, Hitlers Piloten. Mit von der Partie auch die Führersekretärinnen, zum Beispiel Frau Christian. Bei ihrem Mann, dem Exgeneral, saß ich aufgrund seltsamer Zufälle Ostern achtundfünfzig in Ebernburg bei Kreuznach am Tisch, weil er der Stiefvater eines Frohburger Freundes geworden war. Eine Geschichte für sich. Der Ausbruch fand nachts statt. Die sterbende Innenstadt von der Roten Armee eingeschlossen und berannt, Bahnschächte unter Wasser, tote und verwundete Soldaten und Zivilisten überall, besonders in den Kellern und unterirdischen Kavernen. Brände, Artilleriekämpfe. Die Friedrichstraße hinter der Weidendammer Brücke übersät mit Toten und Sterbenden. Großes Feuer in Höhe der Ziegelstraße. Gegenüber in der Ruine, heute Hotel Adria, saßen die Scharfschützen der Roten Armee und zielten im Lichtschein des Feuers. Bormann zu Baur: Sie werden mir noch abgeschossen, Baur, Vorsicht. Am nächsten Nachmittag wurden die Flüchtlinge in einem Luftschutzraum Schönhauser Allee festgenommen, Gerda Christian durfte gehen. Anscheinend schlug sie sich damals nach der Pfalz durch, ins Haus ihrer Schwiegermutter in Ebernburg. Als die Engländer sie suchten, um Einzelheiten über das Leben im Bunker und über Hitlers Tod zu erfahren, tauchte sie unter und wurde erst ein Jahr später in der Lüneburger Heide entdeckt und festgenommen. Antiquariat am Weg. Alter Mann. Seine Einstellung zu Büchern am dürftigen Bestand nicht abzulesen. Ob Liebhaber, Ladenaufseher oder Kassierer, wie meist. Oranienburger Tor. Chausseestraße. Dorotheenstädtischer Friedhof. Die Gräber beim nächsten Mal. Brecht-Haus. Hof. Seitenflügel. Ins Treppenhaus. Betreten der Räume nur möglich mit einer Führung, wenige Stunden am Tag. Vom Fenster im ersten Stock auf Hof und Friedhof. Brecht zog im Oktober dreiundfünfzig hier ein. Hinterhaus, schrieb er der Weigel, wie das Vorderhaus sehr alt, zweistöckig, aus den dreißiger Jahren, also sehr hübsch, ziemlich ärmlich, für kleine Leute gebaut, ein riesiger Raum mit sehr großem Fenster, ein mittelgroßer und ein kleiner Raum, nicht sehr klein. Küche klein, da muß eine Dusche hinein, Gas und Elektrizität sind da. Klo auf halber Treppe. Unten eine Garage, gehört dazu. Hinter dem Hinterhaus kleiner Garten, der hoffentlich dazugehört, mit einem bescheidenen Baum. Fenster gehen auf Friedhof hinaus, da ist alles grün und weit. Ich bin also sehr zufrieden. In dieser Wohnung starb Brecht am vierzehnten August sechsundfünfzig, gerade rechtzeitig, um der zweiten Depression nach dem siebzehnten Juni zu entgehen, dem Blutbad in Ungarn. Er liegt auf dem Friedhof begraben, den er drei Jahre im Blick gehabt hat. Einundzwanzig Jahre nach seinem Tod wurde das Haus renoviert, im Beisein Erich Honeckers wurde achtundsiebzig das Brechtzentrum mit Archiv, Buchhandlung und Restaurant eröffnet, Brechts Wohnung ist seitdem mit den genannten Einschränkungen zu besichtigen. Weiter stadtauswärts bis Stadion der Weltjugend. Könnte früher nach Walter Ulbricht geheißen haben. Die ärmlichen lieblosen Spielzeugläden mit dem Plastikkram im Fenster. Grelle Farben hinter ungeputzten Scheiben. Halbdunkles Gemüsegeschäft. Höhle. Hinterhöfe mit kleinen Betrieben und Lagern. Immer wieder überraschende Schilder an den Torwegen und Einfahrten, so Schlosserei der Staatsoper. Auf dem Weg nach Nordwesten die Invalidenstraße gekreuzt. Blick nach links, vorbei an Charité und Regierungskrankenhaus, auf die hellschimmernde Mauer. Seitab durch die Zinnowitzer Straße. Stammhaus Bergmann-Borsig. Was an Geschichte und Stoff hier verlorengeht und wahrscheinlich schon verlorengegangen ist. Nordbahnhof. Der einmal Stettiner Bahnhof hieß. Stadtbrache im Schatten der Mauer. Demontierte Gleise. Gegenüber Hotel Newa. Hier wohnte Becher fünfundvierzig, nach der Rückkehr aus Moskau. Brief an die Frau, in dem er die ruinierte Stadt beschrieb, die zugrundegerichteten Menschen. Gleichzeitig seine Freude, wieder in Deutschland zu sein. Gartenstraße gekreuzt, wie vorgestern, auf der anderen Seite. Bergstraße. Pappelplatz. Ackerstraße, Brunnestraße gekreuzt. Veteranenstraße. Das Heine-Denkmal im Volkspark am Weinberg. Die Glasfront des Kaufhauses aus den zwanziger Jahren. Man wünscht sich einen kundigen Begleiter. Aber die Bruchstücke, die man auf eigene Faust findet, sind mehr wert. Der eingeweihte Führer ist einem immer voraus. Wenn man weiß, was er weiß, wird er einem schnell lästig. Zionskirche. Nach deren Namen ich mich erkundigen mußte. Der Stadtplan hat mehr den Charakter einer Übersichtskarte. Solche Improvisationen erzeugen Unsicherheit und schärfen die Aufmerksamkeit. Kirchplatz um den Turm herum abgesperrt, wegen Einsturzgefahr. Kleiner Imbiß in der Kastanienallee. Die drei Tische auf dem Gehweg. Zionskirchstraße Richtung Südosten. Choriner Straße, wie mit Hannes Schwenger im vergangenen Winter, als wir vor dem Treffen mit Richard Pietraß noch Rainer Flügge besuchten und Flügge mir von einem Böttcher von der Umweltbibliothek erzählte, der in Frohburg geboren sein sollte und von dem sich dann herausstellte, daß er der Sohn der sogenannten alten Böttchern aus der Thälmannstraße war, Mutters Strickfrau. Christinenstraße. Flügges Name noch an der Klingel. Weiter unten in der Straße an einem der alten heruntergekommenen Häuser, die renoviert werden, eine Tafel: Jugendobjekt Baubetriebe Schwedt. Inzwischen verfallen in Schwedt ganze Straßenzüge, wie in Bautzen und Görlitz und wahrscheinlich überall in der DDR. Als könnte Ostberlin nicht selber genug Bauarbeiter haben, die Millionenstadt. Pieck-Straße. Luxemburg-Platz. Alte Schönhauser Allee. Die Doppelzeile im Vorfeld des Abbruchs. Farbe und Putz der Mietshäuser sind längst herunter, jetzt fallen Teile der Mauersubstanz auf den Gehweg. Das kleine Mädchen mit Zöpfen und weißen Söckchen rührt mich an, das in einem Haustor verschwindet, Ranzen auf dem Rücken, Turnbeutel in der Hand. Wer hier wohnt, wohnen muß, für den ist der ausgeschriene Fortschritt der letzten vierzig Jahre nichts weiter als voranschreitender Verfall gewesen. Antiquariat in der Weinmeisterstraße. Geschlossen bis vierzehn Uhr. Im Fenster die Bescheinigung des Rates für Kultur, die wegen Urlaubs verkürzte Öffnungszeiten genehmigt. Münzstraße. Zustand der Gehwege. Mülltonnen. Rost. Alexanderplatz. Grelle Weite. Hotels. Verkehr. Die blitzenden Busse der Stadtrundfahrten. Karl-Marx-Allee. Strausberger Platz. Südliches Hochhaus. An der Westseite, neben dem Eingang, Tafel für Bodo Uhse, neunzehnhundertsechzig bis dreiundsechzig, und für

F. C. Weiskopf, vierundfünfzig bis September fünfundfünfzig. Am einundzwanzigsten August sechzig schreibt Uhse in sein Tagebuch: In der neuen Wohnung in der Stalinallee. Ein Haus, das nicht atmen kann. Es hat keine Lungen, keine Hinterfenster, keine Luftschächte. Im Arbeitszimmer liegen die Bücher noch auf dem Boden. Durch die Fenster dringt der Straßenlärm unablässig. Wie man sich hier einleben wird. Man muß es sehen. Drei Jahre später war Uhse tot, neunundfünfzigjährig. Er hatte eine neue Ehe versucht, nachdem die erste Frau Alma nach Amerika zurückgegangen war, mit den Kindern. Der Sohn aus zweiter Ehe, mit dem ich einmal telefonierte, kann sich an den Schriftstellervater, nach dem ein Fischkutter mit dem Heimathafen Warnemünde benannt ist, kaum erinnern, anfangs zählte er noch zu den Nomenklaturakindern, dann lernte er Schuhmacher, und jetzt hat er Probleme mit dem Alkohol und arbeitet in einem Altenpflegeheim. Zurück zum Alex. Im Bahnhof vergeblicher Versuch, etwas über die Nachmittagszüge Richtung Hannover zu erfahren. Der Fahrdienstleiter ist nur für die S-Bahn zuständig. Auf dem weiten Platz, an der großen Uhr und auf den Brunnenmauern sitzen die Leute und sonnen sich. Am Vortag hat es an der gleichen Stelle eine Demonstration gegeben, sofort waren Polizei und Stasi zur Stelle und rissen die Papptafeln herunter und packten die Leute. Das sieht man dem Platz nicht an, das ist weltweit die Hoffnung der oberen Etagen. Noch einmal zum Antiquariat in der Weinmeisterstraße. Anna Seghers *Transit* und Weisenborns *Memorial* in der ersten Ausgabe. Zweiundzwanzig Mark aus dem Zwangsumtausch. Am Altberliner Verlag Lucie Groszer in der Neuen Schönhauser Straße vorbei. *Die Söhne der Großen Bärin* von Liselotte

Welskopf-Henrich, das Erfolgsbuch des Verlages. Ich las es mit zwölf, dreizehn Jahren in Ahlbeck am Strand. Wahrscheinlich hatte ich es aus der dortigen Gemeindebücherei entliehen. In Frohburg war die Versorgung mit Büchern eher schlecht. Wie es sich für die Nachkriegsprovinz gehörte. Hackescher Markt. Mit der S-Bahn zur Friedrichstraße. Um den Bahnhof herum zur Ausreisehalle. Erinnerung an die unangenehmen Szenen vergangenen Winter, als sich die Schlangen lange Zeit nicht vorwärtsschoben und ein sogenannter Dienstreisender aus Schwaben, mit schwäbischem Dialekt jedenfalls, an uns vorbeiging und bevorzugte Behandlung verlangte. War ich nicht auch auf Dienstreise, irgendwie. Es gab einen heftigen Wortwechsel, erst mit dem Schwaben, dann mit dem Grenzer in Uniform. Nützte nichts, der Schwabe drang durch. Bahnhof Zoo. Kranzler. In der Nachmittagssonne. Gedächtniskirche. In Wohlthats Buchladen Stadtplan. Kurz vor achtzehn Uhr der Schnellzug nach Hannover. Wannsee. Griebnitzsee. Vor fünfunddreißig Jahren blieb hier im Schatten der Kontrollbaracken die S-Bahn stehen, wenn wir aus Frohburg gekommen waren, für einen Tag, und von Potsdam aus nach Steglitz fahren wollten, wo die Kusine wohnte. Vopos gingen durch den Zug, zu zweit, zu viert, und guckten die Ausweise an und machten Stichproben im Gepäck, wem gehört der Koffer, das war die gefürchtete Frage, und gewöhnlich machte man sich klein und war erleichtert, wenn die Kontrolleure weitergingen. Vaters Freund wurde hier aus dem Zug geholt, Arzt erst in Frohburgs kleiner Nachbarstadt Kohren, dann in Leipzig-Lindenau. Genau auf der Fahrt, die seine letzte sein sollte, weil er im Westen zu bleiben gedachte, führte man ihn ab und ließ ihn dann im Dienstzimmer allein.

Er hatte zwanzigtausend Ostmark in der Tasche, die Ersparnisse der Familie, die warf er, als er sich unbeobachtet glaubte, in den Papierkorb. Der Vernehmer kam wieder herein. Was haben Sie eben versteckt. Nichts. Herr Doktor Soundso, holen Sie sofort das Geld aus dem Papierkorb. In diesem Moment klopfte es an die Tür. Draußen stand die Frau des Sistierten, die kurz vor Abfahrt des Zuges ausgestiegen war, mit zwei prall gefüllten Fluchtkoffern, und nun den Mann suchte. Vier Jahre Zuchthaus für beide. Später landeten sie doch noch in der Pfalz. Die Frau wurde eines Morgens in der Badewanne gefunden, tot, ein Fön lag im Wasser. In Hannover umsteigen. Auf dem letzten Stück Fahrt Gespräch mit dem Kirchenmann aus Erfurt, der auf Einladung der hannoverschen Klosterkammer einige Tage in Norddeutschland war und über Bebra nach Hause fuhr. Achtfacher Großvater. Seine Frau klage, ja schimpfe vielfach über Mangel und Knappheit. Er selber stehe eher über diesen Dingen. Mildes Lächeln, als er das sagte. Aber unser ganzes Gespräch drehte sich, weil er vor allem von seinen Erlebnissen der letzten Tage sprach, um ökonomische und finanzielle Fragen. Hin und wieder mit leichter Kritik in meine Richtung. Wie könne man denn wegen zwei Pfennig Preisunterschied zu einer anderen Tankstelle fahren. Mit dieser Überbetonung des Materiellen habe er Schwierigkeiten. Am Ende stellte sich heraus, daß einer der beiden Koffer, aus denen sein Gepäck bestand, eine Neuerwerbung war, gestopft voll von Einkäufen und Mitbringseln. Wie er in dem Hamburger Kaufhaus mit der Verkäuferin gehandelt habe, bis sich sogar der Geschäftsführer einschaltete und ihm als einem Gast der Klosterkammer ohne eigenes Reisegeld einen Sonderpreis machte. Sachengier und Konsumsucht, wie ich sie aus der Frohburger Nachkriegszeit kenne. Mit welcher Energie man damals den Flüchtlingen ein abkömmliches Möbelstück vorenthielt. Daß Erbengemeinschaften wegen einer Meißner Vase zerbrachen. Im übrigen gehörte der Mitreisende zu den Leuten, die nicht leicht zu durchschauen sind, man möchte nicht von ihnen abhängig sein. Wie er seine Funktion in der Kirche gleich herauskehrte. Nachts noch in meinem Zimmer, im Sessel. Die Wanderung durch Ostberlin klang nach, durch die düsteren Bezirke im Norden, dann über den Alex und die Karl-Marx-Allee hinunter. Eindruck von greller Weite und fremder unbelebter Modernität. Beton, der mich schon in den kleineren Göttinger Dimensionen erschreckt. Die Läden im Hinterhof der östlichen Stadthälfte diesmal besonders bedrükkend. Wenn man sich aus ihnen tagtäglich versorgen müßte. Selbst das Gehen ist anstrengend, auf den eingesunkenen und geflickten Gehwegen im Prenzlauer Berg oder im Scheunenviertel. Dazu das Erlebnis der Schleusen und Pferche im Bahnhof Friedrichstraße. Für Einreise, Ausreise, Transit, für Einheimische, für Besucher aus Westberlin und für solche aus Westdeutschland und für die polnischen Durchreisenden. Abschreckendes kafkaeskes System. Nachts, wahrscheinlich in Spiegelung des Vormittags, überraschender Traum. Eher eine langgezogene Szene mit gefühlsmäßiger Tönung als ein schlagartiges Erschrecken. Verlassenheit, Angst, Ausweglosigkeit. Es ist in den letzten Tagen eines Krieges. Die Soldaten der anderen Seite sehen manchmal wie die Rotarmisten im Zweiten Weltkrieg aus. Man ahnt, daß alles verloren ist. Aber man kämpft noch. Halb aus Gewohnheit und halb, um seine Haut, die eigene Haut, so teuer wie möglich zu verkaufen. Diese Situation erlebe ich in Frohburg. Ich befinde mich dabei im Hausflur der Post. Aufgang vom Markt aus. Schräg über mir unser Herrenzimmer von früher. Hinten in der Tiefe des halbdunklen Flurs lade ich zuerst das leichte Schnellfeuergewehr, das ich bei mir habe, und dann meine Pistole. Es handelt sich um eine Parabellum, wie ich sie mit kleinerem Kaliber tatsächlich einmal besessen habe, einige Wochen lang, Anfang der siebziger Jahre. Während ich Patrone nach Patrone in das Magazin schiebe, erstaunlich geübt, weiß ich nicht, was sich draußen auf dem Markt abspielt. Deshalb verlasse ich, als ich das Magazin gefüllt habe, mein Versteck unter der Treppe und spähe aus der Haustür. Im Freien Licht, als hielten sich Tag und Nacht seit Stunden die Waage. Dabei jede Einzelheit gut zu erkennen. Weiter oben, an der Ecke zur Thälmannstraße, stehen einige meiner Schicksalsgenossen, denen ich mich nicht verbunden fühle, mit einem schwer bewaffneten Russen zusammen, ein unentschiedener zweideutiger Anblick. Bei der geringsten Irritation wird weitergeschossen, ganz sicher. Ich ziehe mich wieder in den hinteren Flur zurück. Was mit mir passiert, ist unklar. Die Sieger haben noch nicht mit der Durchsuchung der Häuser und Keller begonnen. Wieviele fremde Soldaten sind überhaupt schon in der Stadt. Auf alle Fälle ist das Ende nahe, so oder so, das steht fest. Ich bin noch bereit, das Gewehr wieder aufzunehmen und weiterzukämpfen, aber ich warte auf die erstbeste Gelegenheit, daß ich mich ergeben kann. Als einer unserer Männer von draußen hereinkommt, zu mir tritt und im Zwielicht des Flurs auf die aufgefüllten Magazine deutet, sage ich: Damit die anderen nicht so viel Arbeit haben. Anscheinend will ich bemänteln, daß ich mich auch auf das Weiterkämpfen vorbereitet habe. Ich erwarte nichts unbedingt Gutes von dem Mann, deshalb bin ich vorsichtig. Ich habe ihn noch nie gesehen. Und doch rede ich ihn mit dem Namen meines Bruders an. Nach dem Erwachen umgibt mich die gnadenlose Atmosphäre des Traums noch lange. Was ich gerade erlebt habe, verzittert in einer Art emotionalem Echo. Ich will die Einzelheiten festhalten und versuche eine eilige Nacherzählung. Dabei weiß ich, daß das, woran ich mich erinnern kann, nur eine Schlußszene ist. Die Vorgeschichte läßt sich nicht greifen. Sie hat sich vorgestern oder vor fünfundvierzig Jahren abgespielt. Das angeblich fremde Sujet des Krieges und der Straßenkämpfe. Mir bis in die Stimmung des Untergangs vertraut. Jedenfalls wenn ich träume.

Sonnabend, neunter September. Nachmittags nach Steinheim, zum einundsiebzigsten Geburtstag des Schwiegervaters. In Reiskirchen steigen die Eltern zu. Später kommt auch Bruder Ulrich. Er fährt die Eltern abends nach Hause. Dietzens. Hofmanns und die Gote. Gespräche bis in die Dämmerung hinein.

Sonntag, zehnter September. Garten. Tagebuch am Tisch vor dem Holzstall. H. kommt und erzählt mir, die Tausende von Urlaubern aus der DDR, die spätestens seit Ende August in Ungarn in Lagern und Ferienquartieren festsitzen und in den Westen wollen, dürfen ab Mitternacht über Österreich in die Bundesrepublik ausreisen, man spricht von mehr als zehntausend Personen. Mildes Frühherbstwetter. Windstille. Schwärme lärmender Stare in den Fichten am Hühnerhaus, angelockt von den Weintrauben des Nachbarn. Gegen Abend Gießen. Lager. In dem wir siebenundfünfzig waren und von dem wir einundsechzig im Sommer glaubten, es würde früher oder später dichtgemacht. Nun reges Kommen und Gehen. Viele Kinder auf dem Spielplatz hinter dem Drahtzaun. An den Alleebäumen der Zufahrtsstraße Hunderte von handgeschriebenen Zetteln mit Stellenangeboten. Ein Bäcker nach Langsdorf, eine Verkäuferin nach Hungen, Einliegerwohnung wird gestellt.

Montag, elfter September. Scheurmann aus Bonn, der Geschäftsführer der Arbeitsgemeinschaft selbständiger Kulturinstitute. Wegen Werkstattbericht und Erzählung *Dunkelkammer.* Ausstellung durch Akademie im Rheinischen Landesmuseum. Bücher, Archivkästen, Bilder gezeigt. Sechs Stunden Gespräch. Abends Anruf der Eltern. Vater erkundigt sich nach H. Sie ist erkältet und konnte schon Sonntag kaum noch sprechen. Fernsehen. Bilder der Ausreise. Die alten Wörter: Flüchtling, Flucht. Hauptsächlich junge Gesichter. Erleichterung und Euphorie: Morgen müßte ich wieder im Betrieb sein, die können mich mal.

Dienstag, zwölfter September. Tagebuch. Ausreise. Den ganzen Tag geht mir der Traum der vergangenen Nacht nach. Ich bin mit H. in der Frohburger Wohnung der Großeltern gewesen, im ersten Stock des heruntergewirtschafteten verwohnten Hauses in der Greifenhainer Straße. Die Korridortür verriegelt, wie immer am späten Abend. Ich schiebe den kleinen Hebel der Arretierung beiseite, öffne die hohe Tür und trete in das eiskalte dunkle Treppenhaus, in dem es durchdringend nach dem zugefrorenen Abort riecht. Anscheinend haben wir im Haus ein Geräusch gehört oder durch das Milchglas der Tür eine Bewegung gesehen. Jedenfalls taste ich mich bis zur Biegung der Treppe, dorthin, wo das Fenster zum Hof ist, und gucke in den schwach beleuchteten Hausflur hinunter. Ich kann nichts Ungewöhnliches erkennen. Also zurück in die Wohnung. H. hat auf der Schwelle gewartet. Schon will ich die Wohnungstür wieder schließen, da sehe ich plötzlich auf halber Treppe zum zweiten Stock gegen das obere Hoffenster und den Ausschnitt Nachthimmel dahinter eine bewegungslose Gestalt. Das ist er, weiß ich sofort. In den zurückliegenden Nächten hat es in Frohburg zwei Morde gegeben. Der Schreck hallt noch nach in mir, da stehe ich mit H. unvermittelt am unteren Eingang der Anlagen, die der Volksmund Hölzchen nennt. Sie fangen hinter dem Haus der Großeltern an. Wir haben einen großen Hund bei uns und schicken ihn in die Dunkelheit. Vielleicht Astor, den Schäferhund meiner Kinderzeit. Der Hund verschwindet und meldet sich nicht mehr. Viel zu aufgeregt, um warten zu können, wenden wir uns in Richtung des kleinen Hauses, das jemand in den ersten Jahren nach dem Krieg auf den Schuttplatz zwischen Hölzchen und Töpfergasse gebaut hat. Wir klopfen an die Haustür und sind, während wir klopfen, sicher, den Unterschlupf des Mörders entdeckt zu haben. Endlich öffnet uns eine ältere Frau, atemlos und mit zerzausten Haaren. Der Mann, nach dem wir fragen, ist vor einer halben Stunde bei ihr eingedrungen. Er hat sie bedroht und an einen Stuhl gefesselt, dann ist er weitergeflüchtet. Also sind wir ihm auf der Spur. Schnell wenden wir uns ab und steigen eilig den stockfinsteren Hang hinauf. Erst als wir oben auf dem Steinberg angekommen sind und Frohburg mit seinen gelblichtrüben Straßenlampen unter uns liegt, als wir auf den Wiesen Richtung Harzberg, die mit einem Mal im Hellen liegen, niemanden sehen, fällt es mir wie Schuppen von den Augen. Er hat sie gefesselt, angeblich. Und doch konnte sie an die Tür kommen. Mit dem Gefühl eines nicht wiedergutzumachenden Irrtums wachte ich auf. So intensiv, bis zur abendlichen Beleuchtung, der Akustik und dem Geruch, hatte ich das Haus in der Greifenhainer Straße seit *Laterna magica* nicht mehr erlebt.

Mittwoch, dreizehnter September. Rahmen der Gaubenfenster gestrichen. Am späten Abend Tagebuch. Dann Malraux. Lange Lesenacht. Zwei, drei Mal schlief ich halb ein, die Gedanken lösten sich vom Buch. Berliner Bilder. Oder handelte es sich um Budapest. Wenn ich aufschreckte, ging es wie ein Echo durch meinen Kopf.

Nachweise

Über Frohburg und sich selber schreiben.
In: *Süddeutsche Zeitung*, 1. Juni 1985.
Einige Bemerkungen zum Schreiben von Gedichten.
In: *Die Inseln im Landmeer und neue Gedichte*. Frankfurt am Main 1984.
Stimmen in meinem Zimmer.
In: *Stuttgarter Zeitung*, 13. April 1985.
Lichtversuche Dunkelkammer.
In: *Jahrbuch der Deutschen Akademie für Sprache und Dichtung*. Darmstadt 1989.
Kohlenebene.
In: *Merian extra DDR*, 1990. Hier: erweiterte Fassung.
Durch Oderbruch und Uckermark.
In: *Merian Brandenburg*, 1990. Hier: erweiterte Fassung.
Nachsaison.
In: *Frankfurter Allgemeine Magazin*, 5. Oktober 1990. Hier: erweiterte Fassung.
Im Landmeer.
In: *natur*, Dezember 1986. Hier: erweiterte Fassung.
Nachhall.
In: *Wallfahrtsstätten der Nation*. Hg. Hans Jürgen Koch. Frankfurt am Main 1971.
Eine Verabredung am Ende des Tals.
In: *Frankfurter Allgemeine Zeitung*, 12. April 1969.
Meine Gedichte.
Erstdruck.
Galeere meiner Sklaverei.
Erstdruck.

Bürger, Lichtenberg und wir, die heute lebenden Figuren.
Erstdruck.
Fremde Gegend, schwere Stille.
In: Rolf Bossert, *Auf der Milchstraße wieder kein Licht*. Gedichte. Berlin 1986.
Der Lichtblick im Dunkel.
In: *ZEIT-Magazin*, 15. Januar 1988.
Ins Freie stürzen.
In: *Frankfurter Rundschau*, 28. Oktober 1989.
An der Oder.
In: *Frankfurter Rundschau*, 8. Dezember 1990. Hier: erweiterte Fassung.
Vorgeschichte und Aufklärung eines Abends in Kreuztal.
In: *Meine Stadt*. Hg. Franz-Josef Weber und Karl Riha. Siegen 1989.
Eingeladen, meiner Hinrichtung beizuwohnen.
In: *Lesebuch der Gruppe 47*. Hg. Hans A. Neunzig. München 1983.
Stomps in Gießen.
In: *Frankfurter Rundschau*, 7. Januar 1984.
September neunundachtzig.
Erstdruck.

Sämtliche Texte wurden sorgfältig durchgesehen, zum Teil stark überarbeitet und ergänzt.